吐槽2014

《新周刊》2014 年度佳作

XINZHOUKAN 2014 NIANDU JIAZUO

《新周刊》杂志社 选编

漓江出版社

图书在版编目（CIP）数据

《新周刊》2014年度佳作·吐槽2014 /《新周刊》杂志社选编 . —桂林：漓江出版社，2014.12

ISBN 978-7-5407-7397-7

Ⅰ . ①吐… Ⅱ . ①新… Ⅲ . ①文摘—中国—丛刊 Ⅳ . ① C55

中国版本图书馆 CIP 数据核字（2014）第 290279 号

《新周刊》2014 年度佳作·吐槽 2014

选 编 者 《新周刊》杂志社
责任编辑 庞俭克 申 晶
封面设计 石绍康
责任监印 周 萍

出 版 人 郑纳新
出版发行 漓江出版社
社 址 广西桂林市南环路 22 号
邮 编 541002
发行电话 0773-2583322 010-85893192
传 真 0773-2583000 010-85890870
电子信箱 ljcbs@163.com
网 址 http://www.Lijiangtimes.com.cn
http://www.Lijiangbook.com
印 制 北京大运河印刷有限责任公司
开 本 715×960 1/16
印 张 22
字 数 292 千字
版 次 2015 年 1 月第 1 版
印 次 2015 年 1 月第 1 次印刷
书 号 ISBN 978-7-5407-7397-7
定 价 39.80 元

目　录

1

自拍、微约、广场舞——代际断裂的社会病理分析

不想过年

谁的城市?

去创业吧,万一成功了呢?

奇点时代

2014 年度佳作

吐槽北京

2014 年 2 月 25 日，北京天坛公园祈年殿前，艺术家以行为艺术的方式呼吁关注空气污染。（图／CFP）

吐槽北京——活在北京 100 怕

中国有 658 个城市，北京是众城仰望之城。

北京是中国最重要的城市，中国最具吸引力的城市，中国最有活力的城市，没有之一。

2069.3 万人生活在北京（至 2012 年末），每年超 2 亿人次进入北京；北京地铁日均运客超 1000 万人次，北京公交日均运客超 2000 万人次；全国最大的这片 1386 平方公里建成区，有最多的机会，也承受着最大的压力。

空气污染、天气灾害、水资源压力、就学压力、就业压力、高房价、高房租、交通拥堵、交通管制、尾号限行、购车摇号、高考户口购房的政策门槛，这些城市问题在中国多个大中城市都不同程度地存在，也共同构成了生活在北京的痛点。

如同陈冠中所写《有一百个理由不该在北京生活，为什么还在这儿？》一样，生活于此的人对北京总有梦想和企盼，宁愿痛并快乐着。

如同汪峰所写《北京北京》一样，"在这儿我能感觉到我的存在，在这有太多让我眷恋的东西"，对北京的抱怨和吐槽只是为了让城市更美好，爱之深，责之切，决不能泯灭对北京的眷恋和热爱。

北京、北京……人们呼唤着它的名字，像爱爱人一样爱它，也像恨薄情郎一样恨它。人们吐槽它的不是，却怀着坚定不移的柔情蜜意，怀着它成为伟大又宜居之城的期望。

"创新"和"包容"，已成为了 8 个字的"北京精神"的一部分——因为包容，北京能承受一切热爱它的人的吐槽；因为创新，北京能让吐槽变成建言、让关注变成动力，共同铸造城市之光。

终究，北京是中国人心中最在乎的城市。

雾霾中的北京哲学

文 / 陈艳涛

20 年后回归的张楚，在舞台上大声念出"城市很脏"，台下的上海观众发出嘹亮的吼声，是共鸣，也是痛楚。这是 2013 年上海、北京，及大半中国城市共同的痛。

诗人俞心樵的诗句"此刻，蓝天蓝到了家"，看似平淡无奇，却让那些从北上广逃离到大理的人惊叹，没经历过北京雾霾之痛，没见识过大理之明丽的人，无法体会这种对于干净之"蓝"的渴望和绝望。

《小熊维尼》里那头驴子 Eeyore 觉得整个世界都处于宿命论之中，阴沉、悲观，像个忧郁的哲学家。雾霾深重的北京，让身在其中的人，都成了哲学家。

也许，北京糟糕到诡异的空气唯一的好处在于，它使生活在其中的人们总有新鲜话题可聊、可奇、可叹、可怨、可怒，可在瞬间找到"同呼吸共命运"的共鸣。

雾霾是个盖子。打开它，所有的槽点，都来了。

北京，你决定来了吗? 北京，你决定走了吗?

2013 年，据说北京户口的"黑市价"在 20 万以上。

而截至 2013 年 10 月，北京房租连涨 55 个月。

北京 16 万蚁族的月收入 4000 多元，其中 11 万人人均居住面积在 10 平方米以下。

北京每年仅交通管制就达 7000 余次。2013 年年底公布的摇号新政显示: 2014 年起，指标总量减少至 15 万个。

2013 年一项房贷市场调查报告显示，在申请额度方面，54% 的北京购房者需要贷款 100 万以上。

但，即便雾霾深重，即便有上述所有的数字，2014 年加入北京的人群仍旧源源不断。有些城市对于我们来说，是选择。而北京，对于很多人来说，却是刚需，无弹性。

如今，新央视大楼成了检验雾霾天能见度的一个标志。还能看见"大裤衩"吗？不能。那就是重度霾了。（图 / REUTERS）

对知识分子来说，北京是高校和科研院所多、思想多、研讨会多、媒体多的地方。

对演艺圈和艺术界人士来说，北京是功成名就、人脉集中、机会多多的地方。

对媒体人来说，北京是政策发源地、新闻多发地、专家密集地。

对于父母来说，北京是教育资源最好、考大学最易、距离望子成龙梦最近的地方。

还有诸多对北京的现实考量：作为首都独一无二的政治优势、行政优势，多年来赶不走也禁不了、绵延不绝的驻京办，发改委外长串的车流，大型垄断国企的总部，都在告诉你——这个城市有它傲慢的底气，因为即便它房价高、交通堵、空气污染、水源枯竭，但我们，总有不得不来的理由。

也因此，有各种"北京不欢迎你"的姿态。

北京有最好的教育资源，也有全国最吝啬苛刻的异地高考政策。2013 年，全国共有 27 个省市公布随迁子女就地中高考的方案。根据北京出台的政策，从 2014 年起，要求有北京市居住证明与合法稳定的住所，要求合法稳定职业已满 6 年，要求在京连续缴纳社会保险已满 6 年，要求随迁子女具有本市学籍且已在京连续就读高中阶段教育 3 年学习年限，即便满足了这所有的条件，也参加不了普通高考，只能参加高职、专升本、成人高等教育、自学考试、网络高等教育、开放大学等考试。无论是和上海、广州等一线城市比，还是和山东、河南等人口大省比，北京政策都显得异常傲慢和苛刻。

北京有最市场化的公司、外企、媒体，让所有人不论出身凭个人才艺闯出一片天，但也总有各种各样荒谬的排外声音。"外来人口想要取得北京户口可以考试审核。""对本地、外地人口购买北京住宅，应该同房不同价。"——专家们频出惊人之语，北京媒体乐见其占据显要位置。

英国作家乔治·奥威尔说：各种族群或类别全都在根据同样的未成文法则行事，这种身份是持久的，它延伸到过去和未来，有种像生命一般经久不息的东西蕴含其中。

若是如此，我们愿意北京人性格中延伸到过去和未来的，不是傲慢和偏见。

疯狂的房价和日新月异的租房价让生活在北京的外地人不断刷新着有关居所的新名词：从地下室生存到胶囊公寓，从蜗居到井下穴居，北京客的生存智慧和忍耐力让人叹为观止。

一个城市如何对待弱势群体和底层民众，远比它有多少标志性建筑，多少耀眼赛事更能体现出这个城市的美好和强大。

北京是世界建筑大师的舞台和试验场，在这里，他们不断推出让世人大开眼界也大跌眼镜的标志性作品。但让"中国当代建筑之父"张永和一直记得的，却是这样一幅画面：小时候，他站在景山顶上看北京城，灰色的屋顶如波浪蔓延，只有绿树和偶尔冒出的辉煌的金色，打破了一片灰色的瓦浪。

如今，这样古朴、和谐而连贯的城市景观正在被不断刷新和取代着。北京越来越硕大无朋，在北京生活的外延也不断被刷新着。曾经的望京、天通苑、通州都已是过时的话题，如今的燕郊，再调侃它属于河北还是北京也都不再新鲜。北京的大饼，还在不断地向大向外摊着。同在北京生活的朋友，见面次数以年为单位计算。

有人开始怀念起老北京，向往《城南旧事》里的北京，《骆驼祥子》里的北京，《京华烟云》里的北京，《青春万岁》里的北京，《夕照街》《钟鼓楼》里的北京。今天还在胡同里住着的年轻人会嘲笑文人和艺术家的矫情，一面是没有厕所和浴室、空间逼仄的胡同生活的窘困，一面是文人的审美需求。但他们都做不了主，无法选择也不由你选择。

其实人们怀念的老北京，也不只是胡同生活那么简单。作家崔岱远在《京范儿》里写出了一个北京孩子心底的北京。那里有蓝天、白鸽、红墙、灰瓦，那里的老街坊不紧不慢穿行在胡同里长长的光影间，永远礼貌客气，永远干净体面，带着京范儿，过着简单而讲究的日子。

地道的京范儿到底是什么？崔岱远认为很多人心目中的那种风格气质和神采大概形成于清末到民国，然后一直延续到 20 世纪 80 年代初。"那时候，人们还到副食店去打芝麻酱，家里煤球炉子上的水壶还'呱啦呱啦'地开着；那时候登上钟楼，还能看到结构清晰的胡同群落，筒子河畔还能听到清亮透彻的胡琴儿声。"

如今，这样的生活方式基本已经消失，拆掉的，不只是胡同和四合院，流逝的，也不只是京腔京韵，人们想念的，还有和谐亲近的邻里关系，老北京人安静而热闹、踏实而简单、自得其乐的生活方式。

但世上最清醒、最悲哀的一句话是：我们再也回不去了。

英国著名记者杰里米·帕克斯曼说：英国人坚持认为他们不属于近在咫尺的城市，而属于相对远离自己的乡村，真正的英国在乡下。

在雾霾中艰于呼吸的人们怀念过往时，会认为他们不属于眼前这个巨大陌生、日夜变化着的城市，而属于已经远去的那个时代吗？

张永和：从水平城市到物体城市到反城市

文 / 蒋方舟

张永和看起来像是成年版的哈利·波特：圆头、圆脸、圆眼镜，神情天真而狡黠，乍一看很平凡的黑衣裤，仔细一看，细节处原来有非常趣怪的设计。

他的谦虚和煦，让你很难把他和"中国当代建筑之父"的称号联系起来。张永和创造了当今建筑界的很多个第一，他是前麻省理工建筑学院院长，是第一个回国开设独立个人事务所的人，是第一个建筑界最高奖项普利策克奖的中国评委。

"中国当代建筑之父"有一个著名的父亲，叫作张开济，是新中国第一代建筑设计师，设计了半个北京城，最著名的作品，是天安门观礼台和钓鱼台国宾馆。

张永和曾评论过父辈的建筑师："那一代人，经历的职业和事业是非常荒谬的。这个建筑当时必须设计成大屋顶，因为苏联专家要求是民族形式；反贪污反浪费时，大屋顶被重点批判，说传统式样华而不实，屋顶材料运到楼下了都不让盖。"

张永和 1981 年赴美，离开中国时，封存在他脑海中的北京城依然是美好的。他说："我在四合院住到 13 岁，真的觉得那是个小世界，顶上一块天，鸟儿飞过来，有一块地……被围合的空间是完美的，起码从住宅上来说，是恢复了人与世界的联系。"

张永和把他曾经生活过的北京叫作"水平城市"，那时从高处往下看，这座城市像是一个向天际展开的由屋顶组成的海洋。

对于老北京，有两个场景他始终忘不了。一个是小时候放暑假，吃完中饭，被哥哥骑车带着在胡同里转，找哥哥的同学，张永和坐在自行车后座上，安静地借着光线，看着两道灰墙。

另外一幅画面，就是站在景山顶上看北京城，灰色的屋顶如波浪蔓延，只有绿树和偶尔冒出的辉煌的金色，打破了一片灰色的瓦浪，张永和说："那种完整性，我之后再也没见过了。等我学了建筑，我才意识到，其实一个城市可以是一栋建筑，它不需要标志建筑。"

那时候的北京，是一座水平城市。在张永和所著的建筑笔记《作文本》中，他认为第一个打破这种水平的物体是1951年的人民英雄纪念碑："一块独立的巨石在开阔的天安门广场出现，尽管它小于后来所有建筑物体，但是已高过历史上所有的石碑。"

就此，连贯的、和谐的城市景观被不断增高的突起建筑取代，城市的肌理被撕裂和铲除。

张永和20世纪90年代回国时，恰逢城市化建设摧枯拉朽地席卷全国，他眼见着起朱楼、宽马路。那时候北京城最高的建筑，是京广新世界中心：51层、208米的独栋建筑。但此时，已有若干个更高建筑正在规划设计中。

在各种城市或建筑展览上，张永和都是媒体追逐的目标。（图／新周刊图片库）

一个和谐而内向的水平城市，就这样，成为一座硕大无朋的属于机会主义的城市——张永和把它称为"物体城市"。

如何评价现在的北京，张永和说："说白了，就是城市性的问题。"

什么是城市性，简单来说，就是回答一个问题：一个人为什么要住城市？住在城市里的人喜欢逛街、下馆子、喝咖啡、会朋友、看戏、听音乐会。这就是城市生活，城市性就是享受城市生活便利带来的愉悦。

张永和说："如果一个城市里没有这些东西了，那还叫什么城市呢？你看戏，开一个半小时车，找停车地半个小时，看完戏，回家又是非常费劲。你可能就干脆不去看戏了，跟朋友见面也是，不是下楼看见邻居，问吃了么，没吃一起吃个饭，没有这种邻里关系。那你何必住在人群里，你何必住在城市里呢？现在这个物体城市，不仅仅是好看难看的问题，它实际上就是反城市了。"

生活的不便利是每个在城市生活的人都得去承受的，张永和作为建筑师，额外承受的痛苦是每天抬头不见低头见的那些"地标建筑"，从"大裤衩"到人民日报大楼。谈到这些造型奇怪的争议性建筑的时候，总会有维护者用埃菲尔铁塔或是罗浮宫"玻璃金字塔"举例，觉得现在人们无法欣赏，是因为审美的滞后，百年之后，就会认可它们的建筑美感。

张永和不同意这种看法，他觉得，那就是非常差的设计。糟糕的设计，在专业里是一个很简单的道理。分不出来美丑，有时是因为审美上不熟悉，有时是因为看久了就习惯了。他说："我跟我妻子老去一个地方，每次去都说，这房子实在太恶心了，我每次去都有点心理障碍，因为是建筑师嘛，可那家的素菜就是我最喜欢的，菜每次都战胜了我，时间一长，我也看不见那个丑房子了。"

张永和的建筑工作室叫作"非常建筑"，著名的作品有席殊书屋、二分宅、长城脚下的公社，等等。虽然起名为"非常建筑"，但他做的其实是正常建筑，一则是工作方式上的正常——一如一个建筑匠人一样精细缓慢；二则是风格上的正常——不迎合任何建筑上的流行趋势，独立、天真、合理。"建筑就是如何盖房子。"他这样简单地概括道。但因为满大街的房子都是不正常的，正常的反而成为"非常的"。

张永和现在正在做的项目，叫作"垂直玻璃宅"，立在上海江边，通透但私密，像一个"城市里的四合院"。可以看出，张永和似乎想通过这个设计去复兴城市生活的乐趣，或者说，是在高密度的城市里，还原自己小时候难忘的审美体验。

"垂直玻璃宅"在上海一个当代艺术双年展上展出，来看展出的大多是领着孩子的祖父母，他们想让孩子接受一下建筑教育，逛了一圈，不明就里，悻悻然地走了。

在广泛的社会层面恢复对建筑的审美，并不是一件容易的事情。张永和这样如精卫填海一样的尝试，又如何拼得过城市化列车轰然碾过。2013 年，张永和外祖父曾经居住过，后来又成为洪晃外祖父章士钊故居的史家胡同 51 号院，也经历着被拆迁的风波。

问张永和，对北京城还有希望吗？他说："作为个人，而非建筑师，我不敢说我抱有希望。但我们这个职业是乐观的，盖房子、参与发展，要是完全悲观就没法干活。所以得相信自己的工作，能使个人的生存环境好一点。"

沈继光：5000 张照片为古城消逝留下证据

文 / 宋诗婷

十几年前，沈继光游走到"树荫胡同"。在胡同的尽头，他趴在地上，从力所能及的最低角度按下玛米亚相机的快门，拍下了北京城里难得的宁静。为什么要俯下身子取景？他说，自己要用小时候的视角再看看它。

不久前，沈继光的图文集《乡愁北京》出版，书里收录了 500 多张老北京的黑白影像，那些斑驳的墙壁和被侵蚀的磨盘上，雕刻着泛黄的时光和人间烟火。

"这些照片还不到总数的十分之一。"沈继光说，自己从 1984 年开始走街串巷地拍摄老北京，拍了 30 年，留下 5000 多张照片。他管这些照片叫"残片"。和时间赛跑的快门是单薄而无力的，他留不住老北京，只能抢救些残砖碎瓦，捕捉点老北京的市井气。

沈继光是土生土长的北京人。小时候，一家人住在德胜门的羊房胡同，胡同里有下棋的大爷，有磨刀师傅，也有叮叮当当的驼铃声。在沈继光的记忆里，胡同很长很长，胡同口有家油盐店，打一瓶醋，得跑上好一会儿。

20 世纪 80 年代重新走回胡同，沈继光发现镜头里的灰白墙壁越来越短了。"搞艺术的应该有一叶知秋的敏感。"沈继光似乎早就预见了胡同的消逝。

30 年前，沈继光没想过自己会见证一座古城的变迁，把他推进胡同的是油画。"我是画画的，当初走进胡同是为油画创作积累素材，拍着拍着就觉得这件事似乎很重要。"

　　沈继光的目的变得很明确：他要为这座大城的历史留下证据。

　　于是，他开始骑着自行车潜入日益凋敝的胡同、城楼、寺院和遗址，背着胶片相机，扛着沉重的曼富图三脚架，到处寻找他口中的"残片"。

　　每次拍摄，沈继光的心情都是五味杂陈的。他一边享受在胡同里偷来的片刻安宁，一边为被推土机吞没的老北京痛心疾首。

沈继光的摄影作品《乡愁北京》。（图 / 新周刊图片库）

　　《乡愁北京》的第一张照片是"三眼井的井台"。沈继光说，1985 年，他在大栅栏的三井胡同里找到这口三眼井。"太难得了，几百年来，这个胡同为什么叫'三井胡同'，缘由就在这口井里。它是这个胡同的纪念碑。"沈继光以为，早晚会有人和他一样，发现这口井，把它保护起来。但没想到，他第二次去三井胡同，已经找不到这口老井了。

　　"30 年里，这样的事儿太多了。前脚走，后脚就被拆掉的有很多，还没拍到就消失了的更多。"沈继光说。

　　"古城残片"的拍摄是记录，但更是创作。中央戏剧学院毕业的沈继光有美学上的追求，他不希望自己镜头里的北京只是图片资料，他要照片里有诗意。而这诗意正是来自老北京人安静、踏实、简约，却自得其乐的生活方式。

　　舒乙先生知道沈继光是拍老北京的行家，他邀请沈继光为老舍先生的作品配图。随后，香港三联书店出版林海音的《城南旧事》，他们也找到了沈继光。

　　老舍先生眼中的北京什么都不是，却是一切："它污浊，它美丽，它衰老，它活泼，它杂乱，它安闲，它可爱，它是伟大的——'北平'。"（老舍《骆驼祥子》）

　　《骆驼祥子》里的北京还剩下半个，林先生的"城南"早就不见了，沈继光去哪儿还原半个多世纪前的京华古都？"找不到了，能拍到什么就拍什么，尽量找到画面和图片神韵上的联系就算对得起大师了。"沈继光说。

　　翻看这 500 多张照片就会发现，沈继光的摄影作品里几乎没有人，只有景物和残旧的老物件儿。整本书里只出现过两个人：磨刀师傅和握着烟斗的胡同大妈。"他们出现在胡同里，和谐。摩登女郎和老胡同的对比不是我要拍的。"

　　要还原北京的样子，沈继光的拍摄必须等。等黄昏，等春雨，等冬雪，等他记忆里和想象中的属于古城的诗意。

　　20 世纪 80 年代沈继光刚端起相机的时候，胡同还是胡同，街道也还是街道，那种古朴又安静的感觉都在。那时候，他的拍摄轻松得多。到了后来，胡同里的垃圾多了，车多了，不入画的杂碎也多了。到处都在拆迁。

摄影师沈继光是土生土长的北京人，从 1984 年开始拍摄老北京，至今整整 30 年。（图—李伟/新周刊）

　　他只好把镜头拉近，再拉近，"残片"变得越来越细小。拍摄前，他先等汽车走，再清理现场，偶尔还配上点应景儿的道具——渐渐地，得到一张满意照片的工程量越来越大。

　　"虽然多是些景物和静物，但这种安静里孕育着最大的动荡——它们在消失。"

　　"北京残片"的拍摄持续到 2006 年，沈继光不打算继续了。一来年纪大了，拍不动了；二来偌大的北京城里，连能入画的"残片"也已经凤毛麟角。

　　"八九十年代拍的东西，现在绝大部分

都没有了。有些被夷为平地，有些好像还在，但早就面目全非了。"沈继光说，从 90 年代中后期开始，北京城一天一个样儿。虽然不多，但在他的照片里也能找到一些拆迁中的痕迹。他在北线阁胡同里拍下刷着三个"拆"字的老教堂。

"北京肯定是要发展的，这种演变有自身的规律和动力，是不可抑制的。"沈继光从来没奢望老北京能原封不动地保留下来。那些年在胡同里拍照，他也看到了老百姓窘困的生活和自己审美需求间的矛盾。

老北京变成新北京没有错。只是，"我们的速度太快了，力量使不均匀。"沈继光说。

在沈继光眼中，老北京美在"讲究"：该配垂柳的地方绝不种松塔，该暗淡的地方绝不明媚。"市井人家也有自己的小情小趣，小推车、袜子板、婴儿椅，吃喝拉撒睡都朴实又精细。"

城与人是相互印证，相互留下痕迹的，造出什么心里就有什么。《乡愁北京》中有一章叫"门联文厚"，入编的是沈继光 1984 年走访胡同时拍摄的一些普通人家的对联："得志当为天下雨，缔交尚有古人风"，"闲看城上月，遐想谷中兰"，"传家有道惟存厚，处事无奇但率真"……

"看看我们今天的对联，你就知道其中的差别了。"沈继光说。

窦文涛：我活在北京，就是为了"自私"

文 / 张丁歌

见窦文涛的前一晚，他在北京朋友的家里跟几个外国人瞎聊。一个法国设计师说，他爱上了北京，想留下不走。但唯有两样他受不了：一个是"差不多"，一个是"没有"。他把抗议写成标语，贴在工作室门口。"到哪都说差不多，差不多。问什么都说没有，没有。"

采访那晚，窦文涛正在家中看书。长案上书堆里，有当代艺术评论，也有古画图录。他说他对外面的世界兴趣不大。有朋友见他常盯着一块石头或宋徽宗的字帖，痴赏一晚。他边讲着法国人对北京的又爱又恨，边放爵士乐。特意选了 Billie Holiday，边听边感慨音乐背后的故事。后来得知，当晚《锵锵三人行》播出的，正是"北京井底人引发的社会思考"。节目里，他说自己后知后觉，那井，恰好就在他寓所不远处。

《锵锵三人行》里的窦文涛，常会让人"不安"。主持人身份的他，嬉笑怒骂，针砭时弊，利嘴之下，看似不羁，却常为民生鼓与呼。远在香港"闲话闲说"，动辄却让北京人民的心脏微颤。2013 年年初，他戴着口罩上节目，自称患上"北京咳"。那时北京初尝霾慌，人心惶惶。他是被迫表演另一个自己，在借电视语言抗议。随后，北京大街上口罩当道。

15 年来，他夜夜锵锵，谈尽天下。隔着一方屏幕，借着三人窄桌，如端坐民国时的茶馆，他牵左顾右，分析着限购令，批判着摇号难，调侃着的哥的脏话词典，嘲讽着帝都的王府文化……似乎事事鞭长可及。他却说自己本无胸怀天下之心，只是在职业状态里。一个姿态 15 年，却成为公众眼里最操天下心的人。

生活里他全然是另一副样子，不怒不愠，不疾不徐，甚至鲜有抱怨。香港、北京两地穿梭，回到帝都东北四环的寓所内，他几乎彻底归位"隐君子"。除非迫不得已外出，或迎来同道中人，那扇门内，安静得像无人居住一样。宅到什么程度？"可以两周不出门，突然要去邻居家吃个饭，都激动得脸红心跳。"

他庆幸私交的朋友几乎都在同一小区。楼上楼下，方圆一里，浓缩成他的"私北京"。

"其实我对北京很陌生。这么多年，除了长安街、北四环、工作地，朋友的家、画室，我在北京不认路的。我甚至没有资格去谈这个城市。"此前，在节目里他也说过，因为空气污染严重，只能待在家里。

他说他不喜欢"吐槽"，面对一座城市，这个动词太过简单。尤其在北京，上至公知，下至百姓，全民皆吐槽。同一腔调，一声比一声高，却也只闻其声，所有人都在用一个公共角度说话。"我厌倦这种公共逻辑。所有的角度都是公共的。不是说这样错了，他们说得很对。可对的人太多了，也令人疲倦。真正有血有肉的，都是一些私人的体验。其实没有什么公共，只有私人。"阿城戏驳王阳明的那句"如果满大街走的都是圣人，想想看也挺恐怖的"让他会心一笑。

　　关于北京的堵车，他在节目中说过最口无遮拦的话：在北京出行我打算在车上配个尿壶。好在现在已没有人像 15 年前那样说他低俗。懂他的人知道，这套语言游戏，似市井采风，他只为说着好玩，结果却是替没有机会说出的人说了心里话。一个不关心世界的人，却始终接着地气。

　　他坦白，北京所有的闹心，和所有的讲究一样，他都看在眼里。它的好，它的恶，它的黑，它的白，他都意会。"就像我们喜欢的小说中描写的那些城市，从骗子、小偷、神父、警察、科学家、学者，到娼妓、贪官、疯子、傻子……它全都有。它不像香港和台湾，可以那么轻易被贴

身为电视人的窦文涛在家中却不看电视。石头，或一字一画，才是他在城市里的庇护所。（图—阿灿／新周刊）

上标签——生存动物或人情味。北京是一个人格分布极其多样化的城市，但这也正是它的魅力。"就像他在节目里，说兰洁瑛的疯癫落魄，说张国荣的纵身一跃，都带着一种命运的审美。他对一座城市的原谅，也带着复杂的情结。

　　不是没想过离开，人从来趋利避害。当戴着口罩也不想出门，当买个牙膏都坚持在香港买时，窦文涛想过搬去美国。"你离不开的。"他最看重的老友兼邻居、画家刘丹，一语道破他。从美国回来的刘丹知道，"自闭"却重友的窦文涛，若去了纽约，虽然同样是宅在家里，却会像身处孤岛。方圆十公里的朋友圈不在了，会感觉荒凉。

　　"一个城市离开了个人命运，你很难谈一个城市。赞美也好，吐槽也罢，你吞吐的是你在这座城市里的人生际遇。"窦文涛说，北京对他的营养在于私、在于生活，而不在于公。在他看来，北京所有沾着"公"字的，都一塌糊涂，但北京的这个"私"，却别有趣味。多少奇闻逸事藏于私密处，多少好

友的聚会引人入胜，自由在私底下。他说，他留在北京的理由，就是为了"自私"，或者说私人生活。

活在一座城市，就是活在你认可的朋友圈子里。有人在北京爱了，蜗居也像是风景；有人在这拧巴了，摇到车号也是驶在伤心地。窦文涛庆幸，他在这座城市的精神脐带，是他的"私北京"，是聚在这座城市深处的讲究人。

他比较过北京和香港、台湾。香港是办事最靠谱的城市，高效、规矩、国际化。台湾更是一个桃花源。北京呢，除了看得见的高大上，最有意思的还是私底下的生活。"南方的朋友相对简单，就是讲交情。北京的朋友除了交情之外，还有讲究，这个很重要。所谓讲究，你可以理解成品位、才学、投缘、谈吐，它是讲究。这种感觉不是交情能代替的。"

他可以戴着口罩，甚至让尿壶上节目，从制度骂到体制。回到北京寓所，也可以守着石头、音乐安于家中。吃简单的饭菜，少接电话，不容易开心却自足地宅很久。就是因为想想方圆几里，住着那些私交，那些同好，虽彼此一月不联系，心里也踏实。

对于北京，窦文涛即便想吐槽时，也会觉得意味深长，甚至莫名其妙。陈丹青、刘丹、阿城，原来都在国外那么多年，最后为什么选择回到北京呢？为什么人们骂着北京还住在北京呢？一个人一个谜。对这座城市，可能有八百万种烦的理由。但只要这个谜还在，就值得"自私"地过下去。

王久良：在垃圾场遭遇北京

文 / 杨杨

在王久良眼中，北京像一个不够老也绝不年轻的呆板男人。20岁时，他第一次接近北京，结果被公交车上的大妈吓了一跳。"1996年冬天，来北京参加提前进行的专业考试。我离座位更近，但身后大妈'啪'将包扔上去，意思是这座位是她的了，然后迅速地坐下。"

尽管不认为自己"有宿命感"，但王久良依然觉得，公交车上具争夺意味的那一幕，预示了多年后他在北京的命运：像驴子一样奔波，像蚂蚁甚至蚂蟥一样，在城市丛林里优胜劣汰，汲取资源。

再次来到北京是2003年，经历过大学退学和社会历练之后，王久良考上了中国传媒大学摄影专业。之后，他以学生和自由摄影师的身份，在北京生活了十年。其中，2010年是重要的一年：这一年，他做了父亲，以及《垃圾围城》做了全面展览（包括摄影、纪录片和装置）。

2012年，他系统地将拍摄过的垃圾场回访了一遍。"现在再去，我承认我是麻木的。"垃圾场里，并无新事，尤其是对于摩托车里程"超过了两万五千里长征"、汽车一年跑过了四万公里的王久良来说。

为数不多的惊喜在2013年春天。经过《垃圾围城》中记录的一座野垃圾场时，王久良发现那座十几米高的垃圾山不见了，取而代之的是一马平川的地面和尚未转移的两套滚筒式垃圾筛分设备。

王久良摄影作品《垃圾围城》。（图/新周刊图片库）

"这个变化的背景是，2011年北京市政府投入100亿专项基金，对垃圾场进行治理。"王久良走访过的500多个垃圾场，有80%得到了整治。他觉得，这是积极的回应，是进步，但还是无法抹去这些想法："今天花了如此多钱去处理，当初为什么停留在这里？如果当初早治理，要花的代价会远远少于现在。"

比起不作为，更糟糕的是不明智作为。通州区宋庄镇富豪村垃圾场的见闻令王久良耿耿于怀。"为了'生态修复'，这个治理过后又回填的垃圾场上，竟然种植了银杏树——我首先看到了钱的影子，给你一笔钱治理，你就立刻把钱花掉，一棵银杏树一千多块，你有必要花在这儿吗？最重要的是，生态修复应该种植低矮灌木或草坪，而不是高大乔木。银杏树是直根系，要往下扎，扎透防止垃圾渗滤液污染的防渗膜怎么办，防渗功能还存在吗？"他去这座垃圾场无数次，最近一次是2013年11月。"我问周围的种地老头，树发芽了吗？大爷说，活了没几棵。"

2008年9月的平遥国际摄影节上，王久良与策展人鲍昆说起在老家看到的乡村垃圾。彼时，他还在创作一组关于"鬼神信仰"的摄影作品。鲍昆说，你要睁开眼看这世界。"我受了鲍昆老师的启发。他是老北京，提示并鼓励我关注北京的垃圾问题。"可王久良拍回的照片，垃圾场数目之多和垃圾污染的状态，让鲍昆都惊呆了。

自由摄影师、纪录片导演王久良走访过北京500多座垃圾场，他将北京看作一个中年呆板的男人。（图—李伟／新周刊）

"看到不该出现的东西，比如，市政环卫的车在野垃圾场倒垃圾。"他拍过污泥中的藕、吃垃圾的羊、在脏水中钓鱼并打算将鱼卖给饭店的垂钓者，拍过拾荒者和他们的后代，小孩子们在垃圾堆里捡到神仙瓷像做玩具，无聊地在地上磕破了神仙的头。

王久良的电脑上，摆着两只"瓦力"玩偶，其中一只是捡来的。拍《垃圾围城》时，他在南磨房垃圾场边上的废品收购站发现了它，知道它是电影中清理垃圾的机器人。他将它带回家，洗掉黏糊糊的污物，和另一只买来的"瓦力"放在一起，在北京搬了两次家也没舍得丢，觉得有点"身份认同"的意思——他和瓦力一样，工作常在垃圾场；而且，他也确实搬运过垃圾。

他在垃圾场撞见公司处理过期的速溶咖啡饮品。"为了省钱，将它们偷偷倒入野垃圾场。"王久良和雇来的拾荒者捡了一个多星期，装了满满 4 大卡车。2010 年 6 月举办的"垃圾围城"展览当天，王久良和拾荒者从早上 6 点开始摆放这些长条包装，栗宪庭和其他艺术家也来帮忙。晚上 8 点，这些果味咖啡摆满了宋庄美术馆前的广场。

"如果你真正俯下身来拨开垃圾，会发现，惊奇太多了。"王久良还捡过几万袋咸菜、大捆商业广告的胶片，还有十万双一次性拖鞋。拖鞋来自首都机场和长安街上一家五星级宾馆，一起出现的还有精致的托盘和仍鲜艳的鲜花。

"都是奢华的象征，但转眼它们就出现在这里——当你在北京城二三十公里之外的城郊，看到城市内部的景象，你会不只思考垃圾，还会思考城市生活、人与人的平等、消费主义的问题。"

王久良喜欢说"多少算够"。这句话来自一本书名，美国学者艾伦·杜宁的《多少算够——消费社会与地球的未来》。"大家都在嚷嚷垃圾分类，北京嚷得最凶，却忘记了垃圾的来源。大家都知道自己在生产垃圾，却没人愿意承认。"

最近两年，王久良忙于在外地拍片，每年在北京的时间只有三个月，事务性工作便密集地安排在这些时间，有点疲于奔命的感觉。他喜欢将事情安排在晚上，一是因为车是外地牌照，受到交通的限制。二来不必担心堵车。但白天的日程依旧满满，一行一件事，列满了半张 A4 纸，其中一项是：去交管局排队交超速的罚款。

"我的原则是物尽其用。"王久良说，他不吃零食，因为那些包装会是垃圾；他甚至放弃了奖杯，因为拿回来，将来也会成为垃圾。

可他当天剩的晚饭也并未打包，早上切好的芹菜还搁在厨房没有炒，第二天一早要出门赶飞机，顾不上再去料理或吃掉那些食物——所以，这些芹菜也将成为明天北京城市垃圾的一部分。

"不想生产垃圾，又不得不。每个人都被裹挟着往前走。"王久良是个务实的人，有明确的规划和目标，可他有时会觉得，在一些琐事、焦虑情绪和这座"离不开、又讨厌又依赖"的城市面前，自己也只能被裹挟着往前走。

金磊：北京至今没有一个城市安全的建设观

文 / 邝新华

今年是北京减灾协会成立二十周年，金磊给自己定下任务，要在春节以前把二十年来减灾协会所做的努力总结成文。1994 年，北京气象局、北京科协等机构联合组成北京减灾协会，以预防和应对城市灾害。那年金磊 37 岁，作为北京市建筑设计研究院的工程师，金磊是最没有官方背景的创始成员，也是最积极推动北京市"综合减灾系统"成立的一员。今天，身为北京市人民政府专家顾问，金磊是对北京市安全工作批评最激烈的学者，他说："城市安全问题，怎么说都不过分！"

水灾

2012 年北京人最大的灾难恐惧不是世界末日，而是暴雨，它的名字叫"7·21"。一个段子在事故以后流传："谁又会想到下班开车回家还会淹死在二环路上？"

2013 年夏天雨季之前，国务院特别发文要求全国各大城市解决"逢雪必灾，逢雨必涝"的问题。北京市政府更是高度紧张，只要气象局有暴雨预报，消防、公安等部门紧急待命，连电视台的转播车都开到了 2012 年的事故现场广渠门桥。

"他们说这是自然灾害，这样说错了没，也没错。但我不同意。历史上，这次雨是最大的吗？ 1960 年、1972 年北京各发生一次 400 毫升的暴雨，最多才淹死 20 个人，这次为什么淹死 79 个人呢？现在多么高度文明呀？"金磊认为"人为失误"才是城市灾害中造成生命财产损失最重要的原因。"为什么黄土不露天？为什么到处都是水泥地面？我们从来只举行表彰会，而不进行反思，这是很让人生气的。"

2008 年北京奥运会以前，北京政府花大成本更换三环内的地下管线，当时被宣传为"地下北京"工程。"当年地下投资 1700 亿，地上投资才花了 1000 亿出头。"金磊说，"到 2012 年出大事时，才四年。我要问：地下（工程）怎么做的？生命线系统是怎么完善的？如果说质量做得好，那为什么今天这里塌，明天那里塌？为什么要建设得这么快？为什么要限期完成？为什么没有质量监督体系？"

2013 年夏季，一朝被蛇咬的北京变得战战兢兢，一些公司还人

北京 798 艺术区。6 年来，在这里工作的艺术家越来越少，来参观的游客越来越多。（图—阿灿／新周刊）

性化地在暴雨天让员工提前下班。在各种准备之下，最终虚惊一场。金磊却说："那是因为暴雨没下在二环、三环里，是老天爷让北京度过了 2013 年这一关，而不能说北京已经完全准备好了。相差甚远！"

雾霾

2013 年，刚从水灾中缓过神来的北京人又被另一种自然灾害笼罩了——雾霾。10 月 16 日，北京市委出台《北京市空气重污染应急预案》，环保局也预计未来 5 年将投资万亿元治理空气污染，目标是"到 2017 年，全市空气中的细颗粒物（PM2.5）年均浓度比 2012 年下降 25% 以上，控制在 60 微克／立方米左右"。

对于雾霾的治理，金磊并不乐观。"有些管理者提出要在五年内治好雾霾，我看了都要笑出来了。伦敦治理雾霾治理了二十几年，北京可比伦敦大多了。"金磊认为，雾霾是环境灾害，"长期以来人在伤害着自然"，这是自然

给人类的反馈。"把缘由归咎于汽车太多、老百姓放炮，以为控制车辆、禁止放炮就能解决雾霾问题，那是很幼稚的想法。"金磊说，"要从自身开始杜绝工业污染源，不能简单地怨河北。环境灾害的时间通常都比较长，不是十年八年能恢复的，再信誓旦旦表决心，也无效。"

除了火山

金磊总结说："北京地震的特点是静中总动。静的时候总是在动，2.5 级、1.9 级、3.2 级……严重的是，近十年来北京静中总动这件事，没有了。这是很可怕的事——能量在蕴含着。"地震是金磊在未来短期内比较担心的灾害。"对北京地震问题，我们不能掉以轻心。"

北京夏天的雷击也很严重，多年前金磊当北京奥运会安全顾问时，发现奥林匹克公园上空有一条雷电场强分布，金磊在他设计的奥运场馆里"加了一根线"，以保证雷击后电源不会断。"你很难想象奥运会上突然停电了。"

"国际上对自然灾害的分类有三十种，除了火山之外，其他二十九种北京都有。"金磊总结道，"上海比北京只多一个风暴潮，但上海在历史上地震和泥石流的记载不多，在灾害种类上，北京肯定要比上海全。"

在所有的灾害中，金磊最痛心疾首的是人为灾害，最典型的是道路塌陷。北京道路塌陷的新闻很多，最近的是 12 月东四环大郊亭桥下出现的面积近百米的深坑。比较惊险的是 2011 年 4 月，丰台区石榴庄路出现的"天坑"，一辆满载沙土的大货车路过时被"生吞"。

"现在地铁建得太快了。能少倒一车土就少倒一车土，匆忙把盖子盖上，一车土值好几千块钱。有谁来监督？给监督的人意思意思，就过去了。"身为工程师，金磊知道，以目前的施工技术，路面突然塌陷的原因，纯粹是施工的质量问题。金磊说："往好里说，北京只重地上，不重地下。往差里说，北京还没有一个城市安全的建设观，至今也没有。"

早年，遇到这样的事时，金磊还会写些批评文章，现在，他已经"不愿意说了"，金磊说："这比自然灾害更可怕，它以更快的速度、以人们想象不到的形式在发生着。"

人满为患

多年的灾害研究让金磊得出一个结论：不能就自然灾害谈自然灾害。"北京要治理安全问题，首先要从关注人口开始。所有灾害的根源，都可能源于对人管理的无序，或者管理者的无序。"

有众多卫星城的北京已经跨越 2000 万人的规模。"到底北京能让多少人在这里生活，这个问题必须要研究。"金磊认为，北京在安全问题上，也要有一个容载率，"从水安全的角度，有人提出 700 万到 800 万人合适"，金磊说："现在北京已经到了极限，人们生活完全无幸福可言。从城市安全生存的角度，这个城市绝不能再随便增加人口了。"

活在北京 100 怕
文 / 杨杨

北京人 50 怕

1. 怕雾霾。2013 年 6 月，北京的雾霾天数是 18 天。在 SNS 网站上发起的微调查中，关于"雾霾"的感叹号和愤怒，就够铺满这一页。（另一页交给教育和医疗。）

2. 怕干燥空气。要么霾，要么干。人到北京，就像两栖动物上了岸，被迫进化出不惧干燥的本领才能适者生存。北京的春天是一件英伦潮牌：Superdry。

3. 怕开大会。随便一个 VIP 出街，就会让我们遭遇戒严。那些抓狂的等待扎扎实实提醒你：这——里——是——首——都。

4. 怕大事发生。接近风暴中心，兴奋与恐惧交织，心情有点超现实。

5. 怕生病。生病不是问题，问题是看病。14元的专家号价炒到400元，背后是供求关系的严重不对等。

6. 怕老北京话。或过于简略，或崎岖促狭，像豆汁儿一样划分出北京人和外地人的距离。

7. 怕豆汁儿。这么说显然会伤害很多爱好者的感情，但这种色泽可疑气味酸涩的食物实在毫无美感。

8. 怕卤煮。同样会伤害爱好者的感情。久仰其名的同学请慎点，如果你没有食内脏的习惯，它会让你明白什么叫"叶公好龙"。

9. 怕家人来北京。他们体贴的礼物及关爱的目光都让你觉得：在他们心里，自己是有多穷啊！——当然事实上也真的很穷。

10. 怕亲戚来北京。哪怕你们之间的关系间接迂回得如同相声包袱，也不能不陪。你会陪逛故宫n次，爬长城n次，全聚德若干。

11. 怕故友来北京。除了三陪，你会为不能有更多话题而失望。

12. 怕王府井步行街。居然有如此多物品等如此多人来消费。这世界上还有比这更让人害怕的地方吗？

13. 有的，北京动物园服装批发市场，简称"动批"。

14. 怕西直门立交桥。不解释。

15. 怕公主坟地铁。不论哪个出口，上来必定迷路，除非你自带人体指南针功能。

16. 怕工作日的中关村。这里的每个毛孔都流淌着互联网思维，如果你不能随口飞出"闭环、扁平、内卷化"等互联网黑话，简直不好意思开口。

17. 怕某手机新品季的三里屯。你会怀疑全银河系的果粉都来排队了。

18. 怕深夜的环线飙车党。"咻——"，闪过。偶尔你会在社会新闻或网络弹窗里看到他们的消息。

19. 怕任何时候的长安街。稍微走近或停留，自会有保安呵斥，这条大街如它所属的城市一样大而不近人情。

20. 怕不一定什么时候的朝阳公园。除了这里族群的悠闲让你羡慕嫉妒恨，可能还会遇上公知约架。

21. 怕的哥的姐。从十八大报告到明星的危机公关策略到转基因食物能不能吃……的哥的姐脱口秀会令你对自己的知识储备绝望。

22. 怕热情的大妈。从你的年龄、籍贯、学校、专业、工作单位一路盘问，下一刻她就要介绍对象给你了……可是，大妈，你刚才不是说来收物业费的吗？

23. 怕过于热情的大爷。坚持给你指路……可是，他指错了。

24. 怕侃爷。哪怕你只是坐在快餐厅吃一碗卤肉饭，都可能邂逅这样的大叔，正对着坐他对面散发相亲气场的阿姨宣称：我有个公司，我从来不去，我手里好几个亿不知道怎么花。

25. 怕在胡同里游逛时突然看见触目惊心的"拆"。

26. 怕看到又一家书店挂出"本店停业，清理库存"。

27. 怕深夜找吃的。无论餐厅还是便利店，与生活气息浓厚的南方城市相比，商家的工作生物钟太不积极。

28. 怕北京的房价。不放在第一条，算客气啦。经过任何一家地产中介，数字都让人揪心。

29. 怕堵车。在北京，出门一天只能办一件事，两件就算你赚到，三件？Lucky day！足以载入你人生史册。

30. 怕打车。最需要打车的时候，也是司机不愿出车的时候。据说高峰期是的哥最佳休息时段。

31. 怕公交车。拥挤到没有隐私，一趟行程下来，你会知道，左前方的小哥 Flapping Bird 玩到了 91 的高分，身后的萌妹子编造了一条蹩脚的迟到理由，而对面的大叔早餐吃了韭菜盒子。

32. 怕地铁。如果佛祖真在一号线，也会被挤到什么都悟不出。

33. 怕买车。5 年连续纳税 + 百分之个位数的摇号概率，摇中就是中大奖。

34. 怕考驾照。你的暂住证呢？上帝保佑你有一个愿意陪你走一趟派出所的慈祥房东。

35. 怕下一代的教育问题。学区房、择校费……一个都不能少。

36. 怕生育。要办准生证，要跑居委会、街道办、划片医院……并且他们总能成功地让你多跑几趟。

37. 怕一切与户口挂钩的事务。

38. 怕一切与"5 年连续纳税和社保"挂钩的事务。

39. 怕城市发展速度、信息更新速度太快，跟不上。

40. 怕速度过快，为不落伍，只好被裹挟着往前走。

41. 怕北京的物种多样性。饭桌上同时列席着投资人、白领、科学家和选秀歌手，稍微情商不够你就会露怯。

42. 怕被北京物种多样性惯坏。以致去外地聚会看见一桌价值观整齐划一的人都像猎奇。——其实他们看你，才是猎奇。

43. 怕各种局。每次经过部分机构门口的上访人群，都心上一沉。

44. 怕各种"局"。科普从业者联谊会、小龙虾爱好者青年促进会、我们都爱千颂伊研讨会……北京太大，你要创造各种名目的泡沫和饭局塞满人与人的距离。

45. 怕人多。带孩子去公共场所时总是草木皆兵，看每个人都像人贩子。

46. 怕凌晨走在天桥上或路口，突然四顾茫然。

47. 怕长远。它像个危险情人，让你哭泣，又给你惊喜，以及经不起筹划的关系。

48. 怕离开久一点就会惦念。或者根本离不开它。

49. 怕自己时时刻刻冒出的怕。

50. 怕真的离开、不需要怕时，它就成为心口一粒砂。

北京客 50 怕
文 / 马一太

1. 怕北京幼儿园，公立进不去，私立上不起。去公立幼儿园报名，门卫隔着大铁门扯着嗓子问：认识部长吗？不认识就别瞎忙活。

2. 怕北京人行道，辽阔无边。行人过马路，绿灯是按刘翔的速度设置的，多数人都败下阵来，困在路中央。

3. 怕北京雾霾，满街是戴着防毒面具一样的口罩行走的人，恍若世界末日来临。

4. 怕北京查证，就业、上学、购车、买房……都要开各种证，证明你是个合格的外来务工人士。

5. 怕北京老外，比土著还生猛。西班牙哥们都会端着三两白酒过来，用京腔说：哥们儿，你不喝就是不给我面子！

6. 怕北京公交，一上去就有满车的人问你："你下车吗？"

7. 怕北京地铁，每条线路都以不合理的方式连接。

8. 怕北京所有的公众设施，疑似有一个"让市民更不方便办公室"，专门研究设计如何让市民感觉不便。

9. 怕北京高尚场所，没门牌没招牌，单线联系提前预约，吃个饭洗个澡，整得谍影重重。

10. 怕北京车位，有 P 的地方停不进去，看着别人随便停在路边，你停下试试，一准儿收到罚单。

11. 怕北京酒吧，要么蒙老外，要么蒙外地人，要么蒙文艺青年，要么蒙摇滚青年。

12. 怕北京潘家园，从盘古开天地到民国任何时期的任何文物，你都可以成批找到，并以低廉的价格买到。

13. 怕北京艺术家，几乎每栋楼里都住着几个艺术家。

14. 怕北京艺术区，几乎每个街区都要搞自己的艺术园区。

15. 怕北京名牌小学中学，经过时都能感觉到从里到外冒着金光。

16. 怕北京司机，开起车来如同"织毛衣""编麻花"，一百米的距离可以换三条车道然后再换回来。

17. 怕北京咖啡厅，挤满了谈生意的人，数额上千万起。

18. 怕北京缩略语，绿植（绿色植物）、奥森（奥林匹克森林公园）、工三（工人体育场及三里屯）……如果你听不懂，顿遭鄙夷。

19. 怕北京海鲜饭店，食材是远道而来的"贵"客再加北方式烹调。

20. 怕北京医院，排队挂号分两队，一队是北京居民，一队是全国各地来北京看病的。

21. 怕北京看病，拥挤如春运的火车站，且没有一张可以坐的椅子，晚上有人打开铺盖就地而眠。

22. 怕北京私立医院，先要预约，再办会员，医生来自海外，都是博士，1000 元看个感冒，真的不算贵。

23. 怕北京早教班、兴趣班，世界各主要流派都有，风格不一，价格一样的贵。

24. 怕北京天干物燥，处处静电，火花四起，和人接触都有了心理阴影。

25. 怕北京暖气，热到嘴唇干裂，嗓子失声，鼻子冒血。屋外是冰窖，屋内是沙漠。

26. 怕北京饭局，小饭店里谈国际趋势，装高端；大饭店里吐脏话，真土豪。

27. 怕北京球迷，惹不起，不多说。

28. 怕北京假农庄，住不好，吃得差，人还巨多。

29. 怕北京圈子，干任何事情，都有人问你，你是混哪个圈子的。

30. 怕北京各种代办，你搞不定的，他们可以搞定；你本来可以自己搞定的，变得搞不定。

31. 怕北京三轮车、代步车，他们视红灯、逆行标志为无物，悄无声息，无处不在。

32. 怕北京不下雨，空气里弥漫着粉尘，呼吸如同扯风箱。

33. 怕北京下雨，道路成水国，钥匙环上最好带逃生装置。

34. 怕北京京骂，闻之三观皆毁。

35. 怕北京的机会，人人都为了机会而来，但机会并没有因此而增加。

36. 怕北京的居委会，严厉的时候查你祖宗三代，热情的时候替你张罗对象。

37. 怕北京创业者，他们一般先说"我有一个梦想"，然后问"你有一笔钱吗"。

38. 怕北京各种文化公司，号称做文化，但其实除了文化什么都干，就是没有文化。

39. 怕广场舞，永远占据公园、广场的最好位置，不管是千年古迹还是潮流圣地，最炫民族风一出，天下无敌。

40. 怕北京景点，所有的景点最深刻的印象就是人山和人海。

41. 怕北京的桥，北京以桥为道路标识，但几乎所有的桥都没有水。

42. 怕北京的大学，北京有全国最好、最多的大学，不是北大、清华毕业，都不好意思说上过大学。

43. 怕北京过春节，走也不是，留也不是。走，出行太难；留，无处可去。

44. 怕北京国际化，洋人满大街，利聚而来，利散而去。

45. 怕北京各种展会，真真假假分不清楚。

46. 怕北京式牛皮，随便一个人都有把牛吹上天的本事。

47. 怕北京春天的飞絮，让每个毛孔都被堵住——当初是谁种的这些树呢？

48. 怕北京小广告，覆盖率全国第一。

49. 怕北京中介，表面的礼貌太多，做事时实话太少。

50. 怕北京的首都感，让每个人都要随时提醒自己，我在中国的首都。

北京：离北平最远的城市

文 / 胡赳赳

北京是现世，现世以安稳为主；北平是往事，往事不安稳却有传奇。

老舍说："我心中有个北平，可是我说不出来。"尹丽川说："北京一下雪，就变成了北平。"

1928 年至 1949 的民国时期，北京叫北平，逾 20 年。

北平很不平，但战乱动荡并未使得"帝都"人心惶惶。老舍短暂离开北平，想它至流泪。"在我想做一件讨她老人家喜欢的事情的时候，我独自微微地笑着；在我想到她的健康而不放心的时候，我欲落泪。"

老舍言，夸奖这个古城的某一点是容易的，可是那就把北平看得太小了。"我所爱的北平不是枝枝节节的一些什么，而是整个儿与我的心灵相黏合的一段历史，一大块地方，多少风景名胜，从雨后什刹海的蜻蜓一直到我梦里的玉泉山的塔影，都积凑到一块，每一小的事件中有个我，我的每一思念中有个北平，这只有说不出而已。"于是，老舍写了《想北平》。

鲁迅的情绪则要平和而有距离得多，他从绍兴至京，看尽人情冷暖、官场丑态，装范儿的学者，但他对北京却有好感，他总结说："北平虽几乎没有春天，我并无什么不满意，盖吾以冬读代春游之乐久矣。"

鲁迅作《北平的春天》一文，似乎并未夸赞北方之春，春天毕竟太短，未及打赏，便已失落。倒是恶狠狠地喜欢漫长冬天，仅仅因为"纸糊的屋里"暖意融融的缘故。

没有作家书写自己的城市，这个城市便不可爱了。北平时还有这个习惯，你写《故都的秋》，我便写《上海赋》；你写《京华烟云》，我便写《倾城之恋》。如今写是在写，只是那声响气质，全然只见其小，瞬间便被人遗忘。

吐槽北京

且来看看北平的建筑气派，《京华烟云》一出场，便从商人姚思安家的四合院写起，"大门口儿并没有堂皇壮观的气派，只不过一个小小的黑漆门，正中一个红圆心，梧桐的树荫罩盖着门前"，可是姚家的房子"坚固，格局好，设置精微，实无粗俗卑下华而不实的虚伪样子"，在这样的家庭氛围中，姚木兰"卓然不群与坚定自信的风度"得以养成。

倘若测绘现代北京的地形图，这四合院或可视为城中之"城"，一个五脏俱全的日常化空间，一个不无理想化的家居处所。

林语堂眼中的北平，"像一个国王的梦境"，像"一个饮食专家的乐园"，"是贫富共居的地方"，"是采购者的天堂"，有"旧的色素和新的色素"……而最重要的是，"北平是一个理想的城市，每个人都有呼吸之地；农村幽静与城市舒适媲美"。

一如他在《京华烟云》中刻意突显的，北平是田园与都市的合体。

这是北平时期，北京时期则丢掉了自己的艺术。中国人比美国人赶忙多了。北平是"慢之国"，北京则是"急之国"。

无论在建筑造型上有多大争议，北京国家大剧院在外地游客眼中都是一个很好的拍照背景。（图—阿灿／新周刊）

林语堂宣扬"闲适"、"中庸"的人生哲学，将其宣示为一种放之四海而皆准的普遍主义"抒情哲学"，并张扬"田园都市"日常生活的精微美妙之处。而这，正是他在《辉煌的北京》一书中所倡导的。不过，他辉煌的北京，指的是北平。

还有郁达夫，浪荡中国许多地方的才子，最后扎到北平，诗意地栖居。"中国的大都会，我前半生住过的地方，原也不在少数；可是当一个人静下来回想起从前，上海的闹热，南京的辽阔，广州的乌烟瘴气，汉口武昌的杂乱无章，甚至于青岛的清幽，福州的秀丽，以及杭州的沉着，总归都还比不上北京——我住在那里的时候，当然还是北京——的典丽堂皇，幽闲清妙。"

他讲起民国人的种种优点，即便现在看来，也是"各人有各人的样子"般地好。"在当时的北京——民国十一二年前后——上自军财阀政客名优起，中经学者名人，文士美女教育家，下而至于负贩拉车铺小摊的人，都可以谈谈，都有一技之长，而无憎人之貌；就是由荐头店荐来的老妈子，除上炕者是当然以外，也总是衣冠楚楚，看起来不觉得会令人讨嫌。"

郁达夫对北京的感情不亚于老舍。"所以在北京住上两三年的人，每一遇到要走的时候，总只感到北京的空气太沉闷，灰沙太暗淡，生活太无变化……但是一年半载，在北京以外的各地——除了在自己幼年的故乡以外——去一住，谁也会得重想起北京，再希望回去，隐隐地对北京害起剧烈的怀乡病来。这一种经验，原是住过北京的人，个个都有，而在我自己，却感觉得格外地浓，格外地切。"

法国作家谢阁兰 1910 年寄给德彪西的信中写道："北京才是中国，整个中华大地都凝聚在这里。然而不是所有的眼睛都看得到这一点。"清晨，他会"被柔和的叫卖豆腐脑的声音吵醒"，黄昏，他可以欣赏院子上空的蓝天，"被四合院截下来的一块，属于我的一片蓝天"。夜晚，"在坐南朝北的睡着觉时也参与了整个城市的生命"。他觉得四合院住起来"舒适又方便"。他称北京城是"梦寐以求最理想的居家之地"。

民国才子作家张恨水写道："能够代表东方建筑美的城市，在世界上，除了北平，恐怕难找第二处了。"

要说北平，"那真是一部廿四史"，无从说起。张恨水对北平的态度，如同当今文人对北京的态度："北平这个城，特别能吸收有学问、有技巧的人才，宁可在北平为静止得到生活无告的程度，他们不肯离开。不要名，也不要钱，就是这样穷困着下去。这实在是件怪事。"如同陈冠中所写《有一百个理由不该在北京生活，为什么还在这儿？》一样，吐槽完北京的种种缺陷之后，依然赖着不走。

北平之美，美在其格局，四九城，即现在的城六区。房子都是四合院。不似如今"摊大饼"，圆环套圆环，大马路尚未有，城市尺度合适游街。叹如今几乎被硬生生的大拆大建变得面目全非了。从梁思成、林徽因到王军、华新民，呼吁声从北平传到了北京，但理想越来越远，欲望越来越炽。

张恨水说："洋楼带花园，这是最令人羡慕的新式住房。可是在北平人看来，那太不算一回事了。北平所谓大宅门，哪家不是七八上下十个院子？哪个院子里不是花果扶疏？这且不谈，就是中产之家，除了大院一个，总还有一两个小院相配合。这些院子里，除了石榴树、金鱼缸，到了春深，家家由屋里度过寒冬搬出来。而院子里的树木，如丁香、西府海棠、藤萝架、葡萄架、垂柳、洋槐、刺槐、枣树、榆树、山桃、珍珠粤、榆叶梅，也都成人家普通的栽植物，这时，都次第地开过花了。尤其槐树，不分大街小巷，不分何种人家，到处都栽着有。在五月里，你如登景山之巅，对北平城作个鸟瞰，你就看到北平市房全参差在绿海里。这绿海就大部分是槐树造成的。"

20 世纪初的北京。(图 /GETTY)

郁达夫直言北平秋季之美："南国之秋，当然是也有它的特异的地方的，比如廿四桥的明月，钱塘江的秋潮，普陀山的凉雾，荔枝湾的残荷，等等，可是色彩不浓，回味不永。"他的比喻倒也深得俗味："比起北国的秋来，正像是黄酒之于白干，稀饭之于馍馍，鲈鱼之于大蟹，黄犬之于骆驼。"

然后，他给北平的秋天写了"情书"："秋天，这北国的秋天，若留得住的话，我愿把寿命的三分之二者去，换得一个三分之一的零头。"

张恨水则说："苏州城是山明水媚之乡，当春来时，你能在街上遇着柳花吗？"他所住胡同的后方，是国子监和雍和宫。"远望那撑天的苍柏，微微点缀着淡绿的影子，喇嘛也脱了皮袍，又把红袍外的黄腰带解除，在古老的红墙外，靠在高上十余丈的老柳树站着。看那祖臂的摩登姑娘，含笑过去。"这种矛盾的现象，北平是时时可以看到。"而我们反会觉得这是很有趣。"

林语堂总结说："北平是豪爽的，北平是宽大的。他包容着新旧两派，但他本身并不稍为之动摇。"

北京到北平的距离，不是时空的距离，而是心理的落差。中式与西式共存的生活方式，以中式生活被摧毁而告终，而西式的生活方式中，又只仅仅学到了西方的欲望表达，而没有学到其人文精神。

那时的北平人，穿长袍或西服，戴礼帽；人力车夫，也是短装利落，干干净净。物价便宜，知识受到尊重，稿费高，谋生易。礼节尚未废除，待人接物，还是民国范儿。

如今，生活方式变迁之烈，每况愈下。人心的困顿与生活之艰，在媒体信息巨变之时，难有舒畅安宁之日。缺水、缺新鲜空气、缺房子住、缺人——永远缺人才，这便是今日北京之现实。

我们生活在同一座城市里，只是那时常有太阳升起，而如今则被雾霾笼罩。

新周刊
NEW WEEKLY
2014 年度佳作

丑陋的中国男人

薛继业画作《瞧热闹》。中国人这瞧热闹不嫌事大的习惯大概就源于普通人真正能参与其中的乐子实在太少了，于是乎用奔走相告的方式来宣泄自己的快感，跟吸毒一样

丑陋的中国男人

中国在进步，把过去两个世纪里输掉的繁荣和尊严赢回来。

但中国男人的进化，显然要慢得多。

劣评如潮，来自公共舆论和私语，也来自中国女人和中国男人内部。

三年来，《新周刊》以"男人没了？""如何装一个男人？""丑陋的中国男人"三期封面专题，构成"男人没了"三部曲，对中国男人进行全方位的持续的社会学观察。

柏杨《丑陋的中国人》的批判，多半在中国男人身上体现。今日公众热议的中国男人之丑，落点不该在外表——价值观丑，才是真的丑；中国男人丑在不自知，陋在不知耻。

在当代家庭生活和公共生活领域，不少中国男人体现的国民气象是丑陋的，徒有现代生活方式之表，内心非常封建，观念无法现代。有一位自省的网民在微博留言："作为一个中国大陆的男人，经过了三十年，我才发觉自己其实是个缺乏教养的野蛮人。正补课中。"

孔孟眼里的中国男人，可望而不可即的是圣人，可望又可即的是君子，不入流的是小人。今日，中国男人应是谦谦君子，以思想和价值观为肌肉，以情怀和品格为魅力，成为与大国匹配的大国民。

丑陋的中国男人如何变得有魅力？无他，唯践行中国商代阿汤哥（汤王）刻在洗澡盆上的那行字：苟日新，又日新，日日新。

美不起来了

中国男人是怎样变丑的？

文 / 薛继业

人家让我画中国男人之丑，想了一下午真是无从下手，哪里都有丑人，在中国，最丑的人还当过皇帝——那个超级鞋拔子脸朱元璋。大概他们埋怨的不是这类长相奇特的人，一个杂志不会关心只有在相亲时候才会讨论的问题。

我们天生会判断长相的美与丑，这是本能对一个基因健康与否的判断，有研究说对称面孔的人基因更优良，就像大多数可口的东西都有更丰富的营养一样，有些脸是甜的，有些是苦的。但人们大多只在乎跟自己生育的人的长相，并不太在乎跟自己交往的人的长相，那么，脸的真正美丑大概是人们对这些脸背后的人的判断，他们有益或者无益于自己。巴塞罗那人讨厌德国人，因此德国人在他们眼里必须是丑的，而德国人在某些中国女球迷的眼里，简直是简直了。

中国人在外国人的眼里都是一模一样的，而在中国人自己的眼里，我们的脸简直是五花八门的杂货铺，什么样都有。这让我想起谢晋导演的老舍《茶馆》里那一票嘴脸，我印象里面是有大量极丑的角色的，下午翻出来又看了一遍，但重新发现那些角色都丑得实实在在，并不扎眼，那些坏人虽丑，但都大大方方地干着各自的坏事。老舍并没有描述他们的长相，但导演有意把他们化妆得让人憎恨，大概是戏剧必须让观众在有限的时间里提高判断的效率吧。中国的史书并不太记录人的长相，除非相当极端的例如朱元璋和嬴政，但底层文化浅薄的人民必须以直观方式分辨忠奸善恶，因此戏曲里都把这些因素符号化地勾画在脸上。其实，一直以来丑和美跟好坏无关，《西游》里那些怪物都那么丑但是有好有坏，《水浒》里的好汉也大半是丑的，江湖的

丑陋的中国男人

凶险让人的心理复杂而不像普通人那么坦然，因此老百姓是最在乎面相的，因为要直面三教九流，必须处处提防以保护自己的蝇头小利。

丨就是让你看着不舒服，古人说相由心生，今天一样适用，丨就是你在别人脸上读出了对自己可能发生的危害，因此我们往往对人第一印象的美丨很强烈，之后随着了解慢慢淡化。过去据说如果相貌过于丨陋甚至不能做官，因为怕吓着百姓，那个著名的钟馗就是典型的例子，说是考中进士后唐玄宗因其丨陋而不录用，钟馗恼羞到一头撞死在大殿，这钟馗也真没出息，死后不记前仇，倒在玄宗梦里帮他捉鬼医病，而玄宗醒来病愈，让吴道子画他

薛继业画作《面条》。什么海味珍馐也比不上条凳上踏踏实实的一碗大面

来辟邪，并追认他为进士，从此钟馗就穿着官服在各家各户挤眉弄眼吓唬鬼，看来谄媚也有好报，而他那黑黢黢的丨脸也让人越看越舒服了。

人的美丨与他的教养身份有直接关系，过去文化发达的地方人一定是美的，人的举止与身份本性相合也是美的，自我约束也带来美感。《大学》里摘的诗经那句"瞻彼淇澳，菉竹猗猗。有斐君子，如切如磋，如琢如磨。瑟兮僩兮，赫兮喧兮。有斐君子，终不可喧兮"说的就是一极品男子，心灵、仪表上美的最高境界，跟相貌无关。但一个杀猪的屠夫倒大可不必弄成这样，只需向这个方向倾斜一点点就美得不像样了，如美髯公关二爷，如果不是经常在战场的午休时间抱着本《春秋》摆样子，绝无今天那么美的地位。

中国人爱面子，就是所谓尊严，每个等级有每个等级的尊严底线，在熟悉的环境里人们没有太多假装的必要，出门在外就必须假装自己的底线更高。

古代大概没那么严重，因为千年稳定的环境完全没有太多假装的必要，也就是东施效颦假装一下娇美，或者李鬼假装李逵骗取一个凶悍，或者穷人出门嘴上用猪皮擦点油假装吃过肉，这些假装有点俏皮，无伤大雅。而进入了近现代，生活环境无情地改变了，原来稳定的、必须诚实地生活其中的家族体系彻底崩溃，失去依托的人们必须面对大量的陌生人，大量与自己无关的、在传统道德体系里自己不用去负道德责任的人，以及大量的陌生事物，这是一个民族在短期无法适应的。在家族体系中，所有美德都是围绕家族需求而产生，而离开这一需求，中国人的自私，缺乏合作性，虚伪，冷漠甚至残忍等等这些缺点暴露无遗，新的问题太多，而他们只能用这些简单原始的办法去面对。

贯穿千百年的人治社会让中国人极端不具备对人对事的公平态度，加上古代圣贤在思想上的概念模糊，造就了中国人轻视逻辑，"癫"这个字是很多地方没有的。

薛继业画作《某先生》

如果中国没有融入世界，这一切并不显得丑陋，古典的封建社会中的各个社会因子因长期磨合而可以自圆其说，帝王这口尚方宝剑始终能给人提供精神上的慰藉，那些五花八门的丑态反而让社会更加玲珑剔透。

今天的中国人生活在一个现代的物质环境和传统的权力风格下，这造就了惊天动地的变化，这变化已经让人来不及顾忌美丑，或者无从美丑了。物质带来的幻象暂时掩盖了内部的不协调，人们依然用封建的思维方式思维，用西方的道德标准化妆，如教育并不是让人追求真理和乐趣，而是依然像古代一样是一个谋生的途径……我们依然是现代生活方式打扮过的古老的怪胎，个人之美不难做到，而民族之美却是遥不可及。

人之丑不在相貌而在表情，相与心合，即使干坏事也踏踏实实并不觉得丑，相貌与心不合带出的表情才是真丑。中国之丑最大的祸根是人治，人心的扭曲造成了各种各样的丑恶，《茶馆》里结束时常四爷有一句台词："盼哪，盼哪，只盼着谁都讲理，谁也别欺负谁！"是啊，到那时人心就纯净了，就不丑了，腿也长了，就穿什么丝袜高跟都好看了。

中国男人十大丑

不是一个人丑，是一群人丑

文 / 孙琳琳

经过传媒四个多月讨论，中国男人的丑已成定论：

他们懒得洗头洗澡，能不刷牙就不刷牙，内裤也不是天天换；他们穿着松松垮垮的 T 恤短裤，没一件合体西装，更不会打领带；他们矮小、宽脸、扁鼻子，平均身高只有 171.6 厘米。

论责任感和生活情趣，他们也是史上最弱的一群人。封建社会男人养好几个老婆，现在的宅男连婚都不愿意结；杜牧、柳永给青楼女子写了那么多赞美诗，现在的男人连我爱你都不肯说。

多年计划生育和重男轻女，制造出 2000 万 30 岁以下的剩男。《南华早报》称他们是一系列日益严重问题的当事人，例如"卖淫、嫖娼、拐卖人口、传播性病，以及暴力甚至民族冲突"。

女人想要什么样的男人？"潘驴邓小闲"。

王婆说男人泡妞"要五件事俱全，方才行得。第一件，潘安的貌。第二件，驴儿大的阳具。第三件，似邓通有钱。第四件，小，就要绵里藏针，忍耐。第五件，要有闲工夫"。(《水浒传》第 24 回《王婆贪贿说风情　郓哥不忿闹茶肆》)

女人要求高，76% 的中国男人生活不堪重负（《2012 年中国男人报告》），他们要陪女人吃饭、看电影、买礼物，他们在恋爱中平均消费只有 1591 元，却已经占去收入的 1/3（《2013—2014 年中国男女婚恋观调查报告》）。

从外貌做评判不作准，而以物质做衡量现货根本不够用。

林语堂盛赞苏轼是中国第一等男人，但苏轼也是"樱桃樊素口，杨柳小蛮腰"审美的花心男。中科院院士李小文是享有盛誉的遥感、地理学家，外表却像老农民。

过去生活苦，中国人发育不好，80 后、90 后营养充沛，成色基本不错。况且女人择偶从来不会把男性外表放在第一位，这在 25 年前就已经被进化心理学研究证实。超过 40% 的中国女人只是希望嫁个公务员（《2014 婚恋状况调查报告》），胖瘦都行。

攻击中国男人的外表，不是说得不对，而是不得要领。

柏杨写《丑陋的中国人》，把儒家控制的中国文化比作酱缸，扼杀了知识分子的想象力和思考力。"酱缸发臭，使中国人变得丑陋。"而封建社会结束之后，"在中国广大的大陆上，'反右'之后接着又来一个'文化大革命'，天翻地覆，自人类有历史以来还没有遇到过这么大的一场人造浩劫。不仅是生命的损失，最大的损失是对人性的摧残和对高贵品德的摧残。"这才是中国男人丑陋的根源。

心理学家荣格说："一切文化，最后都沉淀为人格。个人的文化，最后成为个人的人格；一个民族的文化，最后就成为这个民族的集体人格。"

经过几次洗礼，中国男人的确变丑了，不过不是丑在外表，而是丑在国民气象：非常封建，无法现代。

第一丑：嗜权骄纵

从陈独秀对国人"一若做官，发财为人生唯一之目的"的判语，到落马的前铁道部部长刘志军叫女儿"千万不要从政"的劝言，可知当官如今是高危的美差。2013 年中纪委查处了 18.2 万名官员。2014 年中纪委每周"打虎拍蝇"13 名。

2014 年国考 152 万人挤破头应试，有的在职公务员却在会场上打瞌睡。过去 14 年落马的 367 个厅局级官员中，219 个是手握实权的"一把手"。山西榆社县交警酒后在加油站打手机，被工作人员制止后竟然拳脚相加。

权力是最好的春药，它极易让部分男人贪婪扭曲，有恃无恐。因为有了权力，你不仅可以坐享行政级别和市场红利，还能享受超国民待遇。

第二丑：不择手段为出名

光宗耀祖的念头犹存，以名牟利的诱惑更大。假慈善、论文抄袭、绯闻炒作之外，有漳州人为出名上传淫秽照片获10万点击量，有人为了出名在唐山抢劫超市和加油站，也有19岁深圳大学生为证明自己实力制作"超级手机病毒"，害人超百万。以上想出名的男人都获了刑，已经出了名的男人在做什么？今年吸毒被捕的明星阵容，已经可以组团拍一部"监狱风云"。

第三丑：麻木不仁

面对他人之痛苦，还能笑出来，还不忘台词，还能走形式，因为，在有些中国官员眼中只有领导没有群众。雅安地震后，央视连线雅安市委书记徐孟加，他历数各级领导关注却不谈救灾措施；广西北海涠洲岛台风灾害，管委会领导躲在办公室看黄片却不发放物资；琼粤桂台风灾害，红十字会竟然三伏天调拨数千条棉被送往灾区，不上心到如此地步。

第四丑：暴戾啃老

2014年应届毕业生，超过30%的人毕业后仍在啃老（《90后毕业生饭碗报告》）。啃老族多数不知节俭、不知感恩。上海啃老男因继父没将名下房产留给自己而挥刀将其砍死，三亚不孝子因深夜回家母亲没开门将其打死，北京独生子啃老7年被父母诉至法院强制其离家。还有江苏盐都90后小夫妻上淘宝花掉父母60万，男人成家不立业，啃老可耻。

第五丑：以大男子主义为荣

京兆尹张敞替妻子画眉，被长安人讥笑，汉宣帝听说后也很不满，再没有提拔他。中国男人说自己是大男子主义时，一点也不觉得羞愧，反而将其与能力强画等号。他们要求另一半是贤妻良母，却不谈丈夫的责任，认为赚钱养家就是仁至义尽。中国女人有 74% 的就业率，但每天做家务的时间是男人的四倍。丈夫出轨被认为是男人天性，而妻子出轨则不可饶恕，威海有丈夫甚至盘算 10 万元将出轨妻子卖给情人。

第六丑：不陪孩子

"爸爸，你再不陪我，我就长大了。"成为近期朋友圈的流行话题。一方面，沈阳的 12 个爸爸为了给孩子办事业编制工作，付给骗子 100 多万人情费；另一方面，爸爸们却把最多的业余时间花在电脑游戏和朋友聚会上。爸爸真是家里最忙碌的人吗？或者他们只是认为自己不该是照管孩子吃喝拉撒的那个人。每天上网、看手机的时间总能挤出来，却不肯给孩子讲个睡前故事。

第七丑：猥亵幼女

湖南体操学校正副校长同时涉嫌猥亵女童，南昌幼师丈夫猥亵托管女童，杭州两男子电梯内猥亵女童，西安男子地铁内猥亵女童三分钟被乘客制止，徐州男子花坛中冲出扑倒骑车女孩当街猥亵……类似消息层出不穷，伤害弱势女孩，是男人最猥琐的行径，没有之一。

第八丑：醉生梦死

有的中国男人从骨子里崇拜权势，信人情不信制度，不然就不会有那么多人上骗子的当，以为花钱就能搞定北京户口、公务员编制等等。他们上班时萎靡不振，下了班精神抖擞，随时准备到酒桌上大显身手。他们不读书，不陪家人，也没私人爱好，花费大量时间交际应酬，并将其当作最重要的人生投资，醉得越彻底，靠谱度越高，江西吉安有公务员因为陪酒醉死，算工伤。

第九丑：没有公德

有的中国男人不守规矩，随地吐痰，排队插队都算小事，在国际航班上一言不合就能打起来。说了高铁上不能吸烟，还是有人躲到卫生间过瘾，导致列车紧急降速晚点。北京一无业男子发现自家钥匙能打开北京南站出站口大门，竟然做起了带客进站的生意。破坏规矩代价不高，甚至有利可图，所以屡禁不止。

第十丑：不说谢谢，也不说对不起

都说中国是礼仪之邦，但中国男人却被认为"没有礼貌，缺乏绅士风度"（《中国男人调查》）。为了在公交上抢座位，老翁可以耍赖坐在女孩大腿上。分手谈不拢，竟然勒死女友；酒驾被查说句"对不起国家"，这样也能叫道歉？

可是，中国男人真的配不上中国女人吗？我看，不至于。如果一定要说，中国女人配不上中国男人，我看，也成立。

商界丑男批判：他们是一群实用主义者
文 / 肥沙

淡马锡公司列举中国商人的不雅之处："领带数量永远不够，不超过 5 条，衬衣永远不够白。在形象投资上分布不均，愿意花 300 万元购买一只百达翡丽，不愿意花 30 元购买一双深色袜子，于是，当中国商人跷起二郎腿，黑色裤管中就不经意露出一截肉色。"

平心而论，仪表算不上是中国企业家的大问题。"比激进的知识分子更实际一点，比保守的官僚更开放一点。"（法国学者白吉尔语）简单来说，他们是讲究平衡的实用主义者。

人都是嫉妒成功者的，尤其是率先实现了财务自由的成功者，除了实用主义和中庸，描述中国商人的词汇最有历史典故的是"原罪"和"官商勾结"，最残酷的是"血汗工厂"，最宏观的是"垄断"，最有技术含量的是一系列化学名词，比如三聚氰胺。中国商业文化可追溯至秦汉，但直到唐代，破墙开店才被官方允许，真正的商户才得以出现，到了北宋，《清明上河图》已经很能展现宋代工商业的发达，不过商人的社会地位仍旧没有提高。要让"商"字变得高雅，必须给它加以前缀，比如"儒商"，现在应用最广的是"奸商"，流传更久的是"无商不奸"，如果奸得有底线，那还称得上"业界良心"。

"业界良心"也是一个苛刻的标准，中国商人要达标并不容易。雷军刚刚在小米 4 的发布会上大讲情怀，转身小米就被台湾查出非法传输用户信息；罗永浩在上一篇微博中吐槽摩托罗拉手机做工粗糙，下一篇微博又炫耀锤子手机的工程师大多来自摩托罗拉，左右互搏打自己的脸。处在华人商界最顶层的李嘉诚也不能幸免，百佳超市被曝售卖过期生鲜，北京逸翠园的质量问题引起业主抗议。

中国商人也有过好看的时候，法国人白吉尔评论 1916 年的江浙财团的年轻金融家们，说他们"双眼有神，干净而整齐。这些企业家，都是摒弃旧观念，倡导新思想的超群人物"。五四时期，漂亮的商人也纷纷涌现，创办通商银行的朱葆三等人以上海商业联合会为组织，集合沪上 53 个会馆公所，协调工厂的抗议活动，在工商力量的援手下，五四运动演变成一场影响深远的历史事件。不过这些都是曾经的历史，你很难说得清，到底是时代变丑了，还是商人变丑了。

不过，不管时代如何改变，中国商人的某些陋习是不变的。费正清曾在《中国与美国》一书中发问："中国商人阶级为什么一直不能摆脱对官场的依赖，而建立一支工业的或经营企业的独立力量？"他分析说，中国商人具有一种与西方企业家完全不同的想法：中国的传统不是制造一个更好的捕鼠机，而是从官方取得捕鼠的特权。

费正清的话在当下也能找到佐证，每一个在反腐中倒下的官员，背后必定有进贡的企业家，每一个商而优则仕的企业家，最后很可能成为在反腐中倒下的官员。但这同样很难分清究竟是制度之恶还是商人之丑，纽约市长布隆伯格也是商人，他比官商勾结更进化，是官商一体，但纽约人对此没有意见。《华尔街日报》在他卸任之日写道：如果他还能干一届，硅谷将为之颤抖。每年只象征性领 1 美元薪酬，每天坐地铁上下班，这些还不足以让布隆伯格名留青史，在他治下，

2011 年 3 月 4 日，湖南卫视《我们约会吧》，前来相亲的男嘉宾。（图—阿灿/新周刊）

纽约监狱人数减少 32%，犯罪率减少 30%，谋杀案减少 50%，市政厅财政从 600 万美元赤字达到收支平衡，旅游人数从每年 3400 万增加到 5400 万人，高中毕业率增加 41%，Foursquare 等 IT 企业涌现，东部硅谷基本成型。他自掏腰包 6.5 亿美元，用管理企业的方式将纽约升级换代。

布隆伯格的神奇不能被复制到中国，中国企业家有自己的说法，他们活在市场和政府的夹缝中，只能亦步亦趋，左右逢源，一部分人选择了在商言商，另一部分选择利益交换，一切都是环境的逼迫，显得情有可原。中国企业家有善于妥协的天性，很少坚持是非，常常计算愤怒会付出的边际成本。这就是为什么，中国企业家不好看的原因，同样，它也可以回答费正清在 1948 年提出的那个问题。

吴晓波眼里的商界男

中国商人被丑化了几千年

文 / 胡尧熙

　　去年亚布力论坛开幕式，王石首次在演讲中回顾了 2008 年"捐款门"，当年的 200 万元捐款和一句"员工捐 10 块钱就够了"让他遭受了近两个月的舆论抨击。他调侃："第二年郭美美倒是替我平反了，让大家看到，这钱还是不能捐吧。"王石得出结论，在中国，企业家是被丑化的。

电影《人再囧途之泰囧》剧照，剧情是几个中国奇葩的泰国之旅。(图 / 新周刊图片库)

吴晓波没看过那次演讲，但他赞同王石的看法，他有次参加《锵锵三人行》时，许子东给他讲了个故事：茅盾在一本小说中写一个企业家，他一面遭受外国资本欺压，一面不得不苛刻自己的员工。茅盾希望把他塑造成一个处于两难境地、值得同情的商人，但瞿秋白看过稿子后提出修改意见——得把这个人的坏写得多一些。许子东感慨，中国近现代文学总是喜欢用丑陋的一面来表现民族资产阶级的两面性。吴晓波觉得许子东的观点太保守，在他看来，中国的数千年历史中，商人一直是被丑化的。

"宋代是中国工商业最繁荣的时候，但你能说出几个宋代企业家的名字？"吴晓波说，他曾经有个朋友想写宋代的商业故事，打算找齐20个商业大家，但翻完史料，最终只凑出5个人。"很多人说中国重农轻商，这是不对的，中国是'重商'和'抑商'并重的国家，它知道工商业对国家财政的重要性，但另一面，商人的社会地位是被压制的，士农工商，商排在最后一位。"在连续写完《激荡三十年》《跌荡一百年》和《浩荡两千年》后，吴晓波发现，企业家在文学作品中被丑化是一种常态，他读过余华的《兄弟》，非常喜欢上半部分，但下半部分让他感到不适。"主人公有钱以后，就出现两个问题，余华认为他的致富一定是不正当的，充满血腥的。另外一点，致富之后，主人公就突然变得腐败，开始玩女人。"他无法理解这种写作逻辑。"工商界的主流根本不是这样的。"

"人类对财富拥有者的憎恶是天生的，在基督教里，富人要进天堂就像骆驼穿过针孔一样难，在伊斯兰教里，金融从业者是不允许进入清真寺的。中国更严重，儒家传统一直是蔑视商人的。"吴晓波说，天生的憎恶是可以后天修正的，近现代工业革命后，资本主义这个词出现，凭勤劳和技术致富被认为是进入天堂的一个条件，基督教在悄悄淡化对财富的蔑视，而在近邻日本，武士道精神盛行时，商人同样是被丑化的，但日本商业之父涩泽荣一的著作《论语和算盘》及时刷新了日本思想界的旧识，商人的地位大为提高。而中国从来没有像日本一样迎来一次商业思想启蒙，从汉代就存在的商人丑陋形象被完整地保留了下来。

在两本《大败局》中，吴晓波写了数十个企业失败的案例，但他不愿用丑陋来形容其中的当事人，他很少对自己笔下的企业家做道德评价，只愿意从专业角度去分析他们的是和不是。宗庆后是为数不多的被吴晓波点名批评过的企业家，在当年达能与娃哈哈的争执中，他指责宗庆后拿民族情绪为自己的企业背书。"1990 年左右，我太太辞职，就到他副总下面工作过。我还帮他写过书，他们公关部跟我很熟悉。但他挑动民族情绪，我接受不了。我写完以后，他找一大堆人给我打电话，很激动，但我没办法，我知道实情是怎么样的。"这件事之后，他和宗庆后关系迅速冷淡，来往几乎中断。

在所有接触过的企业家中，鲁冠球是给吴晓波印象最深刻的一个，他清楚地记得一个细节，鲁冠球现在的办公室仍然是创业时用的那一个，这在同等量级的企业家中并不多见。"他小学都没有毕业，但是他管理的企业年销售额近千亿，涉及金融。他所谓的商业知识、智慧，都跟他的学历没有关系。"鲁冠球创业已经 45 年了，吴晓波认为，69 岁的鲁冠球还能再干下去。

学界丑男批判

白天是教授，晚上是叫兽

文 / 金雯

知识界长期以来都有一种审丑化，比如，一个人在图书馆翻资料翻到口臭这种事，就不要作为勤勉的标杆拿出来说了，那不过是求知路上的槽点。知识分子的肥肚也是一种不节制的象征，穿上抹胸裤只意味着你跟官员气质趋近——这是知识分子品性的倒退。中年之后，你便不能再怪父母，而要自己为外貌负责了。当肉体不可避免地松弛懈怠时，用内在来控住自己的容颜也是修为的一种。

莫言获诺贝尔奖的时候，大家最关心的，除了他讲什么，就是他会穿什么。但是，即便如此，外貌衣装协会还是不能理直气壮，你凭什么要求搞学术的人穿得像时尚圈的，脸是爹妈给的，你不可能让所有人都去整容抽脂好符合那个肤浅的外在美。电影《小时代》火爆上映时，作家王安忆表示，她对中国年轻人如此热衷消费文化感到难以理解。对她们这代人来说，穿什么衣服、拎什么包，这么简单幼稚的事，有什么好追捧的呢？对于衣着、外貌的评判似乎是一个复杂的代际问题。王安忆每次现身大众媒体都穿得那么难看，并不妨碍她写出很棒的小说。如今活跃于一线的教授、知识分子很多都是下过乡、插过队，从稻田里爬上来的，三十年前还在穿假领子，三十年后让他对三件套西装有深入研究，当然是困难的。

民国先生之所以风度翩翩，大致也是靠那几张有限的相馆照片，好歹是收拾过上的镜，翩翩的概率必然会高一些。俯首甘为孺子牛的鲁迅一条棉裤穿一个冬天，还一口黑黑的坏牙，但是在版画上身高 1 米 61 的鲁迅先生也可以显得很伟岸。

作为同性，"面白而丰，夏天绸衫飘飘，风度翩翩"（臧克家语）的梁实秋对于男人的某些劣行有入木三分的体察，也更有要求。比如"有些男人，西装裤尽管挺直，他的耳后脖根，土壤肥沃，常常宜于种麦"。在邋遢、肮脏背后是品性，这一切则皆因为"懒"。"什么事他都嫌麻烦，除了指使别人替他做的事之外，他像残废人一样，对于什么事都愿坐享其成，而名之曰'室家之乐'。他提前养老，至少提前三二十年。"男人不仅懒，而且"男人多半自私。他的人生观中有一基本认识，即宇宙一切均是为了他的舒适而安排下来的。除了在做事赚钱的时候不得不忍气吞声地向人奴膝婢颜外，他总是要做出一副老爷相"。

所以，那些恶形恶状分明都是有深刻内在原因的。

点开什么"厦大教授'诱奸'女学生"之类的社会新闻，看到的教授正装照又是不出所料的一副没救的中年人的样子：松弛浮肿的脸，木然的神情，T恤扎进裤腰里，那腰身早就消失多年，只见一个虚浮的肚子。光看这外貌，再联想到女学生的举报，你就只能在脑海中浮现"权色交易"一词。这当然只是审美角度产生的判断，是直接的感官反应。这也是相关资讯长期洗脑的后果，教授与女学生不再是师生之谊，而是充满各种暧昧联想。所以，教授被称为"叫兽"。伪基百科对于"叫兽"行为有过描述："叫兽"是只出没于大学之内的生物，而且对于可爱的女大学生特别感兴趣，据说有时会在四下无人时以推倒可爱的女大学生为乐，但在众人面前则会表现出伪学术伪持平的伪面目。

大学的"行政化"让教授都充满了官员气质。他们在审美趣味上，与那些权力核心的一把手十分趋近。他们外貌、气质不是没有规范，而是很有规范，中庸持重、不喜形于色，那是能混迹官场的本事。他们传达的美学标准又是如此的乏味，他们只是想要那些年轻而易于掌控的女人。当然，也有偶尔失控的时候，那就是女学生开始反腐了。

2013年9月9日，广州，横卧于街头废弃沙发上的一对男女。（图—何政东／新周刊）

在这个信息高速流通的时代，知识分子的确也承受了在其他时代都没有的外貌压力。任何一刻的不修边幅都会被放大传播，传说某知名女知识分子出门倒个垃圾都会穿得像去奥斯卡领奖，这倒是一种十分专业的应对。总好过那些上镜的专家教授，油汪汪一张大脸对着镜头，鼻毛大刺刺地拖在外面，这真是虐待高清时代的观众。衣着气质不是学问，大众可以掺和进来随便评论，而被最快速传播的信息多半是那些负面的。在复旦大学2014届新闻系本科毕业生的红毯秀上，学生个个礼服加身，复旦大学教授陈思和穿着短袖衬衫，差点就成了衣着随便的代言人。了解陈思和教授的人都跑出来为他叫屈，陈教授在复旦可是著名的衣着讲究人士。同事严锋在微博中回应说，陈思和教授的衣服那可都是价钱不菲的。

最容易博得好感的该是扫地僧的风格。像中科院李小文院士那样，留着胡子，一袭黑衣，足蹬布鞋，连袜子都没有穿，像个老农一样坐在中科院大学的讲坛上念自己的稿子。他不讲究穿，但是随意到形成了自己的风格，当然，重要的是这种随意之间没有一丝中年男的猥琐，倒是有一种傲视群雄之感，坚决不要那一套虚浮的时尚圣经着装品位——要炼成也非一日之功，搞不好很容易邯郸学步。一个沉默、不起眼的角色，却有着惊人天分和盖世神功，公众还是期待这样的反转剧情。就像人们津津乐道的那些美国大学教授，粗花呢外套，开着破车，某天突然就拿了诺贝尔奖。

李舒眼里的学界男

治学当有君子之德

文 / 李舒

民国时期，学界男性对外表并不太讲究。最应该统领学界时尚的胡适从国外回来后，也曾经有过奇装异服的打扮。1921 年夏天，胡适去上海考察，茅盾见到的胡适，是绸长衫、西式裤、黑丝袜和黄皮鞋。茅盾回忆说："当时我确实没有见过这样中西合璧的打扮。我想：这倒象征了胡适之为人。七八年以后，十里洋场的阔少爷也很多这样打扮的，是不是从胡适学来，那可不得而知。"后来，胡适有段时间总穿西装，连皮鞋都是定制的，反而被人笑话。后来他担任了北大校长，很长时间只敢穿大褂。便习惯性穿着蓝布大褂，冬天罩在皮袍子外面，春秋罩在夹袍外面。夏天除了偶尔穿夏布杭纺大褂外，一般也是一件蓝布大褂。有一年冬天中文系开会，散会后胡适和杨振声一起走出来，杨穿着獭皮领礼服呢的中式大衣，戴着一顶獭皮土耳其式的帽子，嘴里含着烟斗，走在最前面；胡适则穿着蓝布大褂和棉袍走在后面，还替杨夹着皮包，别人都把胡适当成杨的跟班。

而今天已经升级成为"民国第一暖男"的金岳霖，在当时也是不修边幅的典范。他搬到北京的当日，"簇着一头乱发，板着一张五天不洗的丑脸，穿着比俄国叫花子更褴褛的洋装"（徐志摩的形容），全然不是之后"太太客厅"里西装革履含情脉脉看着女主人的深情男子。当时一些国外留学回来的文人会比较讲究外表，比如邵洵美、徐志摩。民国时代知识分子文艺圈的男人，包括朱自清、周作人、胡适、齐白石，追求个小清新也实在很正常，最经典的形象是，他们都会配副小圆眼镜。

跟我们印象中的不一样，鲁迅不是一个不讲究外在的古板文人。他还曾给过萧红关于搭配衣服的建议，算得上是萧红的"时尚导师"。一次，萧红去鲁迅家里做客，许广平用桃红色的红头绳帮萧红扎了两个俏皮的小辫子，鲁迅见了不悦：这样打扮不伦不类的，还是换个装束吧。

不过，在当时社会，评价一位男性学者有没有魅力，基本上还是看他的学术成就高低。不可否认的是，那个时代，社会给予知识分子的大环境相对宽松，民国学者的收入远远比现在高。吴宓教授在昆明时的工资可以天天下馆子；鲁迅的稿费可以负担家里七八个人的开销，甚至还能够在北京买四合院；郁达夫闷在旅馆里写写情色小说，居然也能在杭州买块地盖房子。另一方面，在那个战乱频仍和时局动荡的年代里，学者们仍然努力不中断自己的学术研究，在蒙自时的闻一多，躲在临时入住的小楼里读书，迟迟不下楼；梁思成在李庄，一边当掉自己的手表给妻子林徽因补充营养，一边带领着营造社学员考察古镇民居；沈从文在昆明时，便开始了自己的文物研究，在休息日去当地赶集，研究当地的漆盒……而他们对自我的期许和要求也是在学术领域有个人独到的见解和成就。

就学术成就而言，民国显然要比今天出了更多的大师，当时一些大学者在各自学术领域所取得的成就跟国外的学术几乎是同步的，不会像今天我们跟国外的差距这么大。民国学者的收入远比现在高，但到了抗日战争和内战时期，时局动荡，多数学者生活清贫，也正是因为物质条件如此艰苦，我们才更是觉得他们的精神财富之可贵。

今天，校园内的学术腐败现象严重，这样的事情，追究其原因，我觉得还在于大学的体制。民国时期的中国大学教育管理制度与国外类似，当时大学管理实行的是教授治校制，校长的主要职能是筹集资源、礼聘教授，而教师的研究方向、升级、晋升等基本由教授会决定，然后由校长等行政管理人员具体实施。这一时期的大学校长，仅仅是大学校长，其担任校长后，学术不再发展，但是并不妨碍其成为一个受尊重的校长。如北大的蔡元培、清华的梅贻琦，学术并不见得怎样，但他们的人格力量及其对学校发展的贡献，影响了一大批学者。

民国大师们的内在道德规范要比今天更高一些，自律性更强，他们耻于抄袭这件事，很少看到有抄袭的现象。私生活也是，他们会更加看重所谓君子的品德。比如说胡适，虽然妻子没有文化，但他还是选择相守到老，正所谓糟糠之妻不下堂。

今天，人们对学者文人的评价标准也有所改变，因为整个社会对男性魅力的评价标准不一样了。就拿当时公认有魅力的徐志摩来说，长得帅，留过洋，学识渊博，写得一手好诗。但如果徐志摩活在今天，也许姑娘们都不会觉得他是合适的人选，因为他那么花心，诗人在现在并不算是体面的职业。没有人会觉得他有魅力，反而会觉得他不靠谱，要知道，他后来经济上是很窘迫的。再比如沈从文，那时候能够成为"吃到天鹅肉的老蛤蟆"，成功追到九如巷的张兆和，凭借的是一颗真心和一笔好情书。胡适为他去说媒，认为他特别有才华，请他去做教授，还做媒人将他介绍给张兆和。但这样的事情在今天一定是小概率的。人们会首先说他是乡下来的，然后没有学历，长得也不够高不够帅，职业还是个写小说的。

很多人说今天的中国男性不够有自信，但其实这跟中国传统文化所崇尚的含蓄文化有关。沈从文就不是一个很有自信的人，但是我还是很欣赏他，他脆弱、敏感，但他的那些作品实在太美了。

我曾经见过 1933 年左右的三好学生奖状，在这张奖状的评语栏里，校方给出的"三好标准"是"最守秩序、最诚实、品学兼优"。可见诚信一直是中国社会的一项可贵美德，所谓一诺千金。中国男性向来很喜欢承诺，但一诺千金的男人太少。

有一个故事始终让我为之动容。1958 年，成为"历史反革命"的邵洵美告诉因胡风案入狱的贾植芳："贾兄，你比我年轻，你还可能出去，我不行了，等不到出去了。"他郑重交代贾，将来出来的话，有机会要为他写篇文章，帮他澄清两件事就死而瞑目了。第一，1933 年英国作家萧伯纳来上海，是以中国笔会的名义邀请的。邵洵美是世界笔会中国分会的秘书，萧伯纳不吃荤，吃素，他就在南京路上的"功德林"摆了一桌素菜，花了 46 块银圆，是邵洵美自己出的钱。因为世界笔会只是个名义，并没有经费。但是后来，大小报纸报道，说萧伯纳来上海，吃饭的有蔡元培、宋庆龄、鲁迅、林语堂……就是没有写他。他说，"你得帮我补写声明一下。还有一个事，就是鲁迅先生听信谣言，说我有钱，我的文章都不是我写的，像清朝花钱买官一样'捐班'，是我雇人写的。我的文章虽然写得不好，但不是叫人代写的，是我自己写的。"贾先生一直记得这件事，1989 年，特别写了篇文章，登在《上海滩》杂志上，算是践约。

娱乐圈丑男批判

昨天是暖男，今天是渣男

文 / 宋杨

此文提笔时，柯震东吸毒被警方控制。此文收尾时，房姓男子也被抓了。娱乐圈这是怎么了？

娱乐圈正在上演"监狱风云"！演职人员：张元、宁财神、黄海波、张默、李代沫、柯震东……还有文章，这些人基本代表了娱乐圈老中青三代男人的做派与价值观。老人们是既得利益者，中青年恃宠而骄，而少年们恃宠而"娇"。

娱乐圈就是这样，捧你时你是暖男，出了事一秒变渣男。这两年，文章和黄海波塑造的电视剧形象几乎重新定义了女性对中国男人的审美，而文章与马伊琍的姐弟恋也是粉丝"又相信爱情了"的精神支柱。暖男死于小三的真实故事，比电视剧桥段精彩。

黄海波出事时，很多人站出来替他喊冤："一没强奸，二没包二奶，三没潜规则女演员，就是嫖个娼，还是付钱的。"与其说网友的评论是在为黄海波辩护，不如说，他们是在挖苦娱乐圈的荒诞淫乱。

女性越来越受保护，而娱乐圈的女性地位却比封建社会高不到哪去。制片人和名导的酒桌上不可能没有三四线小明星作陪，要你喝一杯就不能少喝半口，漏掉一滴酒很可能就漏掉了女四号的角色。有个明星丈夫，无论他在外面逢场作戏还是假戏真做，作为爱人，你都不能吭声。中国观众喜聚不喜散，所以，如果出了事，你还要站出来帮他撒谎，他的面子就是你们的票子。漂亮女人好上位，但在满地是漂亮女人的娱乐圈，主动的女人更容易把握机会。

《大丈夫》的导演姚晓峰曾说过，在娱乐圈里，他们这些50后、60后男人，要么已经离婚，要么正在离婚，再不济也是婚姻名存实亡。他们是活跃在娱乐圈里最大男子主义的一代人。年轻时他们穷过，多有糟糠之妻相伴。如今，有话语权，有钱，有残存的体力和精力。守着美女如云的圈子，与其让商人和官员占便宜，不如自己尝尝鲜。

民谣女歌手邵夷贝在《大龄文艺女青年之歌》里唱道："极少部分搞艺术的男青年，搞艺术是为了搞姑娘。""极少"是个非常客气的说法，真实情况是，说是"部分"甚至"一半"都不为过。20世纪摇滚果儿前赴后继，21世纪民谣果儿争先恐后。男乐手们打着理想主义的旗号，仗着女粉丝的宠爱，即便是穷困潦倒，也能数着星座泡姑娘。

中国男明星耍大牌是有些中国特色的。

在国外，甭管是当年的李小龙还是今天的莱昂纳多，再大牌的明星，想上戏，必须试镜。中国演员不喜欢试镜，在这点上，男演员比女演员更甚。有的是大牌，有的是腼腆，总之要不要我随你，老子不试戏！

好莱坞有严格的工作条款，各环节权利规定明确。中国影视圈不是导演中心制，也不是演员中心制，而是大牌中心制。皇帝戏霸改戏的桥段就不值得赘述了。某第六代导演拍摄处女座，请来第五代大咖担任制片人，拍摄过程一路被虐，最终，电影呈现出完整的第五代风格。这是中国电影的典型操作模式。

也许是源于自卑，中国男人的控制欲极强，一旦掌握了话语权，就由不得任何人说不。冯小刚反对一切反对他的"孙子"，陈凯歌觉得全世界都不懂他。媒体怎么可以不站在姜文那一边呢？因为他不懂，像传媒记者这样"受过教育又相对清贫的年轻人"怎能不为《太阳照常升起》叫好……

20世纪90年代，偶像的定义是要长得帅、形象正面、无限接近完美。所以，刘天王不敢穿拖鞋出门，娶了老婆也要藏得严严实实。20年之后，娱乐圈成了装傻卖萌犯二的圣地，自我矮化和自我膨胀一样流行。在粉丝越来越母性泛滥，男色成为消费品的时代里，小鲜肉们的习气正在娱乐圈蔓延。

几个月前，《小时代》的男主角之一姜潮在微博上放了一组眼眶有伤，泪流满面的照片，配文是"今天我哭得很伤心，对不起，妈妈，让你担心了……"亲妈粉儿开始心疼儿子，围观网友不免吐槽：这又要打电话，又要哭，又要自拍，还发微博的高难度动作，实在是矫情得过了头。

如今，硬汉形象不流行了，亲妈粉儿们喜欢的是调皮搞怪的花花，霸道总裁张翰，是《小时代》里的花样弟弟们。

他们在微博秀可爱，也秀玻璃心。换造型了求点赞，上新戏了求转发，失恋了求安慰，出了负面新闻，他们说"其实你不了解我"。

当然，和前辈们相比，这群小鲜肉的生存状态也大大不同了。他们大多以选秀明星的身份出道，一出道就从爹妈那儿转手到经纪公司旗下。公司就为他们安排全套衣食住用行，助理 24 小时贴身照顾。湖南卫视真人秀节目《花儿与少年》里"少年"的生活白痴形象，一半是演的，一半是真实写照。这群 85 后、90 后小鲜肉生在《楚门的世界》，他们没有个人空间，当然，他们也从不需要。

最近几年，随着国外奢侈品牌在国内市场的土豪化、平民化，娱乐圈和时尚圈的界限越来越模糊了。

此前，有个真实的段子。一位混在美国时尚圈的中国摄影师，明明是直男，但因为直男在时尚圈受歧视，他不得不隐瞒自己的性取向。偶尔携女友外出觅食，碰上同行，他还得解释——我是双性恋，只是目前喜欢女人而已。

可见，时尚圈是 Gay 的天下。为了挤进更高大上的时尚圈，一些男明星开始投贵圈之所好——出柜，扮 Gay，搞暧昧。他们和时尚大咖一样，学着挑剔袖口的围度，梯形领带结的角度，还有拉链的弧度。偶尔在微博上秀秀基情照，被媒体问起，他们不承认，当然也不否认。

细想想，这几年，娱乐圈的励志典型都是女艺人。以博学而闻名的男演员说来说去还是那几个，陈道明依然是不可逾越的标杆。女明星们似乎更看重内外兼修，小燕子成了赵导，汤女神华丽逆袭，Maggie 老来玩音乐，连因为离婚闹得沸沸扬扬的董洁都去考电影学院的研究生了。高学历，流利的伦敦腔，凤凰涅槃，老而弥坚，这些戏码的主角似乎都是女人。

所以，男人们哪儿去了？

洪晃眼里的中国男人

正常或低奢对中国男人来说太难了

文 / 洪晃

我不赞成把人按照外表简单地分成两种，就像硬塞进两只截然对立的筐子。

我觉得中国男人之差主要还是素质问题，不是着装。

中国男人如此放肆和男权社会意识是配套的。但是近二十年越来越坏。依我看原因有两个：

一个是中国价值观单一，金钱成为唯一价值标准：电影好不好看票房；小说好不好看销量；社会彻底拜金是中国男人素质极速下降的一个重要原因。男人认为只要有了钱，就可以肆无忌惮。

第二个原因是中国女性女权意识的丧失。近 20 年中国女性是被商品化的过程，什么东西加个"美女"二字就好卖了：美女作家，美女 CEO 等等。在西方文化中，由于有女权思想的基础和普及教育，都认为把女人的相貌和作品放在一起卖是对女人的侮辱。比如"美女作家"，西方文化会质问这是卖书还是卖人？中国女人特别怕被说成女权，包括特别成功、有权力的女人都会回避这两个字。因为大部分中国人误认为女权是反男人的，是女人要夺权，不是女人要平等、要尊重。这 20 年，中国女人因为没有女权思维，所以批量地被商品化——小三、郭美美都属于这个时代的产物。以至于女人可以像物品一样，被有权有钱的男人送来送去。而男人也因为没有多元化的价值观念，没有女权意识，堕落到这种地步。

时尚界这些年针对男性的审美标准有翻天覆地的变化。大概六七年前，有了"都市玉男"这么一说，说明中国男人开始打扮自己了。其实中国权贵阶层的男人还是非常肯在自己身上花钱的。你去问那些有男女时装的奢侈品，大部分男装销售量远远超过女装。另外一个标志性人物是韩火火，他是把年轻男人生生给雷得都去赶时髦买衣服的。

四五年前，我在一篇写"都市玉男"的文章里提到"Metro Sexual"，现在又出现了好多新名词，比如"Toy Boy"，就是一小正太，现在又叫"man whore"，确切意思我也没搞清楚。

人需要注意自己的外表，但是人也必须知道：不能只注意外表。说破了，外表卖的是肉，不是人，人还需要有性格、思想、品质；如果你有思想、品质、性格，也必须把自己外表包装得好一点，让别人更容易接受你。英文里，如果只说外表就用"handsome"，如果你说"a beautiful man"，一般不只是外表，还有性格、风度什么的。

对我来说，美感往往来源于合适、舒服——比如穿衣，不一定是自己穿着舒服，是别人看着舒服。现如今太多男女以为得眼球者美也，其实并不是这样。很多时候眼球是给丑和怪的，以至于让人彻底失去了自己审美的标准。

我对美的标准首先是"得体"。就是合适，比如白天出门能不穿晚礼服吗？说实话，一般高调的服饰，看着都有点晃眼。中国男人着装不是出位，就是邋遢。正常或低奢似乎对中国男人来说太难了。我认识的男人中最会穿的是张永和、汪健伟。张永和的行头是很讲究的，比如他给自己设计了一套西服，在一般西服领子后面藏了一个小围胸。他说看了梁思成的一封家书，说西装什么都好，就是胸前那一小块冷，不戴围巾又容易着凉。有故事，有细节，对我而言就是"会穿"。

林栋浦也很会穿，但他的服装是定格在上海三四十年代的，历史标签太明显了。"40 年代"之所以美好，和"80 年代"一样，是中国文化开发、当代化的过程，有新鲜的思想、文学艺术作品，同时也有服装。那时候大家都想继承和创新两件事情，不像近二十年，只想钱。

喜欢与不喜欢时尚有区别。不关注时尚的人喜欢谴责时尚的轻浮，而没有那种"匹夫有责"的人生。我认识一大款，曾经常教育我怎么挣钱，批评我不好好挣钱，浪费资源。有次他来我家吃饭，又感叹说太舒服了，第二天派人来问是否村里还有地，他也要盖一个。爱时尚的人爱生活，吃好的，穿好看的，让生活中充满趣味。时尚人群可以喜欢钱能换来的东西，但是不一定会挣钱；非时尚人群全都忙着挣钱，但是不一定知道挣了钱该怎么活。

但时尚圈内外的人没有太大区别。如果对一个圈子不清楚，就不要做判断。咱们国人特别擅长对别人做各种判断，尤其是道德上的。娱乐和时尚两个行业一直是有相貌的人从无名小卒到明星名人的行业，成功的是万里挑一，但是工作环境和力度有时候跟民工差不多，需要非常强大的自我才可以成功。这个行当中男女都有，有一次我去秀后台，一群一米八几的男模，已经化了妆，都蹲在地上吃盒饭，和外面工地民工一样，只是这些男模要搬出各种神态好像刚吃了一顿山珍海味。都不容易。

境外中国丑男批判

出门就是另一种男人

文 / 陈非

有西班牙人跟我分享过他识别中国人的方法：那些漫步在小镇，喜欢并排走在路中间还挂个大单反的一定就是中国男人——大相机还常常因为在鼓起的肚子上找不到支点而朝两边不停地晃，就跟钟摆一样。有时候几个人并排背着手走在一起，那肚子前的相机就以同样的速度和方向晃动。

还有欧洲人说，东亚面孔的年长男性里，裤腰束到接近胸下的一定就是中国人；稍微潮一点的中年人，则一定像查理·辛在《好汉两个半》里那样做20 世纪 80 年代美式休闲打扮：宽松短袖衬衫、宽松中裤、快到膝盖的白色足球袜加白色运动鞋或凉拖。年轻的中国男人，裤腰倒是在正常高度，但他们往往两极化明显：要不就是中老年的幼龄版，走近了还有一股不羁的体味；要不就是全身披挂得闪瞎人眼。

至于中国女人？不用看，和这些男人走在一起的就是。

中国刚刚流行出国旅游那阵，国人总因被认作日本人或韩国人而懊恼，觉得国家形象不够突出，媒体于是研究中日韩游客到底有什么区别——这研究，总有打着幌子向西方人求关注之嫌。但我只好去问老外：区别到底在哪儿？老外纷纷答：不知道啊，真没见过几个中国人啊……哦，可能穿着上还是有点差（别）的吧。

转眼这么多年过去，中国女人的被关注度一直在提升，大家从包到鞋全副武装，知道化妆要跟范冰冰学，穿则要参考李冰冰，国际章的 V 字得看场合。虽然一开口嗓门大了点，但好歹能觉察出她们对自己有要求。中国男人的"国家形象"却永远只在一个地方塑造——结账台，"包圆"的气势一直没变。

我听过不少男老外说：你的中国女朋友真漂亮。却从没听过女老外说：这几个中国男人真帅。中国女人跟外国男人在一起，总会被男同胞冠上"不爱国"之名，但中国男人跟外国女人在一起——未来若是这样，我与全体女同胞都会送上祝福。出国住酒店，别说健身房里见不到一个中国男人，就算是沙滩或游泳池边上也捞不到几个：他们要不就是光着比白人还白花花的膀子在一群肌肉男里被忽略，要不就是穿着长裤皮鞋如领导巡视般几分钟后就消失。

天生的长相并不完全决定了丑陋。好多中国男人不约而同跟我提起过，在国外得到的最高赞美是：你是日本 / 韩国 / 美国 / 加拿大人吧？其实，一个男人之所以为"中国男人"，往往因为一种很奇特的气场。有次在意大利的小沙滩上喝酒晒太阳，遇见一个已是旧金山第三代华裔的男孩。他肤色黝黑，一身肌肉，坐在黑人朋友边上毫不逊色，且最让我好奇的是，他见人就微笑——这基因突变得真是让人措手不及。这时，有个穿着粉红 Polo 恤的白净无瑕亚洲男进门，与大好日头下的所有人不同，他竖着领子一脸面瘫，身边女友花枝招展。我料这位必是说普通话的。果然，他一落座，便要了两瓶酒，跟女友嘟囔了几句后开始全程玩手机，女友只好在边上寂寞自拍。

说实话，中国男人在国外没有干过真正伤天害理的事。他们不过就是表情麻木了点，影响了照片效果，那些吐痰、大声喧闹和进出门从来不让人的习惯也不是中国人独有。就像王朔在美国转一圈回来后的感叹：中国人到外面都老实。但中国男人的丑，在于王朔的下半句：他们回来又变回原样。

因为没有办法"托人帮忙"、因为会被周围人道德谴责，又因为其实知道这是不对的，导致中国人一出国就变好，一回国又变坏：小到逃票，大到酒驾。最明显的就是，在国外都规规矩矩到室外抽烟，国内则是服务员再劝都止不住烟头往地毯上扔。这也是为什么，许多外国人觉得中国游客跟英国人和美国人相比，简直是模范游客，但等他们一来中国旅游，就发现这完全是两种中国人。当然也有中国男人会推说这是社会问题，得出结论他们也是受害者，再说下去，便是"半边天"中国女人的问题。可是，就他们走路总不让女人的架势，真让人想不出中国女人能对他们的社会造成多大问题。

中国男人还有一种神奇的延续性。即便是在海外多年，改掉了吐痰的坏习惯，甚至连普通话都没学过，他们还是能被一眼识破。美国版《厨艺大师》这几季都有中国男人，虽然一上来都被评委寄予厚望，但不管是土生土长的"美国人"还是年轻时移居美国的，一律在面临压力时频频崩溃，团队赛时则缺乏沟通能力，完全不是老美真人秀里"我要做到最好但输也要输得漂亮"的样子。

这种特征发展到极致，就是一种千古不变的中国特色：中国男人只娶中国女人。他们往往将其解释为出于一种爱国主义或对生活品质的追求：西方女人皮肤粗糙，西方女人抽烟喝酒，日本女人虽然好但是国恨家仇等等。就在你都快相信他们的时候，又发现其实他们都真心羡慕娶了法国老婆的刘烨。

大概只有中国男人，才会把"女人需要保护"列为结婚理由。中国作家石康去美国转一圈，回来感叹那里"比章子怡还漂亮的姑娘也能自己把一个吉普车的大轮子换上"。林黛玉那样的妹子，纯粹是为了凸显中国男人那仅存的男性气概才存在，当然，宝钗也好不到哪去。石康总结："她们的好处在于，有了她们，你窝囊地回家后觉得有点小安慰。"

在我认识的留学、工作或定居在海外的中国男人里，98%的都回国来找老婆，还有2%的则在国外找中国老婆。我问其中一个在西班牙的小年轻，既然有点钱又在当地社会融入得不错，干吗不找个拉丁妹子？他给我举了不少例子，总结道："她们实在太有控制欲了。"又沉默了半分钟说："不像中国女人。"

"中国文化至今无法欣赏自由独立的女人。"石康的这段文字，最后被总结为："中国女人太黏人，不自立。"这玻璃心的结果就是中国男人即使到了国外，依然不断制造出玻璃心文化的继承人。他们无法接受失败，无法放低自己，听不得"你很丑"，看不得别人（和女人）强。他们环游世界，找出一些第三世界和独裁国家的男人，或拐着弯地"发现"西方男人不会喂饭给女人吃、美国男人经常打老婆等等，最后得出中国男人世界第一的结论。别误会了，他们的丑里完全不存在自由精神里的"自我"，如果他们有一分钟在镜子里好好看过自己、看过别人，就不会被"我的腰围真是贵气"蒙蔽了双眼。

女作家看男人之择偶观

为什么美女不爱嫁美男？

文／闫红

唐僧师徒四人前往西天取经，进入女儿国界，美貌多情的女儿国国王看上了唐僧，无奈唐僧心意如铁，美人与江山都不能将他打动。厚脸皮的猪八戒上前自荐，女儿国太师嫌弃他相貌丑陋，猪八戒老师当即口吐金句："粗柳簸箕细柳斗，世上谁嫌男人丑。"

估计是这道理让对于男性社会缺乏了解的女儿国太师哑口无言，识相的孙悟空忙截住话头："呆子，勿得胡谈……"一声断喝，打断了对这个话题进行进一步探讨的可能性。

呆子的呆，只是外表，这句话里，透出十足的眼明心亮。别国的情形我不知道，起码在中国，男人的相貌，在婚姻市场上最多只能算是锦上添花而非必要条件，有时候，一不小心，还会起到点反作用，比如我多年前见过的那个乡村少年，就不幸陷入这样的命运。

也就是在我听到猪八戒老师高论的那一年，因为神经衰弱，我在医生的建议下休学一年，我奶奶把我带到乡下她娘家，我于是有了坐在厨房里听村里女人讲八卦的机会。

只说他们村有个少年，十七八岁年纪，相貌十分英俊，有点像当时正在走红的电视剧《新星》里的男主角，周里京扮演的县委书记，在那个娱乐业不十分发达的年代，男神指数可跟不久前大红的都教授相提并论。

这少年也知道自己长得好，就想把自己变得更好，他的头发总是梳得很顺溜，鞋子也竭尽可能做到干净，我不知道他用了什么办法，让衣服上露出的补丁比别人要少一点。

村里的女人们，明显对他另眼相看，提起他，语调都变得不同，或打趣，或嗔怪，口角间总带着几分春风，我那时虽然不谙世事，但我的八卦天分，已经使我心知肚明。

我在那个村庄住了大半年，因此得以耳闻目睹该少年征婚的全过程。春天来的时候，他父母张罗着该给他娶亲了，而我奶奶由于人脉广，还兼任村里的媒婆，但是在那少年焦虑的母亲面前，我奶奶史无前例地，露出为难的表情，她竟然想不出来一个合适的对象。

那个春天，我眼睁睁地看着我奶奶做成很多媒。比如把村里的一号村花，介绍给邻村村支书已经在部队里提干的小儿子；比如把某个出了名的贤淑少女，介绍给村小学里的耕读教师；也有家庭条件一般的，可是人家"实在、本分"，被提亲的女孩犹豫了一晚，第二天对父母点了头。只有这位少年，长期滞销，我不知道他是否了解自己的行情，却总隐隐感到他眉梢眼角添了几分落魄。

直到我离开那个村庄，我那神通广大的奶奶，也没能将少年顺利脱手。我奶奶说，单是长得好也不是很要紧，主要他太喜欢拾掇自己了，说了几家，人家女孩子都觉得不太可靠。

很多年之后，我奶奶已经过世，我很后悔没有将这位少年的情感婚姻状况打听得更仔细一点，否则就可以做一篇关于女性择偶的田野报告。这个小小的村庄，其实是大中国的一个缩影，我们从中可以看出，在一场择偶事件里，女人最注重的有哪些。

有人说首先是成功，比如那个已经提干的军人，身上就有着成功的光环，在当地少女眼中，没准距离当今的王思聪相去不远，因此成为美貌少女的首选——假如说成功的男人背后往往站着伟大的女人，美貌的女人背后则必须站着成功的男人。

选择耕读教师的那位，貌似品行更为高洁，但如果不是真的求知欲满满，人们对知识的爱慕背后，往往是对成功的预期。段子手们使尽十八般武艺试图伤害"知识改变命运"这句话，但综合几千年之经验，它仍是颠扑不破的真理。

至于看对方"实在、本分"的，更是从古至今群体浩大的一类，从下嫁牛郎的织女，到看上卖油郎的花魁，再到不久前《101 次求婚》里和黄渤拥吻的林志玲（这里我必须冒着恶俗的风险说一句，那画面太美我真是不敢看啊），有人说这是男人的意淫，但事实上，无论是网络上，还是生活中，有太多太多女人声称，我就是图他个人好。

女人选择男人有太多条件，相貌却不在其中；男人选女人却往往只有一个理由，那就是最庸俗地看脸。说到这里，你也许以为我要对男性来一两段批判，不，我在这里，其实只想表达，我对他们的羡慕。

陈丹青说，一个人的外表代表着一个人的终极。就算不说这种高大上的理论了，爱美之心，人皆有之，外表是最直接最有冲击力的东西。漂亮的包包、衣服、家具等等比大路货贵上许多倍，照样有人趋之若鹜，为什么女人择偶时，却会这样地反自然反人性？

我也不是想责备女人，相反，作为她们中间的一分子，我非常理解大家对于相貌的不做要求，因为，我们能要求得了吗？

在还未完结的时代里，女人的命运由她所嫁的那个男人决定，你选择的不只是一个男人，还是整个下半生，这种情况下，怎能不小心取舍，避开风险，争取自己的利益最大化。而在规避风险的过程中，相貌，首先被放到了最后。

不错，做成功男人的女人，也有风险，比如被劈腿的风险，失婚的风险，但那种风险，会获得补偿，就算离婚，坐在大 house 里谈判，总好过站在出租屋里交接，选择成功男人，虽说是愿赌服输，但终究还有理性权衡。

有前途的男人，算是准成功人士，可以归并到上面一项里。

而将人品视为首选，就走得更稳妥，虽然不能大富大贵，也谈不上赏心悦目，但日子总能过下去。你一定听到过，很多女人叹着气说："过日子，不就那么回事吗。"

这所有的选择，背后都站立着两个字：安全。

至于帅哥，他们是让你荷尔蒙激增的一类，让你在办公室里无耻舔屏的一类，却不是能让你勇敢地说出"我愿意"的那一类。安全感都好不到哪里去的女人们惊魂未定，哪有余力不计其余地犒赏自己？人生里就那么点选择权，一步走错全盘皆输，女人跟男人的差别是，她们洗牌重来的机会要少得多。

于是，相貌被排到了最后，要在前面几项都一一妥帖之后，才能小心地赏自己那一点甜。虽然"小鲜肉"这两年已然成为娱记们笔下的热词，但是，你要认真研究一下，就会发现，哪个"小鲜肉"不是靠演霸道总裁或者是清宫里的数字党起家的？要是他们从头到尾像《罗马假日》里的格里高利·派克那样，仅仅是一个有趣的逗比，我不相信，他们能够单凭自己的皮相，掀起女人心中的涟漪。

有买方才有卖方，当女人通过实际行动表现出对男人相貌毫不介怀之后，男人若还把精力放在相貌上，那实在是有点不明智。社会形成了一种默契，我们过去的说法叫作"郎才女貌"，现在则更直接一点，"你负责貌美如花，我负责挣钱养家"，如此，各得其所，皆大欢喜。

那么，今年怎么会冒出"中国男人为什么这么丑"这种问题来了呢？我想是因为有能力挣钱养家的女人增多了，女人的安全感增加了。放弃对于形象的要求，本来就是妥协的结果，假如女人有了不妥协的资本，男性的形象，自然不会像那样被集体无视。

不是说，男人都得变身"小鲜肉"，也不是说，要重新掀起一场"何郎傅粉"风潮，不管是男女，说到好看，不只是五官细节，甚至也不完全是穿衣品位，而是那种把自己周身上下弄得干净整洁的努力。比如，不允许自己太胖，不能到油腻腻的时候才去洗头，如果已经地中海了，也不要梳成那种"地方支援中央"的发型，最重要的，是不要随地吐痰，也不要借助性别优势，对于女性口出恶声。

这样的限制也许会引起男性的愤怒——事实上我已经看到了。但束缚也是一种培养，如果在这些龟毛女人的要求下，最终把自己变成一个好看的人，受惠的还是男性本身。把陈丹青的话再说一遍："一个人的外表代表着一个人的终极。"我相信，好看的人一定会对自己的人生更满意一点，而且，当男人变好看，女人也会水涨船高地变得更好看。有谁，不愿意活在一个哪儿哪儿都好看的世界里呢？

女作家看男人之审美观

你越挑剔，你的男人越美丽

文 / 叶倾城

忽而今夏，网络上开始犀利大讨论：中国男人为什么这么丑？中国男人配不上中国女人！为什么中国女人越来越美，中国男人却越来越难看？

在那古早古早的时代，这问题根本不存在：郎才女貌是标配，心地善良的靖哥哥与娇俏美艳的蓉儿是佳偶，老实憨厚的董永有美艳的七仙女倒追。还是歌词唱得诚实："你负责貌美如花，我负责赚钱养家。"赚钱是个苦事儿累事儿脏事儿，搬过砖搬过煤的我，黑过李逵气死张飞，扮靓对我既无意义也不实用。谁有钱谁就是大爷，我在婚恋市场上是买家身份，我的口味就是消费品的包装品相，爱软妹子你就别装女汉子，好大长腿你的高跟鞋就越踩越高。"楚王好细腰，宫中多饿死。"就这么残酷。

时代的转变，很难说是一朝一夕的事，总之现代中国：职业女性是主流，"嫁作人妇，终身有靠"的想法仍未过时——但不太现实。尤其，80 后大部分是独生女子，父母栽培女儿跟儿子一样精心：学钢琴学画画学英语，力求德才兼备、才貌双全。长大了的她们，打眼一看周围的男人：这个弱不禁风，那个十指不沾阳春水，这个痴肥，那个吊儿郎当、站定还抖脚……她们委曲：不求你们养着我们了，图个好看还不行吗？他们也委屈：我们也愿意每天少赚钱，把时间精力花在外形上，你们答应吗？

"男色"二字，喊了那么多年，我们周围的男性外貌，没有质的上升——这也就是说：中国女性的弱势地位，不曾有质的改变。招聘时，大部分单位冷落女生；几乎每位孕产妇都遭受过程度不同的歧视和欺负；儿女双全的家庭，父母会很自然地把遗产的大头留给儿子。整个世界对女性横挑鼻子竖挑眼，相当多女性也因此心生怯意：大不了嫁人，相夫教子过一生。这种情况下，男人对她们来说，是资源，是生活资本，是生产工具。

所以女性之间的争夺：婆媳之战、原配小三之劫、御姐罗莉之役，归根结底，就是资源之计较，像两个国家在抢石油出产地一样，真刀真枪，打得你死我活，谁还在乎那片产油的沃野长成什么样子。

史上最在乎男人外表的当属武则天。唐时，张昌宗是武则天的身边人，行六，人称六郎。六月里结伴冶游，湖里荷花盛放，粉红粉白。有人谄媚道："六郎似莲花。"立刻有高人大喝道："胡说。"众皆变色，高人不慌不忙地道："明明是莲花似六郎。"——张六郎，到底有一张如何清俊的脸？让我在千年后浮想联翩。

《大明宫词》有一段对白，某男问某女：你觉得什么样的男人会当男宠？什么样的女人会喜欢男宠？某女义正辞严答了一通，无非是前者下流无耻，后者也是。说明这还是一部沿用男性视角的电视，不懂美，不了解大部分美都雌雄同体；也不懂人性，不明白无论男女都有的爱美之心。我们美化唐明皇之爱杨贵妃，却丑化武则天之爱张昌宗，这样说来，我们离盛唐的壮美、古希腊的坦然，都太远太远了。而连鲁迅都说过："何来酪果供千佛难得莲花似六郎。"——佳人难再得呀，女色如此，男色亦然。

而武则天除了对审美的贡献，还对男性的清洁卫生居功至伟。诗人宋之问欲自荐枕席，被婉拒道："宋卿无处不佳，唯口臭难当。"宋之问甚是惭恨，从此口中常含鸡舌香（丁香）。

话说我遇到的脚臭口臭腋臭各种臭……的男人也不少。他们自以为很浪漫很"霸道总裁爱上你"，凑上前准备吐露心声，我正色退后八步："我还有事先走。"

我为什么不能对他们直说，因为我不是武则天。我说了也不会有什么用，他们多半会悻悻地说：男人不看脸子，看人品，看为人，看能力……

能力才能赚回钱，人品能给予安全感，保证他的钱用在你身上。这是非常实在的、男权时代的评判标准。男人的权势、地位、学问、素养……其实都是钱和安全感。也就是说，若你想把眼光放在男人的姿色上，得先靠自己赚到钱，赚到安全感。生活上独立，自挣自吃，宁看老板脸色，不看男人嘴脸；精神上独立，即使得不到男人的爱，也不用去摇尾乞怜他们。笑一笑，耐心等待下一个。

不必一切唯"财"是举。是，我也爱鲜衣美食名车名马，但女人也有一双手，不在城里吃闲饭。我赚得到，我消费得起。

也不必把"人好"放在第一位。大奸大恶之徒很少很少，大部分人都比上不足比下有余。板荡识忠臣，风平浪静之下，谁比较"极品"，或者更加"奇葩"，其实不重要。

什么样的女人可以赏阅男色，就像在问，什么样的人可以成为美食家？吃得起，同时，喜欢吃。娜拉不会去留意男色，她只要她的男人尊重她，不当她是家里的大型芭比娃娃；伍尔芙喜欢男色，但不会视男色为重要之物，她缺的，是一间自己的屋子。首先是，摆脱身为消费品的位置，努力成为"买得起"的消费者。

其次是，提高作为消费者的眼光，能明白"长发"不意味着"内心狂野文艺青年"，"破旧牛仔裤"不象征着"历尽沧桑艺术男"，当众扪虱的人多半只说明他脏，绝不说明他是才子。

如果一条淘宝爆款的雪纺裙你都精选细选，那么，有什么原因，挑男人你却掉以轻心？

有一种最俗鄙的说法是这样的：男人，脱了裤子都一样。——这相当于是说：翅参鲍肚与白菜是一样的，牛排与窝头是一样的，如果你饿。当你在问：桌子能吃吗？席子能吃吗？

但美食家会说：不一样。这一棵白菜与那一棵不一样，这一片叶子与那一片不一样，同一片叶子，这一口与那一口不一样——美色与美食一样，都罕有、精细、值得恋眷，自来好男如好书，人间绝色看不够。

终于可以了，当我们看向男人，不再是从脚看到头——先从他的鞋猜测他的背景与经济，而是落落大方，看向他年轻的身体，明媚的笑容，及标致的脸孔。

大胆地爱男人吧。爱他们的灵魂，如果他有，而且生出羽毛，叫作天使而非毛孩子；爱他的精神，如果与你的相通，敲一敲，发出金石声。同时也爱他的肉身，虽然这么世俗，这么形而下。但这是人间的滋味。而秀色永远可餐，不分男女。

你越挑剔，你的男人会越美。

女作家看男人之历史观

那些史上最丑的极品男

文 / 侯虹斌

　　为什么中国男人这么丑？男性形容猥琐，恶形恶状，不仅在于形貌，而是身心不由自主散溢出来的气场；而这一点，我们漫长的历史中争先恐后地涌现出了诸多极品，不管是才子还是帝王，他们的行止和品性，令人深深作呕。

　　当然，能入这个榜的，都是那个时代的精英，必然在才华、财富、权力、道德评价上的某些方面无与伦比；唯其如此，他们的丑陋才具有标杆价值和象征意义。精英尚且沦落，普通男人？唉，不提也罢。

石崇：要人陪葬的超级土豪

　　石崇以有钱著称。他和晋武帝的舅舅王恺比赛谁更有钱，王恺以饴糖和干饭作燃料（米台糒澳釜），石崇就用蜡烛当柴烧；王恺作紫丝布步障四十里，石崇就作锦步障五十里以敌之；王恺用赤石脂涂屋，石崇则涂屋以椒……天子只当二尺的珊瑚是宝，而石崇家尽是三尺四尺的，自此，石崇之富震动天下。

　　他的钱从哪里来？来自荆州刺史任上时劫掠往来富商。代表政府用军队出面抢劫，自然无往而不利。他当上卫尉之后，极其谄媚卑佞，见到权臣贾充的老婆的车马出门，他就主动下车，望尘而拜。

　　这位巨富家中有数千位美艳的侍妾。石崇经常会挑十个长相相当的美女，配上一模一样的服饰和珠宝，围着柱子来跳舞；接着，又换十个，再跳，再换第三组……分班轮流，交替上场，昼夜不息，叫作"恒舞"。此外，石崇还

71

喜欢将捣碎的沉香粉末铺在象牙床上，让喜爱的侍妾从上面走过，粉末上没有留下痕迹的可以得到珍珠百琲（一琲等于五百粒珍珠），留下痕迹的则要强制节食，直到身体轻弱行走如燕为止。

当时，赵王司马伦之小吏孙秀向石崇讨要侍妾绿珠，石崇不给。孙秀劝司马伦杀了石崇。石崇临死前说：我是为了你才得罪人的。绿珠只好当着他的面跳楼了。千载而下，"绿珠坠楼"的飘飘衣袂，都散发着烈女的芬芳。问题是，石崇非常清楚，他被诛杀灭族是因为权力斗争的失败，而他故意归咎于绿珠，无非是认定花了钱的东西，我得不到你们谁也别想得到。想到他表达喜爱某位侍妾（翔风）的方法，就是对她发誓说："我死后一定要你殉葬！"他临死前喜欢拉人垫背的变态心理，就不难理解了。

假如说，绿珠之死，还代表着你们想要的忠诚、殉主、死节等品质，石崇无过；那么，石崇每次宴饮，都要美人劝酒，客人不干杯，他便杀掉美人，又作何解呢？王敦不喝，他就连杀三位美人。这让我想起唐朝史学家司马贞在《史记索隐》中所言，荆轲言"千里马肝美"，燕太子即杀马进肝；荆轲言美人鼓琴"手美"，燕太子则斩美人手送之。这种心理暗疾，都是一样一样的。

哪怕我知道石崇之父石苞是闻名天下的美男子，石崇本人一定不丑，但人格残缺、心理变态的人，怎么可能有美感。

陈后主：烂泥糊不上墙的富二代

话说，权力是男人的春药。不过，有权力，也要会用才行。天生就有权力，然而烂泥糊不上墙的窝囊废也无法令人产生好感。"全无心肝"的陈叔宝，虽然贵为皇帝，一生也不过是个笑柄。

陈叔宝是南北朝时陈宣帝的长子，他的本职工作不过是"奏伎纵酒，作诗不辍"，还在宫女中设立"女学士""女校书"；又大建宫室，滥施刑罚，朝政极度腐败。实际上，在他给宠姬张丽华写艳诗的时候，旁边的北周灭亡，已建立了隋国，他却丝毫不防备。

隋国在摩拳擦掌，虽时有战报传入陈国的宫中，但陈叔宝们却丝毫不以为意。更离谱的是，陈叔宝看中了曾立有大功的将领萧摩诃的夫人任氏，经常把她接进宫中过夜。萧摩诃后来才知道君主与自己的妻子私通，大怒，全无战意，最后被擒降隋。隋军直入朱雀门，陈朝的大臣皆散走。后主只好带着张丽华、孔贵嫔三人并作一束，同投井中。隋兵入宫，得内侍指引，在井里听到求饶的声音，用绳子拉上来，才发现后主带着两个宠姬缩在一起，隋兵皆大笑。

按说亡国了吧，也该伤心了吧？陈叔宝每天仍是喝酒玩乐，与从前的生活无异，他甚至对隋文帝要求："我还没有一个称谓，每回朝集，无法与人交谈，愿得一官号。"连文帝也惊叹，一个人竟然可以无耻到这种地步！是的，真可以。这就是一个崽卖爷田不心痛的极品富二代。现在不比古代了，哪个心智正常的姑娘会真心看上这样的有钱烂货。

白居易：重度直男癌患者

白居易是唐代官员中狎妓最有名的。

其实，古时狎妓本来也不算什么大事，但像白居易那么热衷、那么热爱，在这方面享有巨大的名声的，还真不多见。白居易在苏杭任刺史，退居洛阳时，狎妓成为其生活中一个重要组成部分，白居易诗中涉及妓女极多，有樊素、小蛮、真娘、商玲珑、盱盱、杨琼、吴娘、小玉、英英、菱角、谷儿、红绡、紫绡、春草、容、满、蝉、态、房窦二妓、李马二妓、雪中马上妓、山游小妓、崔七妓、卢侍御小妓、柘枝妓、琵琶妓、鄂妓、故妓、村妓等。这些妓女有的属于白居易的私人财产（家妓），有的是府妓，有的是同僚家中的妓女。

元稹与白居易不仅是好友、好基友，还是"同情兄"——同一个情人，共嫖一妓。余杭有一名为玲珑的歌者，白居易狎之而喜，为她赋诗。元稹在越州听说了，就重金邀请玲珑，一个多月才还回来，赠诗一首，同时还抄送给白居易："休遣玲珑唱我词，我词都是寄君诗。明朝又向江头别，月落潮生是甚时。"就是向白居易表白：我的就是你的，你的就是我的，咱俩谁跟谁啊。

更讨人嫌的是，白居易的《追欢偶作》中写道："十载春啼变莺舌，三嫌老丑换蛾眉。"并在诗下自注云"皆十年来洛中之事"。我家里养的家妓，每过三年多，我就嫌她们老了丑了，又换一批年轻的进来，经常换新鲜货色，十年间换了三次了，公然以此自炫。这时的白居易已是风烛残年，而樊素小蛮，不过十八九，年方激涴。

再看看这位白头翁干的好事：他的好友张愔的妾关盼盼原是徐州名妓，张愔病逝，关盼盼矢志守节，十年不下燕子楼，白居易居然语带讥讽，认为她为何不索性以死殉情呢。性情贞烈的关盼盼在十天后绝食身亡。这下，遂了白居易的愿了吧？

白居易曾写有大量同情民生疾苦的诗，又被称为"诗史"。如果在今日，白老对社会问题指手画脚，为底层鸣不平，大概会被划为"公知"。但另一方面，他在骨子里对女性又极度轻蔑。不过，想想也不奇怪，今日之各类"公知"们，不同样懒得掩饰自己病入膏肓的直男癌吗？

元稹：始乱终弃伪君子

"始乱终弃"这个词，就是元稹弄出来的。不过，在元稹眼里，这是一个褒义词。

无可否认，作为中唐杰出的诗人，元稹也曾是有理想、有志气的好青年，但他的官运并不好。但可怜之人必有可恨之处。单就诗坛来说吧，元稹就搞过好多小动作，先是说李贺的父名晋肃的"晋"与进士的"进"相讳，不能参加应试，李贺就此没了考试资格，郁郁终生。诗人张祜进京谋职，正好碰上元稹在朝堂，他便说"张祜雕虫小巧，壮夫耻不为者"。张祜便不被任用、失意而归了。元稹死后，连他好基友白居易给他写的墓志铭中，都讳饰地讥他"以权道济世，变而通之"。这种评价相当负面。

元稹最有名的是什么诗？艳情诗和悼亡诗。

元稹写过不少艳情诗，后人猜测那是写给"双文"的，即崔莺莺。元稹还写过《古决绝词三首》，云："我自顾悠悠而若云，又安能保君皑皑之如雪。"他认为，谁能保证双文会不会趁着自己不在，与别人干出什么苟且之事呢。元稹写过著名的自传《莺莺传》（《西厢记》前身），他千方百计追求莺莺，后来又抛弃她，还为此沾沾自喜。难怪清代诗评家王闿运则说："小人之语，是微之本色。"

当然，元稹更著名的是悼亡诗，"曾经沧海难为水，除却巫山不是云"就是送给他的妻子韦丛的。韦丛是新任京兆尹（首都长安市市长）韦夏卿之女，韦丛相当贤惠，虽然出身贵族，却不好富贵，不慕虚荣。元稹写给韦丛的悼亡诗现存世的就有三十几首，都入情入心，极为动人，读之令人垂泪。

事实上呢，韦丛去世前身染重病时，元稹正跟天下闻名的女诗人、一代名妓薛涛诗词酬唱，打得火热呢。薛涛比他大十一岁，但不妨碍这两人如胶似漆。韦丛死了以后，元稹很快就又纳妾又续娶的，却没薛涛啥事。

十年后，元稹想起来要去四川接薛涛一起住，结果走了一半到越州的时候，碰到歌妓刘采春与其丈夫，元稹就不走了。元稹在越州为了她待了七年。这期间呢，他还不停地给薛涛写情诗。最后，失望的薛涛只好身着女冠服隐居了。

最后用《旧唐书·元稹本传》的话来作结吧：元稹任越州刺史等职的时候，一个月携妓出游三四次，"稹既放意娱游，稍不修边幅，以渎货闻于时"，放浪形骸，并以贪污闻名于时。

胡兰成：汉奸情圣两相宜

一个男人，是否丑陋，似乎总免不了与其政治作为有千丝万缕的关系，虽然不一定是正相关。钱谦益虽是明朝之贰臣，被取笑为"两朝领袖"，并且在学人中带头剃发，但到底是时势使然，其示弱苟全，也保全了一些文人力量。其妻柳如是曾与人私通，其子告官，钱谦益怒骂其子，并谓"国破君亡，士大夫尚不能全节，乃以不能守身责一女子耶"。其人其行，今人虽无法苟同，然而谁敢保证自己就一定能做得更好？等着一死了之，抄家灭族吗？

不过，论同情之体谅，胡兰成显然不在此列。

胡兰成擅长写作，后追随汪精卫，抗日战争时期出任汪伪政权宣传部副部长，1940年在抗日最艰难之际发表卖国社论《战难，和亦不易》，因其为汪精卫执笔而被列为著名汉奸。1945年日军战败投降，胡兰成借道香港逃亡日本。其实，其委身于汪伪，是主动投机的结果。他对此亦无所谓，不惭愧，不后悔。对他来说，做汉奸这等事，其实也没什么嘛……胡兰成之坏，坏就坏在他极其聪明，而且不爱任何人。

1944年，胡兰成与张爱玲结婚，第二年，便先后与护士小周和斯家小娘范秀美恋爱、同居。甚至，胡兰成对张爱玲的闺密炎樱亦有觊觎之语，还曾与苏青暧昧不清。张爱玲来探望他，他便周旋于张与范之间，并把与范的情事和盘托出。他还告知张爱玲小周的存在。张爱玲心酸，要他选择，胡兰成委屈地说："我待你，天上地下，无有得比较，若选择，不但于你是委屈，亦对不起小周。"

此时，我方才理解，为何有些怨妇说，男人肯骗你，是还重视你，连骗都懒得骗了，才更糟糕。而此时，胡兰成还口口声声说爱着张爱玲，嫌张爱玲不体贴他的多情。他在自传《今生今世》中，确切地写过有关系的女子一共 8 位，其中 6 位所占的篇幅是一样的（包括张爱玲），想必还有不少女子未曾录入书中。

直到张爱玲决断地与胡兰成离婚，他还一副怅然的样子，还总想着写个信，凭自己的魅力挑逗一下。还有一个细节可以给他的德行作旁证：早些年，香港有个著名专栏女作家十三妹，曾在文中称赞过胡兰成文章写得好，结果远在日本的胡兰成兴致勃勃地写信给十三妹，有一封还登在报纸上，"此意惟有阶前篱下的菊花知道""如今天又看到你的，仿佛是可以晴定了"，还是一以贯之的撩拨手法，一点进步也没有。须知，胡兰成此时已年过六十了。十三妹鄙薄其嘴脸，将其拉黑。

孤胆英雄与才子佳人
中外美男考
文 / 蒋方舟

整整一部希腊神话，就是美少年们引起争风吃醋血雨腥风的故事。

戴安娜是贞洁之神，一天晚上，她如往常一样，背插双翅，头戴金冠在天空飞驰，忽然勒马止步，她看到了一个沉睡的牧童，在月光照耀之下非常动人，牧童叫作恩蒂尼翁。戴安娜顿时动情，下降，细细打量，闻其体香，觉得越发动人，戴安娜俯身亲吻少年，恩蒂尼翁惊醒。第二晚，继续如此，夜夜如是，直至少年将老。戴安娜便施了魔法，让少年永远睡去不醒。

这个故事就像是中国古代讲故事的人，遇到了诸如西施、貂蝉、杨玉环之类的绝世美女，在她们身上编纂传奇的兴奋激情之后，随之而来的却是发愁——然后怎么办？美女不能老，一旦老去，她们就不再神秘而传奇，因此讲故事的人宁愿让她们死于最美好的年龄，也不愿把她们写成幸福美满慈祥活泼的老太太，是为不忍。

另一个故事是反过来：人间美女与天上的少年。维纳斯嫉妒少女普赛克的美貌，让丘比特去杀他，丘比特惊艳，不忍杀，还从维纳斯手中救了普赛克，两人夜中相会相爱，然而丘比特说：你若爱我，不要问我的名字，不要看我的长相。否则，我再不来。普赛科答应。

两人夜夜相会。普赛克向她的姐姐描述这段奇缘，姐姐不信，说她夜夜欢爱的男子是一条毒蛇。到了晚上，普赛克半信半疑地提着刀和灯，察看枕边人，她惊喜地发现："原来是美男啊！"灯油滴到了丘比特的肩上，他怒而消失，普赛克悔恨自杀。

自希腊神话开始，人开始照镜子，并且不以为耻反以为荣地看着自己的镜中倒影，甚为迷恋，并发现了美。人在对方瞳孔映射中看到自己，正视自己的欲念。贪图美色，其实是自我发现的过程。

在中国，"男色"一词，出自《汉书·佞幸传》："柔曼之倾意，非独女德，盖有男色焉。"

然而对于男色的欣赏与眷恋，早于汉书许久。

周迅在电影《夜宴》里唱过一首《越人歌》："今日何日兮，得与王子同舟……山有木兮木有枝（知），心悦君兮君不知。"这歌并不是讲民女与王子的爱情，而是两个糙汉之间的故事。楚王的弟弟鄂君子皙在河中游玩，摇船的人是一位越人，爱慕鄂君，抱着船桨唱了这首越语歌，鄂君让人翻译成楚语，深深被打动，走上前去拥抱了船夫，两人共同裹挟在绣花被中。

然而和丘比特"爱我的人，不要爱我的形"的恳求一样，中国的美男子也难免因为美色而沦为被远观和亵玩的道具，受到衰老而形变的惩罚，命运并没有对男性更宽厚一些。

《燕京杂记》里记载，优童成名，大约十三四岁始，十七八岁止，二十岁已作浔阳妇，门前冷落车马稀。竭力修饰，殚力奉承，菁华既消，憔悴至力。

在最开始的文化传说里，中西方的美男子有着高度的一致：非男非女，亦男亦女，可男可女。《品花宝鉴》里讲为什么人们爱美貌的男性胜过女性，在于他们有女性的面容，却自然美而不像女性假铅华。美男子能玩奇书明画，又能言能语。

《一代宗师》的编剧徐皓峰在其小说《武士会》中，借主人公之口，说出中国人与西方人的不同："汉人是弥勒种姓，白人是四大天王种姓，四大天王以神力守护人间，消灾造福，其神力以手持的伞、龙、剑、琵琶表示。伞不加骨、剑不开刃、龙不点睛、琵琶不上弦，是避免失控的表意。"

在他眼里，西洋事事铆足劲尽全力。"事必至极，不可收市后，才骤然断废。"而汉人不一样，如弥勒，性喜享乐，满不在乎。而最早的弥勒形象，从西秦到隋唐，弥勒都不像我们在工艺品市场里看到的那样大肚欢乐，而是瘦削沉思着的，如学者。因为放松，智慧发生。

所以《一代宗师》以及中国其他武侠电影里的高手，都是斯文瘦弱的，那些一上场就肌肉贲张龇牙咧嘴的，往往第一个被杀死。

《玉堂闲话》记载：唐僖宗年间，举办劳军大会，其中一个重要的环节，就是比武大会。一个邻州来的壮汉，异常魁梧，军中十几个人都不能敌，主帅王卞从部队里选了三个猛男，轮番上阵都抵挡不了。这时，席中一个文弱的秀才站出来，说："我可以干掉这个家伙。"主帅将信将疑地让他试试，秀才去厨房转了一圈，握着瓶酱出来了，壮汉说："我一个指头就可以干倒你。"渐渐逼近秀才，秀才急忙张开左手，壮汉立刻倒了。

旁人都笑，问秀才是什么诀窍。秀才一笑，说："我前两年旅游的时候遇到过这个人，他一上桌就跟蹑倒地，原来他怕酱，见到酱就倒。"

——这是中国人最喜欢的故事，貌不惊人的秀才智取壮汉，四两拨千斤。

而同时，西方的艺术家正用大理石雕琢着阿喀琉斯裸露着的肌肉线条。阿喀琉斯是希腊历史上最伟大的英雄，半神半人，俊美无敌，除了脚踵全身刀枪不入。他预知自己的末日却仍上战场，最后被箭射脚踵而死。

黑格尔热情地赞颂他："这是一个人！高贵的人格的多方面，在这个人身上显出了丰富性。"

阿喀琉斯想哭便哭，想笑便笑，想杀便肆意地杀。在中国文化里，赞颂的却更多是能自我控制的人，禁欲的男性、不动心的男性、克己复礼的男性、存天理灭人欲的男性，中国人信仰自我克制的能力，因为相信只有克服了自身，才能战胜他人。

而阿喀琉斯式的人物，哪怕发生在中国的虚构故事中，也永远在悲剧与历史的边缘徘徊，最好的归宿，就是投靠一个狡诈文静的书生，像关羽随刘备征战，虬髯客为李世民倾尽家财——不为什么，"只因为在人群中多看了你一眼"。

英雄美人的故事，不是英雄殁就是美人殒，最后被"才子佳人"所取代。《西厢记》中，崔莺莺看张生"外像风流，青春年少……扭捏着身子儿百般做作，来往人前卖弄俊俏"。看起来不像是看对象，而像是看到世界上另一个自己。

所谓才子佳人，意味着古典故事里，女性的角色并不是得到男性的庇护与照料，而是为进京赶考的才子提供食宿，给怀才不遇的秀才提供性服务，给家道中落的"屌丝"提供东山再起的机会。

当西方人崇拜单打独斗的孤胆英雄，并且开始自身的肉体锻造，中国人却喜爱另一类男性，并不一味是阴柔的，而是长袖善舞，他们自身或许能力平平，却善于从更能耐的人那里借力，甚至从女性那里借力。

以上所表述的东西方，都是平行世界里的自说自话，无交集，也无冲突。

自马可·波罗开始，西方人开始用自己的眼睛看中国。马可·波罗笔下的中国，政治仁厚、礼仪繁复、贸易繁荣、遍地黄金。

然而马可·波罗究竟到过中国没有，他所去的地方真的是中国么？他开始讲述自己的游历，并非处于行政安排或任务，而是发现皇帝忽必烈汗不喜欢听使节讲公事，而只喜欢听各地的奇闻怪谈，马可·波罗捕捉到皇帝的心理，每次就讲些瑰丽绚烂之极的场景和故事。马可·波罗的游记，会不会只是男版的"一千零一夜"？

然而他笔下对于中国的想象，却统治了好几个世纪。直到 1644 年明朝灭亡，清朝政府同意西方使节前往北京，西方才出现了有关中国的官方报告。

而西方使节描述他们眼中的中国人，却是带着惊诧的失望。如野心勃勃、桀骜好战的英国人乔治·安生，在他的报告里写道："在欺诈、造假、揩油水上，不能将其他人拿来和中国人相提并论；他们在这些事情上的天分以及随机应变的能力，根本不是外国人所能理解的。"

乔治·安生的描述或许并不客观，然而关于中国人间天堂一样的神秘想象就此戳破。

1849 年，淘金热和铁路修筑的工程，吸引数以万计的男性华工到了美国西岸，并且修建中国城。远在天边的中国人一下子来到了家门口，美国人发现中国人最惬意的时候是晚上十点，每个邋里邋遢的小破屋里都传出燃香的味道，面色蜡黄的人蜷曲在矮床上，极度满足地抽着鸦片。

然而这种场景并没有阻挡西方世界对于中国的好奇，从孟德斯鸠到伏尔泰，大批学者前仆后继地来到中国，试图寻找抑或是证明他们心目中的"中国风情"。

中国则展现出了复杂而矛盾的面貌：大处空疏、小处过于雕琢的建筑物，华而不实的衣服、饰品和娱乐；混杂着恶臭与香味的空气；中国人繁琐讲究的礼节，以及野蛮训练仆人的方式；中国人的沉默克制以及潜藏的暴力与野蛮。

这样的中国人，让人爱恋又痛恨。

同时，中国人也到西方去。1924年，25岁的老舍来到伦敦，一年后，写出以伦敦华人生活为题材的《二马》，在小说里，处处都是中西方人的文化冲突："英国人摆饭的时间比吃饭的时间长，稍微体面一点的人宁可少吃一口，不能不把吃饭的地方弄干净了！咱们中国人是真吃，不管吃的地方好歹。结果是：在干净地方少吃一口饭的身体倒强，在脏地方吃熏鸡烧鸭子的倒越吃越瘦……"

中国人眼中的英国人，冷淡、自重、虚伪，然而也有正直可爱的一面。老舍并没有成为困顿并害着思乡病的中国人，也没有摇身一变，加入政治激进组织，领导社会改革，他只有略带伤感地感慨："民族要是老了，人人生下来便是'出窝老'，一国里要是有这么四万万出窝老，这个国家便越来越老，直到老得也爬不动，便一声不吭地呜呼哀哉了。"

现如今，中外男人的审美已经没多大差别。

中国人喜欢花美男，国外也有小鲜肉；全亚洲都在喊"都敏俊，救我"，国外的吸血鬼也飞檐走壁上天入地；中国少女爱看《霸道总裁爱上我》《温柔暴君的宠儿》，而国外，刚刚打败J.K.罗琳创造的畅销纪录的小说家，只有一套情色作品叫作《五十度灰》，讲的是一个相貌家世皆平平的纯情女大学生，被英俊强壮富可敌国温柔痴情无所不能的总裁爱上，从头至尾小说主人公都没怎么下过床，被各种工具与姿势调教。这套书被称为"妈妈的小黄书"，评论家为此痛心疾首，说："这代表了文明的终结。"

全世界的少女，"玛丽苏病"犯起来，全都是一样的。一集不落地在电影院看完《暮光之城》的人，也没有资格嘲笑看《白衣校花和大长腿》的人。

全世界的男人，邋遢窝囊起来，也全都是一样的。用美剧里面西装三件套的男主角，去类比穿着白背心在胡同里骑三轮车的大爷，从而得出"中国男人比较丑"的结论，也是不公平的。

　　社会从贫困走向富裕，女人首先开始打扮与漂亮起来，这本身是正常现象，也是社会过程，无涉"一个性别优于另一个性别"的结论。

　　再者，如果说中国男人配不上中国女人，那么谁配得上？著名的女性主义名言说："女人不是天生的，而是被塑造的。"其实男人也一样，中国男人被女人塑造，当丈母娘重视户口大于仪表仪态；比起男人一周运动几次，女人更在意男人的房子买在几环，那就无权抱怨你最终到手的伴侣。种瓜得瓜，种豆得豆。

　　我几个月前去巴西，里约热内卢的海滩上全是身材如内衣广告的俊美男子，或跑步或冲浪，一周锻炼五天，无忧无虑地贫穷着，中国女人愿意嫁么？

如何成为一个妖孽

俸正杰作品《中国》系列（2003—2005）、《中国肖像》系列
（2007—2009）及《戴花的肖像》（2010）。（图由俸正杰工作室提供）

如何成为一个妖孽——新女性圣经

从唐朝开始,"妖孽"这个贬义词就用来形容女色了。

今天,"妖孽"已在亚文化和某些生活情境中获得褒义,用于赞美。

当代女性并不介意成为妖孽、成为尤物、成为万人迷、成为男女通杀的美人儿、成为朋友和公众眼中有魅力的人,艳压群芳,技惊四座,如同男人们并不介意成为成功人士。

成为妖孽难,因为要跟天赋和岁月作战,同时照料好身体和灵魂,这样的艰巨任务男人从没完成过。

但男人们没做到的事,现实生活中和"中国妖孽榜"上的女人们做到了。

"她"来了,带着新时代的 35 个特质;奈斯比特把"从男权统治走向女性崛起"列为亚洲发展八大趋势之一,中国众多领域"女上男下"的竞争故事证明着这一趋势。

从 2001 年的"她世纪",到 2006 年的"女人生猛",再到 2009 年的"反动词汇:剩女",《新周刊》一直在关注中国女性的成长。而今天,"成为妖孽"的讨论,核心仍然是成长,是如何成为最好的自己,而不为取悦男性。

为什么要成为一个妖孽！

文 / 蒋方舟

没有比女性更难做的了。打扮得太好，叫作"冶容诲淫"；完全不打扮也不行，因为女要"为悦己者容"。完全没有才华，会被轻视和玩弄；如果过于有才华，就简直不会被当作女性看待。

女性不能过得失败，可是最好也不要太过成功。长久以来都有一种观念：成功女人的婚姻与生活大都不幸福，所以应该回归平凡，学会用一手好菜拴住老公的胃才是明智的做法。我在很长时间内都深以为然，后来才意识到：成功女性只是少数，所以她们的不幸福的案例就会被夸大，而大多数女性的无奈与妥协在数量上其实更多。另外，成功女性幸福的阈值更高，这根本不是一场公平的竞赛。

即使男女平等已经成了一种共识，大众媒体正在敲锣打鼓地宣告"女性世纪"的来临，然而不可争辩的事实是：女人仍然是社会标准的执行者，而非制定者。

在古代，这种针对女性的标准被白纸黑字地写成了《女德》《女诫》；在现代，则换成了一种隐性的表达，无时无刻不出现在生活的视野里。最为恶劣粗鄙的形式是电视购物里一个女人愁眉苦脸地说："越来越松弛，老公再也不正眼看我，怎么办？"以及网页旁边的小广告："那里黑黑的，男友总是怀疑我不是处女。怎么办？"

更具迷惑性的表现方式是诸如《甄嬛传》之类的作品，虽然被誉为"励志逆袭"的宝典，实际上讲的只是一个争风吃醋、争夺男性关注与宠爱的故事。

为什么女人总要服从种种标准，如同笼子里的小白鼠？一个最显而易见的原因是——女性的魅力依靠男性的赞美和承认而存在。

Vera Wang（王薇薇）是毋庸置疑的成功婚纱设计师，当她 63 岁，刚刚结束 23 年的婚姻就与 27 岁的花样溜冰冠军雷萨切克（Evan Lysacek）恋爱，人们才真正惊觉她身为女性的成功——因为她成功引起了其他女性的嫉妒：她凭什么？

杜拉斯的《情人》有个无人不知的开头，一个男子从大厅另一头走来，对"我"说：比起您年轻时候的面容，我更喜欢您现在备受摧残的脸。

一个垂垂老妇与一个青壮年的男人，这画面何等荡气回肠，以至于被全世界女文青奉为圭臬。试着想一下，如果这个开头换成一个老妇在大厅长椅上自言自语："我年轻的时候还不错，但现在老了更美。"读者大概只会感慨：嗯，这个老太太心态倒还蛮好的。

所有的女性都是同行，这是因为所有的女性，无论身份、地位、年龄、种族，都被不分青红皂白地放在两性市场中估价与叫卖。

女人看男人，看到的是不同职业、爱好、特长，他所拥有以及环绕他的不同世界；而男人夸女人，无论她是好医生好护士好作家好老师，最后都剥掉她身上的制服，落脚到——她是一个好女人。

女作家严歌苓有一段流传于网络的话："我每天下午三点前写作完，都要换上漂亮衣服，化好妆，静候丈夫归来。你要是爱丈夫，就不能吃得走形，不能肌肉松懈，不能脸容憔悴。"当我当面向她求证的时候，她说自己根本没有说过这段话，她最欣赏的女性是希拉里。

这段以讹传讹的话竟然被广泛传播，被女性广泛认同，是因为人们潜移默化接受了一种观点：女人所拥有的一切，不过是两性市场的资本与筹码。

有句古话叫作"女子无才便是德"。很多人仅仅依据此话，就推断出古代女性大多数缺乏教育，没有文化。实际上，在明清时期，中上层的家庭已经开始普及对女性的教育，社会风气也鼓励妇女识字作文。然而，女性所受的教育并不能成为自己的财富，而是嫁妆的一部分，目的在于抬高在婚姻市场中的价码。

延续到如今，我们好像已经熟悉了这样的句式与因果关系："把自己修炼得更好，才能遇到更好的伴侣。""让自己更加自信、独立，才能得到更好的丈夫。"这暗含的意思是，男性变得更好，有利于征服女性；而女性变得更好，是为了能够自己选择被征服的方式。

　　我们的社会还没有大胆到能够接受另外一种句式："让自己更加完整，才能不需要男性。"——孤独寂寞冷的滋味，无论男女都难以忍受，但只有女人偏向于把男人作为自己的结局。

　　有没有女人能够挣脱出两性市场的摊位？当然有。

　　柳如是一生至少六次为自己更改姓名。对于女性来说，姓名的变化象征着身份的转移：从一个家庭的女儿，到另外一个家庭的妻子、母亲。这种转移是被动的，而柳如是试图主动控制自己身份的游移：情人、妾、名妓、女公知，等等。

　　身为人类，最大的悲哀之一是永远受限于自己的时代。所有企图以肉身超越时代的人，都要付出极大的代价：柳如是 46 岁自尽，并未寿终正寝。

　　前两天，我看了 BBC 根据简·奥斯汀晚年的信件和回忆拍摄的电影《简·奥斯汀的遗憾》。奥斯汀在她的小说中，如同一个最精明能干的管家，处理每个人相互矛盾的需求，为她的每个女主角寻觅到富裕、有趣、深情的丈夫，但是她自己一生未嫁。

　　奥斯汀年轻时，曾经被一个有钱的庄园主求婚，第二天悔婚。据说，悔婚的前一天晚上，是她的姐姐劝说她正视自己面临的人生选择。

　　在《简·奥斯汀的遗憾》这部影片里，奥斯汀晚年备受病痛和贫困的折磨，她的姐姐非常内疚自己的唠叨让奥斯汀拒绝了求婚，她说："因为我，你选择了孤独和贫穷。"

　　奥斯汀说："因为你，我选择了自由……我现在的生活，是我想要的。这是上帝给我的安排，我比我自己想象中快乐很多，多过我应有的快乐。"

　　奥斯汀悔婚那晚的纠结和痛苦，大概很多女性都经历过，有少数做出了和她一样的选择，因此世界上少了一个又一个平庸而快乐的妇人，多了一个又一个传世的女性。

　　每个人在故事的最后都过上了自己选择的生活，但只有少数人能够保证自己的选择是完全自由的。而自由的成本，对于女性似乎要更高一些。

　　在学习"如何成为一个妖孽"之前，似乎更应该问的是："为什么要成为一个妖孽？"至少现在看来，女人把自己修炼得水木清华艳冠群芳，最大的受益者依然是男性。

中国妖孽榜

　　十个比汉子强悍比女汉子美艳的女人，俗称妖孽。她们有美貌，有野心，有能力，有成就，不按常理出牌，不以流俗自缚。她们最接近中国女人想要的一切：很多很多的爱、很多很多的钱。即使失去这一切，她们仍有魅力，因为那颗永不放弃的心。

最爷们儿
范冰冰

　　她是《还珠格格》里的花瓶丫鬟，她是演得了小三当得了影后的实力派美人，她是边工作边揭开半张面膜吃饭的赶场王，她是自己开公司当老板的自强范爷，她是带员工度假、给员工买房的阔气老板，她是接得了大片演得了艺术片的业界劳模，她是时时刻刻防晒补水的美容大王，她是穿梭于各大时装周的"最大的妖"，她是抵挡得住万箭穿心却面对诋毁毫不手软的御姐。

最励志

邓文迪

有网友在知乎转述与邓文迪有过接触的好友对她的印象，一句 amazing 引来数条要求具体陈述的急切追问。详情无可奉告，她与一位又一位大佬相识相爱的"手段"成了最励志的入豪门指南。离开成功男人的衬托，她的光彩弱了，但她精明又努力的形象却深入人心，使灰姑娘的故事更加复杂也更加人性化。在价值观多元的新时代，她是另一种成功样本，为野心女人开阔了话语空间。

最逆龄

刘晓庆

已经获颁终身成就奖的她又演清纯少女，抱怨"中国女人放弃自己太早了"。她最大的吸引力不是硬照上那张辨不出年龄的脸，而是那颗叛逆好胜不服老的心。有人说她凶残装嫩不顾观众的感受，不顾别人感受的确是她的主要优点，自信自恋自顾自地生活，从 80 年代折腾到 2014，她至今仍是中国最具话题性的女演员。拜倒在她裙下的人并不是被她逆龄的造型所吸引，而是仰慕她这一生的传奇故事。顶着一张逆龄的脸，她实在比大多数男人更强悍。

最勾魂

林志玲

她是公认的"台湾第一美女"，说到姿容身材声线演技，她并不是最出色的，最令人心醉神迷的是始终一视同仁的媚态。表面上你喜欢的是胸大腿长声嗲的她，其实令你舒服受用的是温柔有教养的她。当小学生抱怨性感广告影响了学习，她立刻道歉今后会注意；虽然企宣将她定位为女神，她却亲切地在综艺节目中为北漂保安捶背。她努力让自己成为甜心第一名，在追求感官愉悦的消费社会，这个第一名的含金量不输金马影后。

最冷艳
王　菲

她是京城摇滚尖果儿，她是当得了红人倒得了尿壶的恋爱中的女人，她是快刀斩乱麻、冷脸躲狗仔，从此只爱陌生人的 K 歌之王，她是拽着小男友大方出来秀的女人四十一枝花，她是能归隐家庭相夫教子也能重出江湖全国抢钱的不老歌后，她是揽下压力一言不发的坚强三姐，她是逗得了趣卖得了萌的微博女神（经病），她是唱得比说得好听的"永远的高三女生"，她是懂得爱情更懂得爱的佛教信徒。她是任何人都搞不定的王一般的女人。

最生猛
李　娜

她是年纪最大的澳网女单冠军，她藐视一切规则，包括年龄规则；她的自传名为《独自上场》，因为她独自走了一条体制外的"职业体育"道路。她是一个成功的"叛逆者"，在一切不循常规背后，她只遵循"女人爱美丽"的通行法则。上一次夺冠前，她曾身着"例外"白色长裙现身埃菲尔铁塔；澳网欢迎宴会上，她又是一袭爱马仕黑色印花礼服

出场。她的挎包里不止有球拍，"必须确保里面还有礼服"，确保在网坛之外同样艳压群芳。

最仙儿
杨丽萍

摄影师肖全替33岁的她拍照时，她身上不可抑制的美把他逼得后退。20年后，美人成长为大师，身上多了一重仙气和神性，肖全称她为"离上帝和自然最近的女人"。她就是与众不同的代名词，从千篇一律的舞蹈样式里另辟出令人耳目一新的孔雀舞，在与花鸟草木的对话中汲取灵感，诗意地栖居于世界。但千万别对她产生不食人间烟火的错觉，这位自信即便种地也能种得最好的女人，其实洞悉一切社会规则。

最缪斯
翟永明

她是诗人，"白夜"酒吧的主人，缪斯。从"小翟"到"翟姐"，时间在流逝，但无法消磨她的光彩。她可以告诉女人的是：来自男性世界的关注或许会给你加分，但是无法牵绊你。不必强调经历让女人加分，经历会让有些女人沧桑，如果皱纹没长对地方，面容就会显得恐怖。但是她不同，30岁、40岁、50岁……魅力的光环一直笼罩着她，她一直在写诗，她的诗见证了汉语诗歌的艰难、进展、可能和荣耀。

最心计
甄嬛

在男权的世界里，她以美貌换来通往金字塔的第一张通行证，却依靠智商、情商一步步爬到塔尖。当皇上需要一个女人，她能弹古琴，跳惊鸿舞，呼"四郎"撒娇。当皇上需要一个合作伙伴，她能引经据典，出谋划策，协助铲除年羹尧。她以情义交朋友，以利益换支持，以心机回报背叛和伤害。爱时，流露出女人的天性——"愿得一人心，白首不相离"；爱不在了，则绽放出女人少有的理性——不在乎谁侍寝，而在乎"他"和谁一心。她示范了妖孽的基本修养。

最多变
尚雯婕

她一度是超女杀马特的最强代表，但是，她与那些流俗的歌手不同，又不安于稳妥的进阶，总是剑走偏锋，急速寻求突破。她开始学Lady GaGa 学水果姐学艾米·怀恩豪斯……一鸣惊人的道路上总是有不少嘘声，但是她愈挫愈勇。在当歌手之余，她甚至还翻译出版了《林先生的小孙女》，那是龚古尔奖得主菲利普·克洛岱尔的小说。一路冲杀，现在她学会了用含蓄的造型去展示自我，她被追捧为"电音女王"，在法国总统奥朗德的访华国宴中献唱一曲 les Champs- élysées。变了很多次，她终于是她想要的自己了。

（图／新周刊图片库）

高龄是人生的一个新开始
时尚奶奶

文 / 金雯

依旧恋爱、工作，推出新作品，让世界瞠目结舌，她们以高龄告诉我们：时光是女人最好的朋友。

草间弥生（Yayoi Kusama），85 岁，日本艺术家，波点女王。

薇薇安·韦斯特伍德（Vivienne Westwood），73 岁，英国时装设计师。

如何成为一个妖孽

坐在摇椅上织毛衣，在厨房炖一锅汤，或者给即将入睡的孙子哼一首歌。这是慈爱祖母的活法，但祖母级的女人也可以有另外一些选择。Vera Wang 在 63 岁的时候，与 27 岁的花样滑冰冠军 Evan Lysacek 坠入爱河。生于 1929 年的草间弥生依然创作力爆棚，这位"疯子奶奶"在 2013 年推出了名作《巨型南瓜》。模特卡门·戴尔·奥利菲斯生于 1931 年，虽然膝盖骨不时会出点状况，但是，依然活跃在 T 台上，她在 70 岁之后拍摄的杂志封面比之前加起来的都多。还有一些女人，你绝对无法因为年龄而低估她们，小野洋子生于 1933 年，薇薇安·韦斯特伍德生于 1941 年，行为艺术家玛丽娜·阿布拉莫维奇生于 1946 年……这些祖母级的女性比孙辈更有活力，她们不是不服老，只是根本没把老当回事。年老并不意味着总在无聊中期待别人的陪伴，将人生的期望寄托在不靠谱的下一代身上，在无望的回忆与感叹中挨过生命的最后一站。对时尚奶奶来说，高龄是人生的一个新开始，而完美人生的收尾应该像 95 岁的时尚奶奶泽尔达·卡普兰那样，最后是倒在了秀场上——那是她终生热爱的地方。

新时代女性的 35 个特质

文 / 谭山山　插图 / 刘志涛

"出得厅堂，入得厨房"是对女性的传统要求，如今，除了这两项之外，新时代女性的技能指标一再加码。

独立　思想独立、人格独立，至少要做到经济独立。鲁迅早就说过，娜拉出走之后，为不做傀儡起见，经济权是最要紧的。不然，结局就是《伤逝》里的子君。

宽容　我也许不赞成你的观点，但我会尊重你表达的权利。女人也是讲道理的。

务实　"假如你想要的是空谈，问男人；假如你想有些作为，问女人。"撒切尔夫人证明了女人不但可以做到男人做的事，还可以完成一些男人都无法做到的事。

有自己的世界观　比如说，不会被"干得好不如嫁得好"这样的言论裹挟，嫁得好又不是衡量自己是否幸福的唯一标准。

彪悍　当然是指内心的彪悍。被称为"哥"或"爷"，在她们看来是一种赞美：比如春哥，比如范爷，是对气场和内心同样强大的女性的尊称。

要女王范儿，不要公主病　不发嗲、不装可爱、不装柔弱，远离假睫毛、厚粉底、美瞳、黑丝、泡泡袖公主裙，更不会每天用美颜相机嘟嘴自拍。

敢于自黑　歌手吴虹飞自嘲"没有腰，没有胸，没有屁股，甚至没有嗓子"，杨幂甚至在婚礼当天发微博调侃自己的脚臭，出来混，没有点自黑精神哪儿成啊。

高情商　田朴珺自爆陈可辛是男闺蜜，陈可辛女友吴君如这样回应：不用理会什么闺蜜或龟蜜，反正我知道他的心（和财产）归 me !

不担心变老　相比于担心变老、变丑，有些女性更担心自己跟不上时代，配不上自己如今的年龄。多几条皱纹并不会损害你的美，就是要有这样的自信。

（插图 / 刘志涛）

让自己变得有趣　李银河说过，嫁给王小波是因为他有趣。男人固然要有趣才好，其实对女性来说亦然。人生短暂，有趣太重要了！

不把结婚当作唯一归宿　世界上所有的女人都结婚了，所以你必须结婚吗？未必。大家都说"祝你幸福"，所以你也必须幸福吗？也未必！就算稍有些不幸也没什么啊，人生又不一定非得快乐。

不排斥女追男　刚刚过去的情人节晚上，厦门一女性在电影院当众向男友求婚。女的激动得泪流满面，男的却一脸苦相，大概不能接受自己是被求婚的那个。有草食男，就有肉食女，颤抖吧，小绵羊！

不纠缠 君子绝交，不出恶声，分手时干脆利落地离开，是新女性的一种自我修养。

戴男式手表 要么不戴手表，要戴，就戴大表盘的男式手表，44mm 左右，表面越简洁越好。就像亦舒笔下的都会女郎，从来都是戴男式手表、穿白衬衣配卡其裤的。

开悍马 对女性来说，"你开车甚至比大部分男人开得好"绝对是一种赞美。男人都希望女人开 Mini Cooper、甲壳虫，好掌控一点；但是开大切甚至悍马的女人，男人就觉得 hold 不住了。

至少有一双高跟鞋 哪怕很少穿，每个女人的鞋柜里都有那么一两双美得可以当艺术品的高跟鞋。就像《性与城市》里的凯莉所说："站在高跟鞋上，我可以看到全世界。"

会列清单 开列待做事宜清单，不仅可以让工作、生活有条理，还可以治疗拖延症：把清单做长一点，这样在完成最不想做的事之前，可以做其他事。除了减少内疚感，还可以让你显得很高效。

会换灯泡修马桶 谁说换灯泡修马桶这些是男人的专利！家里常备工具箱，这些突发状况都不成问题。不过，你的男人可能会因此觉得自己失去了用武之地。

会做旅行计划 规划线路、查当地资讯、订机票、订酒店，可以把一次出行当成一个项目来执行。你的统筹能力就这样得到了不断的锻炼。

会记账 当然不是记记流水账而已，而是懂得将收支情况细化，分门别类。而且，最重要的是，能够坚持下来。

会做菜 至少会做几道拿得出手的菜，罗宋汤、大盘鸡、手抓饭什么的，番茄炒蛋不算。

有各种打折卡 至少要有这几种打折卡：电影院的、书店的、服装店的、发廊的、超市的。这表示，你是会花钱的。

至少有一种爱好 养宠物、种花花草草、写写画画、拍照、观鸟、远足，这些爱好都可以有。实在没有，睡觉也算一种爱好，不过不提倡。

至少热爱一项体育运动 德国总理默克尔是铁杆足球迷，世界杯、欧洲杯期间都曾亲自到场观战，这让她和其他男性国家元首有了共同话题。或者你可以淡淡地说："我喜欢 F1。"

至少有一种减压方式 焦虑的时候，有人拼命刷淘宝，有人则埋头刷马桶拖地板。嗯，后者是个好习惯，既不花钱，又把家务给做了。

至少懂一门外语　如今，至少懂一门外语不仅是职场必备技能，也成了上网必备技能。不懂外语，尤其是英语，在网络上会失掉不少乐趣。

至少出过一次国　这个世界上有不同的国家，形形色色的文化，不同的人，有条件的话，应该见识一下，并且学会尊重这种不同。

至少疯狂过一次　蹦极，跳伞，去南北极，登珠峰或随便哪座高峰，环游世界，太空游，去非洲做无国界医生……人的一生至少应该疯狂一次，就像日本人石田裕辅说的那样，不去会死！

保持阅读习惯　阅读，是从现实世界进入另一个世界的最简便的方式。读什么都成，说明书、地图、词典、菜谱，等等。

记录生活　台湾作家丘彦明有几本记事簿：一本记每日杂事，一本是园艺记录，一本是食谱，一本是兼做随笔的读书笔记，一本速写簿，甚至还有一本专门记录丈夫说出的好玩句子。你也可以的，用微信、微博、Instagram都行。

自己带小孩　即便之前对维多利亚·贝克汉姆有多少非议，但看到她单手抱着小七，还能脚蹬高跟鞋像名模一样出场，也会肃然起敬。

必须有闺蜜，男的也行　作家柏邦妮和绿妖是闺蜜。22 岁时，邦妮失恋，绿妖给她发了一条短信：“老舍人品纯善，所以为人天真，但是内心有智慧，所以知道人性并不天真。”这就是闺蜜，无条件提供治愈。

不持有的生活　不持有，断、舍、离，都是日本人提出来的概念，认为现代人拥有的物质太多，反而挤压了生活空间，所以，欲望需要节制，多余的物件需要清除（再淘宝就剁手）。

永远有梦　“即使是九十八岁 / 我也还要恋爱 / 还要做梦 / 还要想乘上那天边的云”，这是日本百岁老人柴田丰 98 岁时写的诗，其处女诗集在 99 岁那年出版。98 岁也还要恋爱，还要做梦的人生，才是精彩的人生。

当男人吐槽女人，他们在吐槽什么？

文 / 林奇

如果这个星球上所有手机的前置摄像头一夜之间都消失了会发生什么？

需要澄清一个误区：把自己叫作"吃货"并不会让你的好感度上升，"女神经"也一样。

发明"女汉子"这个词并不是为了概括那些现代城市人本来就应该而且每天都在做的事情。

如果不确定卖萌是什么意思，最好还是做点自己力所能及的事情。

好像现在会使用微博和朋友圈、会在转发的时候叹气，就已经算是文艺女青年了。

近之则不逊，远之则怨。

女士，我很理解女性抽烟的平权意义，但是你的烟喷到我脸上了。

为什么女人没有潜力股这种说法？

大部分网上所谓的女权主义言论都是男权思维，当然，是很隐蔽的方式。不信你再思考一遍上面那个问题。

德国人哈利第一次为中国女友冬花拎包时极不情愿，并表示："请在我一米之内，否则人家以为我是同性恋。"——FT 中文网文章《西方男人不帮女人拎包？》

你把最好的青春时光都给了我？好吧，那我的呢？

经营爱情 / 婚姻这个说法很难理解，因为很难理解为什么你一定要当 CEO。

"我不介意你现在是否有车有房，我只在乎你未来有发展。"这句话是不是可以翻译成我在乎你未来是否有车有房？

什么时候应该去看一场平时看了会吐的电影？女人有答案，男人负责猜出这个答案。

看多了"女人应该会的 10 件事"之类的网文之后，你会感到好奇：原来这些事情她们都不会，她们是怎么长这么大的？

我不介意你把麦当娜列为精神导师，但你知道她不给盖·里奇吃肉吗？

"我都没有找你要糖我都没有找你要粉红色的兔子我都没有找你买车买房你多久没有买花给我了你不爱我了！"

终极问题：你到底爱不爱我？中国女人觉得这个问题是可以用一段演讲来概括的。这就是为什么朋友圈的美文很流行的原因。

闺蜜互相捅刀子的事情又不是没见过，好起来看着都肉麻，杀起来想想都恐怖。

听说现在流行男闺蜜？那么为什么女人又喜欢说男女间没有友谊、男人都不怀好意？

女人都会认为男人为其忙前忙后是理所应当的事情，而自己的付出则是要计费的。

其实是性格顽劣，你非要把这称作可爱我也没办法。

整个世界都师奶化了。不信你去街上拦个出租车试试。

师奶和年纪无关，和你的思维方式有关，别庆幸你是 80 后、90 后。

鸡婆价值观就是毫无来由的正义感、莫名其妙的圣母附体和歇斯底里的被迫害妄想，这三者比例不定，因人而异。

说话不算数、做事不靠谱的女人太多了，这就是现在基友比女友多的原因。

人人都想当女神，不过先让我们从人类开始做起吧。

我才不会喷什么腐女、干物女、小清新、次元宅呢，她们都挺好的，她们都有自己的世界，不管你喜不喜欢。

不管是女王还是公主，御姐还是萝莉，其实最想做的还是名媛对不对？

"妈妈，你知道'美魔女'这个词吗？""'美魔女'我还是知道的，中年妇女的挣扎吧。"——日剧《三个欧吉桑》。

看了安吉丽娜·朱莉在英国电影与电视艺术学院奖上的照片，我在想一个问题：我们在这儿干吗？研究松垮？

阴谋论患者

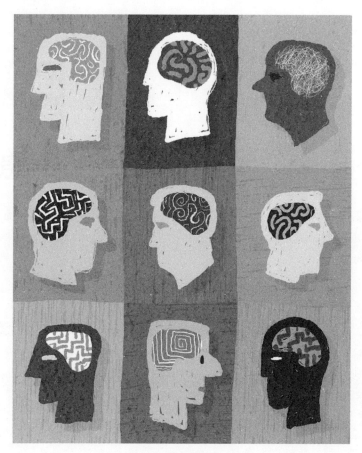

（插图 /Alberto Ruggieri）

阴谋论患者——谁在下一盘很大的棋?

你太天真了! ——他们这样评论相信新闻报道的你。

事情绝不是表面这么简单! ——他们胸有成竹。

有人在下一盘很大的棋! ——他们好像更知道些什么。

他们若不是深喉不是幕后黑手,通常就是典型的阴谋论患者。他们拥有一种透过现象看本质的思维方式(压根就不相信现象),一种对万事万物保持警觉的防御型世界观(并非真的理性)。他们来自各行各业,他们可能就是你的同学、同事、朋友或你自己。

灾难、政治、经济、娱乐八卦都是阴谋论策源地,阴谋论很流行。

不"公开公平公正"一定是阴谋论滋生的土壤。对未知情境充满不安全感的心理弱势、"判断相关"的思维惯性、一些被事后证明的丑闻和炒作、社会利益集团的多元化和隐蔽性,也令阴谋论层出不穷,更加有市场。

但现在,阴谋论患者的数量,已经远远大于阴谋论的数量了。

在中国,阴谋论也渐渐发展成为新的娱乐方式,具有晒智商、求安慰、找乐子的功能。——为什么他赢了?因为冠军早就内定了!为何我输了?因为水很深!元芳,你怎么看?大人,此事必有蹊跷!明星传绯闻?肯定是炒作!你不觉得她漂亮吗?肯定整过容!谁在下一盘很大的棋?

"只要真相的复杂性超出了一些人的理解能力,阴谋论就永远有市场。"(清华大学心理学系主任、国际积极心理学会中国理事彭凯平语)

阴谋论是一种社会病,患者不为解释别人,只为说服自己。

阴谋论患者：病，并快乐着

文 / 胡尧熙

特斯拉是不是代表了汽车的未来？至少表面上看来有这样的趋势，它采用锂离子电池作为动力，最大限度地将能源清洁化；它的股票市值在过去一年中翻了 5 倍。但悄悄告诉你，还有一款没有面世的汽车原本可以比它做得更好，它无需电池，只需将纯净水电解成氢和氧，两者燃烧后就能产生源源不绝的动力。环保主义者坚信，这款传说中的汽车已经在德国设计出了雏形，因为损害现有汽车生产商的利益，它被大财团和政府联手扼杀了。这个段子的最精妙之处在于，它无法被证实或证伪，恰恰因为争议性而拥有生命力，在小圈子里经久不衰地流传。

水动力汽车是最常见的传统阴谋论，它有具体的事件指向，事件中有受益者和受害者，全体参与者都有看似合理的理由和动机。这个世界上还有一种级别更高的阴谋论，它不提供动机，集中全力否定人类的所有常识，它站在阴谋论的金字塔顶层，教会你如何怀疑人生。大卫·艾克是英国广播公司的体育节目主持人，在 1990 年的某一天，他隐隐感觉世界没有以他想象的方式运行，他决心重新梳理地球的历史，解开心中的困惑。迄今为止，艾克出版了 16 本报告文学，发行了 6 部纪录片，它们都有一个统一的主题——新世纪阴谋。在著作中，艾克向公众阐述他的研究成果，他认为地球真正的主人是外星人，他们创造并控制了人类文明，人类从古至今乃至于未来都生存在其设计的"矩阵"之中。外星人发明了一种代理人制度，通过控制各国政府成员以及罗斯柴尔德家族、光明会等机构来维系现有的世界运行机制。这无疑是一盘很大的棋，以地球人的智慧，很难明白这盘棋的意义何在。不过大卫·艾克可以从棋局中得到一些奖励，他形容自己是地球上最睿智的人类，最有争议的演讲者和作家，通过版税和演讲收入，他的财富超过 700 万英镑，足够在"矩阵"内快乐地做研究。

曼彻斯特大学的教授彼得·奈特认为，阴谋论的甚嚣尘上是从二战之后开始的，西方和苏联的冷战加速了阴谋论的繁荣。奈特在《阴谋论文化》中表示，人类社会中的负面大事件大多和阴谋相关，而阴谋是衍生阴谋论的最好载体，但阴谋论和阴谋不能一概而论。肯尼迪遇刺是阴谋，而中情局和 FBI 参与其中则是阴谋论，"9·11"事件是阴谋，但也要到纪录片《时代精神》指认美国政府是幕后元凶，它才被演绎成一个合格的阴谋论。

现实中的阴谋论比阴谋本身拥有更高的人气，它延展成一场思维游戏。阴谋是冷冰冰的，提供一个事件和一堆证据，导出一个客观存在的事实。而在阴谋论者眼中，所有事件都隐藏着不可告人的惊人秘密，阴谋论因此有了温度，它捧出一个真假难辨的故事，一些似有还无的线索和一个推理的过程，呈现出想象的空间，把阴谋的旁观者变成追查者，它的诞生和结论都充满戏剧性，引人入胜，这是最高级的阴谋也无法给予的用户体验。

在电影《连锁阴谋》中，梅尔·吉布森饰演一个纽约的出租车司机，他相信电台的每一条广播都有弦外之音，直指政府正在执行的某个秘密计划；他在自来水管爆炸现场看到 FBI，认定一场阴谋正在酝酿之中。他是阴谋论粉丝的银幕代表，是阴谋论患者中的重度病人，但他在阴谋世界里活得惊险而充实，欲罢不能。每一个阴谋论患者，都和他有同样的感受。

中国正在流行以下阴谋论：转基因阴谋论、中国威胁论、货币战争阴谋论，最新出炉的是马航事件阴谋论。它们政治正确，视野宏观，都有忧国忧民的内核。不过这已经不能满足阴谋论患者，在微观层面，一些无伤大雅的阴谋论也应运而生，动物保护者抗议归真堂活熊取胆，很快有帖子抽丝剥茧地分析出，抗议归真堂的动物保护机构都有接受海外捐款，整个事件是海外势力的敌对行为，意在打击传统中药理论。它列举了一条"有力"的证据，一直致力于取消活熊取胆的亚洲动物保护基金是由英国人罗便臣创立，长期接受英国各界捐款。事件本身的发展已经不重要，归真堂上市成功与否，都妨碍不了阴谋论的成功成形。这则阴谋论可能稍显沉重，微博和论坛上还有一些趣味性的，比如，方舟子死盯韩寒，"四娘"会不会是幕后推手呢？

炮制一则成功的阴谋论，需要天时地利人和，配以阴谋论患者和粉丝的辛勤灌溉才能在公众心中生根发芽。根据阴谋论的逻辑"谁获益，谁操纵"，阴谋论患者都是主题先行者，他们搜集素材，塑造出事件中的可能得益者，以种种联想串联起他的行为动机，一个阴谋论就此诞生。制造阴谋论就像一场趣味智力竞赛，它考验分析能力、材料整合能力、推理能力，阴谋论的创造者在提升技能的过程中收获信心和乐趣，最终刷出存在感。他们立足本土放眼世界，视野越发国际化，题材趋于多样化，各自术业有专攻。

军事爱好者隐约怀疑北京上空的雾霾是美国制造，足球爱好者认定欧足联把持了每一场欧洲冠军联赛的结果，巴塞罗那队的胜利背后必定有"干爹"的翻云覆雨手，他们也认为每一届世界杯抽签的结果都经过了事先彩排，东道主必定抽到好签，有惊无险突出小组进入淘汰赛。不过，这一条阴谋论偶尔也有破产的时候，2010年南非世界杯，南非队小组被淘汰，2000年欧洲杯，东道主之一比利时队同样小组未能出线，这些煞风景的事实多少让阴谋论患者内心感到惆怅。

在移动互联网时代，阴谋论的传播比过去有了更丰厚的土壤和渠道。人人都有机会做15分钟的名人，只是现在出名不再必须借助公共媒体，一个微信公共账号和一个加V的微博账号可以让你的阴谋论找到知音。在诸多心灵鸡汤和社会评论当中，一则阴谋论的帖子显得卓尔不群又平易近人，它让复杂的人和事变得简单易懂。人类总是倾向为发生的事情找一个解释，没有什么解释比阴谋论更加唾手可得。

希区柯克在电影《超完美谋杀案》中告诉观众，完美的谋杀案是无法执行的，它只存在于理论中，一旦付诸行动，它会遇到各种困难，因为现实不一定能按照策划者构想的方向发展。阴谋也同样，完美的阴谋只存在于阴谋论中，它比阴谋本身更加精致和巧妙，当我们的想象力无处投射时，就只能在纸面上下一盘很大的棋。

阴谋论一旦立于现实，总是很容易被戳破。《粮食危机》在中国创造了20万册的销量，步入畅销书行列。它的作者是美国阴谋论研究者威廉·恩道尔，他选择了中国人最关注的话题：转基因食品的安全性。在书中，恩道尔提醒中国要以阿根廷为鉴，他指出，在2008年，因为大肆种植转基因农作物，阿根廷接近一半的农田已经荒芜，农业全面崩溃，陷入瘫痪。但真实的数据是，2010年，阿根廷将转基因大豆的种植面积从1000万公顷提高到了1900万公顷，并且时至今日，阿根廷仍旧是全球最主要的粮食出口国之一。不过，这些消息并不会进入阴谋论患者的有效资料库，一则"黄金大米"的新闻就能让书中的种种假设全部成立。

在新世纪，全球最大的阴谋论莫过于"9·11"事件，在《时代精神》中，主创提出了一个匪夷所思的观点，他表示，世贸大厦的钢筋材料要在2777华氏度以上才会融化，而被劫持飞机上的机油燃烧最多只能达到1517华氏度，钢筋无法融化，大楼也不会倒塌，因此基地组织没有袭击世贸大厦，一切是美国政府自导自演。这是最喜闻乐见的一种阴谋论逻辑，理论和结论并不建立在证据上，而仅仅是因为原有的理论有一些暂时无法解释的部分。麻省理工学院的教授托马斯·伊格写了一篇学术论文进行科普和反驳，他指出，钢材在1200华氏度的时候就失去了50%的强度，而当飞机撞上大楼的时候至少有1400华氏度，而写字楼里处处都是地毯、窗帘、家具、纸张这样的易燃物，因此即便机油烧光了之后那些易燃品仍将大火保持在了1400华氏度以上。由于大楼每个部分着火点不一导致温度不一，整个大楼的框架在不同温度大火的灼烧下变软、下陷、变形，而一旦整个框架失衡，大厦就不可避免地坍塌了。

伊格有理有据的驳斥在阴谋论患者面前被视若无物，仍然有大量人坚信《时代精神》中提出的阴谋论。这是一个让阴谋都感到尴尬的情景，它在真实世界中的运作往往状况不断，意外连连，犹如一团乱麻，但阴谋论患者总是更相信精巧的设计和阴谋家的无所不能，他们认为地球正在按照光明会和共济会设计的轨道有条不紊地运转，而且没有任何bug。

最标准的阴谋论患者肖像是这样的：他们欲说还休，带着高深莫测的神情，嘴角轻轻吐出："呵呵……"这背后的意思是，众人皆醉他独醒，全世界的棋局都是他摆的。

阴谋论的 12 个社会病理学标本

文 / 郭小为

灾难、政治、经济、娱乐八卦都是阴谋论策源地。在我们这个时代，互联网是推手，让越来越多的阴谋论患者找到同好，让一切事件都有了幕后黑手和处心积虑。

马航事件

信息焦虑和地缘政治

几乎每一场大型空难都会引发与之相关的阴谋论，马航失联事件更是成了各式阴谋论的集合地。搜救刚开始时，阴谋论多指向美国，认为美国是借此"探明中国在南海的军事实力"，而后印度又成了阴谋论的主角，认为美印合谋把飞机藏在安达曼群岛的某个军事基地，以此来要挟中国，而到了后来，美国不再是"敌人"，马来西亚政府成了某个阴谋的幕后黑手。

这些阴谋论中，充满了政治和军事博弈——"美印以客机遏制威胁中国""马来西亚政府隐瞒了机长是因为马来西亚国内的政治斗争而劫机"。这场民航史上最为诡异神秘、失联时间最长的事件成了阴谋论患者最好的舆论阵地，满天飞的各种阴谋论消解了部分人对真相缺失的不安和恐惧。

阴谋论患者

中国威胁论

两种文明的冲突

中国威胁论可以追溯到冷战时期，而直到20世纪90年代开始，随着中国在世界范围内的重新崛起，新一轮的中国威胁论再度甚嚣尘上。意识形态和价值观的冲突让西方社会对中国的崛起爱恨交加，充满警惕。随着中国成为全球第二大经济体，西方人的焦虑越发严重。

这一阴谋论的理论基点是：整个世界处在零和博弈中，中国和西方是一种有我没你的生死搏斗，衍生出来的极端逻辑就是——凡是中国人干的，肯定都是有阴谋的。而背后的社会心理则来自先天的偏见以及对不确定性的恐惧。

肯尼迪遇刺案

似有还无的幕后黑手

1963年11月22日，美国总统约翰·肯尼迪遇刺身亡。被抓获的凶手奥斯瓦尔德不久便死于夜总会老板杰克·鲁比枪下，鲁比本人最后也死于狱中。

奥斯瓦尔德和鲁比在警方眼皮底下的相继死亡、流传的总统"奇怪的伤口"，以及随后一系列相关人物的意外死亡、证物的毁灭，让暗杀笼罩着浓厚的阴谋论色彩。在所有的被怀疑对象里，继任的副总统约翰逊、联邦调查局老大胡佛、南方的种族主义者、敌对的苏联势力等都赫然在列，然而至今尚无定论。

这起堪称20世纪最大的历史悬案，一个重要特征便是阴谋论中的某一个假设很可能就是客观真实的，相比之下，官方调查的结果则可信度不足。家族宿命、信息缺失和合理动机等一系列元素的交织下，围绕肯尼迪遇刺案的阴谋论持续至今。

SARS

被害妄想症的投射

2003 年所爆发的 SARS 被一些人认为是一场阴谋。俄罗斯科学院传染病专家 Nikolai Filatov 首先提出 SARS 可能是人为发展出来的；中国网民认为 SARS 病毒可能是一个美国制造（或共济会）的生物武器，目的是重创华人地区，以遏制中国的崛起；大校戴旭则称，SARS 是当时美国为了打伊拉克，怕中国趁机采取其他行动，所以对中国使用的"生物心理武器"。

围绕 SARS 的各种阴谋论，无不打上了深深的地缘政治的烙印，也没有一个经得起仔细推敲，个个漏洞明显。民族情绪、政治投机以及对现代科技的深切恐惧，让 SARS 这一关乎人命的严肃话题，成了各种阴谋论的另一个博弈场。

"9·11" 事件

政治阴谋论的极端

包括美国在内的不少学者、民间人士，把"9·11"事件推向了政治阴谋的一端——它是布什政府自导自演的。阴谋论者的所有质疑看似都合情合理：飞机不可能短时间内撞毁摩天大厦，一个飞行能力中等偏低的人不可能完成撞机，华尔街的投行事前抛售股票以止损。

这一阴谋论直接指向了美国，认为这是美国近百年战略计划的一部分，布什政府为了维护美国的国际地位和控制世界，不惜以自导自演的方式挑战全世界人民的底线。简单大胆的推断，折射了反战意识，却回答不了一个同样简单的疑问——如果有能力策划这么一场惊天大阴谋，布什政府又为什么为了反恐如此焦头烂额呢？

无所不能的共济会

被导演的世界近现代史

1717 年在伦敦成立的政治改革团体共济会，被一些人视为"操控世界的黑手"。共济会领导了美国的独立战争，起草了美国宪法，历任美国总统只有被暗杀的林肯和肯尼迪不是共济会成员，世界上所有花美元的人其实都是在花共济会的钱，甚至这个组织还在进行着"一统全球"的计划，为此他们甚至有预谋地发动了 2008 年的国际金融危机，以便进行一次重新洗牌。总之，共济会导演了整个世界近现代史。

所有耸人听闻的说法，广泛流传于那些对共济会心怀好奇和恐惧的人群之中。他们似乎一下子就了解了"历史真相"——像金融危机这种纷繁复杂的事件，就是"一小群神秘人物幕后操纵了所有事件"。

撒旦崇拜者

神秘主义入侵

撒旦是基督教中魔鬼的代名词。由于犹太人相信"666"这个数字是魔鬼的代表，有不少物品被认为与魔鬼崇拜有联系。例如："6"被当作条码的分割线，是因为"6"字无论从左往右或是从右往左扫描都是一样，有人因此声言当世界末日来临之时，魔鬼会要求每个人在额上印上一个条码。1981 年美国谣传宝洁公司是魔鬼标志，隐含着撒旦数字 666，是敌基督化身，宝洁还将公司利润的 10% 奉献给一个信奉撒旦的教派。为了杜绝谣言，宝洁不得不在 4 年后取消了这个图案。

来自宗教的恐惧和对特定数字的迷信，加上一些偶然事物的出现，让一些阴谋论者相信世界上还存在着隐秘的撒旦崇拜者，而找出这些"魔鬼"，既是为了平复恐惧，也是一种另类的秀智商。但是魔鬼从来存在于人的内心之中，这当然也包括那些阴谋论者。

世界末日论

对未知的恐惧

对世界末日的恐惧和想象一直与人类如影随形，这其中最有名的就是"2012 年世界末日论"了。

这一末世论宣称玛雅文明中的玛雅历法长达 5126 年周期的结束，预言了地球、世界和人类社会在 2012 年 12 月 21 日前后数天之内将会发生全球性的灾难性变化。这一说法与太阳风暴、尼比鲁碰撞、地球磁极反转、网络机器人工程的预言等谣言结合，而混合成了 2012 年"世界末日说"。

未来的遥不可测既让人着迷想象，也伴随着挥之不去的天然恐惧。如今，这些理论已经不攻自破，世界一切如常，但只要萦绕在人们内心的世界末日恐惧还未消失，下一个"2012"随时准备补位而来。

石油战争

被能源主宰的世界

石油是黑金，是魔咒，更是政治。在国际政治中，一个流行的阴谋论就是，"西方在中东为了石油而发动战争"，即使格林斯潘也认为"美国发动的伊拉克战争是为了石油"。

"石油动机论"在第一次海湾战争之后，几乎逢战必出。"出兵为了石油"的论调开始见诸各国报刊后，在阴谋论和民族主义的情绪煽动下不断发酵，尤其在第二次海湾战争中，当大规模杀伤性武器传言被证明莫须有后，阴谋论者更是对此确信无疑。

这一论调背后有着欧美并不讳言的石油现实主义，然而这并非全部真相。西方未必是出兵中东的最大石油受益者，相反俄罗斯和中国还受益良多。在充满政治算计的阴谋论背后，隐藏着地缘政治的博弈、民族情绪的激愤，以及对西方强权势力的不满宣泄。

戴安娜之死

死亡是一种公众消费

1997 年 8 月 31 日，一代佳人戴安娜王妃因车祸在巴黎香消玉殒。已经与查尔斯王储离婚的戴安娜是和情人沙特富翁多迪一起遇难的，调查结果显示原因是酒后驾车的司机受到狗仔队惊扰后，驾驶失控，酿成车祸。

然而，戴安娜之死却引发了各种阴谋论：被英国情报机构暗杀？英国种族主义分子谋杀？爱尔兰共和军所为？地雷制造商埋下"炸弹"？政治斗争的牺牲品？本命年劫数难逃？甚至还有人认为戴安娜还活着，"诈死"是想摆脱传媒追踪，以逃避世俗的纷扰，现正以另一身份在世界另一边出现。

各种阴谋论的背后是公众对一代佳人骤然逝去的惋惜，以及一厢情愿式的浪漫想象。人们不愿意相信心爱的王妃就这样离去，或者死得这样毫无传奇色彩。当然，它也满足了一些人茶余饭后对明星人物的谈资话题，死亡本身也就成了一种公众消费。

登月悬疑

信息缺失下的疑惑

1969 年人类历史的"一大步"一直备受质疑，有不少人坚信，这个所谓的登月其实就是一场美国宇航员和有关部门的骗局。

质疑者提出了登月的十大疑点，包括登月照片中的天空没有星星，登月舱降落时没有在月面撞击出一个坑洞，登月舱降落时产生的强劲气体会吹走附近的尘土，所以不可能在登月舱附近出现太空人的脚印，以及月球上没有空气，当太空人在插国旗时，却可以看到旗帜在风中飘扬等。美国官方也给出了回应，诸如没有星星是因为曝光不足，国旗飘动是因为国旗上有支架。

官方的解释只是证明了这些照片可能是在月球拍的，却不能证明它一定不是在地球上拍的，这就为阴谋论留下了活动的空间。如今，美国登月的事实基本已不存在疑问，但让人不解的是，美国宇航员以及相关部门至今还向公众隐瞒当时的数据和记录，这时必要信息的缺失和对话，就让立足于技术分析的阴谋论者更加确信自己才掌握了"真相"。

转基因之争

食品安全的焦虑

转基因很早便遭遇了阴谋论。美国学者威廉·恩道尔在其著名的阴谋论论著《粮食危机》中提出，孟山都公司、洛克菲勒基金会等跨国集团通过操纵转基因产业控制多个国家的农业和人口，正源于此，很多人在反对转基因的理由中添列了保护民族农业和维护国家安全等内容。

另一方面，转基因支持方的诸多理由则变得晦暗不明起来，尤其是在转基因作物的很多原有预期已经遭到了事实反驳的情况下。于是，传言不胫而走，"转基因显而易见地意味着一场跨国资本甚至发达国家针对中国人的阴谋"。

新技术的研发顾虑和信息的不透明，投射到人人相关的食品领域时，阴谋论便开始流行了。转基因食品的安全性在国际学术界一直悬而未决，这为阴谋论提供了肥沃土壤。

口语中的阴谋论

阴谋论是个筐，什么都可以往里装。有时日常中不经意的一句话，背后往往透着种种怀疑、诛心、恐惧，还有无奈。

水很深

官场水很深，可能前一天还一块觥筹交错的同僚，后一天就成了检举告发的"绊脚石"；艺考招生水很深，才艺、性格、脸蛋样样俱佳又怎样，"上面"没人你照样没戏；收藏圈水很深，有钱不一定买得到真货，没钱也可能一夜暴富……一句"水很深"，道尽了落寞者的无奈。

在下一盘很大的棋

为什么高干子弟都喜欢移民国外？"嘘！那是他们在下一盘很大的棋！"为什么游戏《红警2》里面有个叫"闪电风暴"的超级武器？"嘘！那是美帝在下一盘很大的棋！"央视为什么总是喜欢直播动物迁徙？"嘘！那是中央在下一盘很大的棋！"

不要再问为什么很多事情我们总是看不明白，我可以统统回答你——"在下一盘很大的棋！"

元芳，你怎么看

"元芳，你怎么看"的标准回答是："大人，此事必有蹊跷。""此事背后一定有一个天大的秘密。"似乎什么事都是阴谋家搞的鬼。邻居一大清早就放鞭炮，元芳，你怎么看？今天还没发工资，元芳，你怎么看？最近作业很多，元芳，你怎么看？但是哪有那么多秘密，耐性再好的元芳也会忍不住吐槽——我用快播看！好吧，快播已经被取缔了。

非我族类，其心必异

典型的诛心之论，发源于古代，在现代也有市场。不是同一个民族，不是同一个家族的人，不准自由恋爱，不准出入境往来，不准上网聊私事，不准这不准那，因为"非我族类，其心必异"。

肯定是炒作

演唱会前忽然爆出歌星出轨了？肯定是炒作。好久没出来露脸的明星又传出绯闻了？肯定是炒作。不知名的妙龄少女又传出不雅照了？肯定是炒作……眼球经济时代，不怕丑闻，就怕没新闻。每一条新闻背后，肯定有幕后推手在运筹帷幄。

肯定整过容

几年不见了，你怎么长帅了？肯定整过容！你怎么会是双眼皮？肯定整过容！你真人怎么和照片上不一样？肯定整过容……整个世界都已经这么虚伪了，如果还有任何一个漂亮帅气的人，那肯定整过容！

不要和陌生人说话

陌生人会拐骗小孩，会借问路来找你茬……"不要和陌生人说话"的极端表现是"不要相信任何人"。他人即老虎，似乎除了自己之外，再没有可以信任的人了。在这个缺乏安全感的时代，人人自危，越靠近真相就越接近死亡。

在科学与宗教的背后
丹·布朗与他的阴谋世界
文 / 于青

　　丹·布朗之所以成为畅销书界的专业阴谋论者，跟他的家庭环境脱不了干系。他的父亲是一位撰写过教科书、获得过总统荣誉奖的数学教授，母亲是一位教堂风琴手。作为数学家和教堂风琴手的儿子，丹·布朗自小就生活在两种认知体系的夹缝中。曾经他觉得那不是问题，只觉得自己可以既相信科学，又笃信宗教。但随着教育的深入，他发现了自己的矛盾："我并不确定自己更倾向于哪一方。一方面，科学每一天都在为自己的理论提供令人信服的证据：照片，方程式，可以看到的证据。而宗教对人的要求更高，我必须无条件地接受一切。你也看到了，选择信仰，需要更多努力——特别是当你还是个孩子，在这么一个并不完美的世界里。所以小时候的我，更倾向于相信科学的坚实根基。"

　　2013年6月，丹·布朗在澳大利亚的《星期日之夜》中对观众坦言："但当你开始学习之后，你意识到宇宙学说是与亚当夏娃相冲突的。你知道，你不可能在相信科学的同时，笃信宗教。在学校里，我发现自己在向科学靠拢。然而，当你进入大学，在数字中越走越深，你就会发现，曾经牢固的理论变得模糊，数字变成了想象，物理则变成了玄学——它们就像是一个无尽头的循环。到最后你发现，科学与宗教不过是两种不同的语言，它们讲述的是同一个故事。"

　　从小，丹·布朗就是在密码和符号堆里长大的。圣诞节早上，他就要在密码和符号的指引下找到礼物。对他来说，密码一直是非常有趣的游戏。如同《达·芬奇密码》中的兰登教授所说："对我们自身过去的了解程度，决定了对于现在的理解能力。我们该怎样分辨信仰和事实？我们该怎样写下自己的历史，描述个人或文化上的特征，并以此定位自我？我们应如何穿过那些被扭曲的历史，找到原初的真相？"而所谓的"原初真相"中，总少不了阴谋论者永远热衷塑造的那一位幕后"大 boss"。

从处女作《数字城堡》开始，丹·布朗就秉承阴谋论者的一贯思维：总有事在幕后发生，总有"大 boss"在操纵众生。这部写于 1998 年的小说，继承了"老大哥"阴谋论的衣钵：黑进一系列政府网站的黑客发现，打着保护公民隐私旗号的政府，其实是公民隐私的最大侵入者。在他的第二本书《大骗局》中，阴谋发生地仍集中在美国政府内，高科技与外星人是推动情节发展的主要因素，"大 boss"也依旧潜伏在政府之中。然而到了第三本书《天使与魔鬼》中，西方第一大阴谋论当红组织——光明会浮出水面。西方人最热衷猜想的"对抗教会的秘密组织"成为阴谋论主角，高科技主导的情节发展也让位给了宗教与历史。他的第四本书，就是大红大紫的《达·芬奇密码》，则在以光明会为主角的同时，搭上了一切让人熟悉的历史因素：罗浮宫、蒙娜丽莎、最后的晚餐。

丹·布朗热衷从科技、政治、宗教、历史的各个孤立事件中寻找关联性，《达·芬奇密码》等畅销作品中都有引人入胜的阴谋论，他认为自己不算阴谋论者，而是怀疑论者。（图／新周刊图片库）

丹·布朗在小说中所依托的光明会，几百年来一直稳坐西方阴谋论世界的头把交椅。从 14 世纪拜占庭帝国产生"赫西卡派"开始，关于"有撒旦在梵蒂冈中控制人类，让他们恶意篡改耶稣基督教义，通过售卖赎罪券敛财，并将钱财用于秘密的偶像崇拜"的阴谋论就开始了。到 16 世纪欧洲宗教改革时期，为反抗天主教会、与教会进行真理斗争，巴伐利亚因戈尔施塔特大学神学教授 Adam Weishaupt，在美国建立的 1776 年，创立了光明会。

根据阴谋论者的说法，歌德、海德、伽利略、哥白尼等一系列哲学家、数学家、天文学家、物理学家都是光明会成员。秉承着对罗马教廷的反叛，光明会将撒旦变为指向光明的启蒙者——在他们眼中，率领三分之一天使，对上帝开战的七大魔王之一的路西法，才是真正的"光明使者"。

光明会的最早首脑是伽利略，他对于对称物有着不一样的痴迷。于是他的好基友，另一位光明会成员，艺术家贝尔尼尼就给他设计了一幅对称主义杰作：光照之星——用土（earth）、气（air）、火（fire）、水（water）四个单词组成完美的对称菱形图案——它不仅正面对称，翻转 180 度之后仍然对称。当然，这个对文早已遗失。现在能够看到的，都是阴谋论爱好者丹·布朗在《天使与魔鬼》一书中，找人重新设计的。

关于光明会的传说数不胜数。其中最为经久不衰的当属影子政府理论——认为光明会的首脑为 Pindar，有 13 支家族派系，首领就是著名的罗斯柴尔德家族，剩余的 12 个家族分别为：布鲁斯家族、卡文迪许家族、麦迪西家族、汉诺威家族、哈布斯堡家族、克虏伯家族、金雀花家族、洛克菲勒家族、罗曼诺夫家族、辛克莱家族、华伯家族以及温莎家族。这 13 个家族控制了整个世界的金融、军事、宗教、传媒领域。而 13 这个数字，也是光明会的一个重要象征：星座学说的大红大紫让所有人都知道了"黄道十二宫"这个概念。但在光明会这里，"大 boss"是隐藏在第 13 宫之中的天龙座。

丹·布朗没有放过美国和 13 这两个重要因素，他拿一元美元上的金字塔以及上面的那只眼睛、分散在钞票各部的数字 13 做文章：金字塔上有 13 个阶梯，老鹰头上有 13 颗星星，老鹰所夹的盾牌上有 13 条棒状图、嘴里所含的橄榄枝有 13 片叶子、13 个果实，以及 13 枚箭头——这张纸币说明，成立于 1776 年的美国从政府奠基的那一刻起，就是光明会的人。

但其实，丹·布朗的扒皮者 Steven D.Greydanus 早就撰文指出，1776 年光明会成立时，哥白尼已经死了两百多年，伽利略与贝尔尼尼也已经死了一百多年。尽管光明会对宗教不是那么友好，也绝没有要为了哥白尼和伽利略就启动血腥的复仇计划。事实上，哥白尼的叔父是主教，他本人也曾受教皇利奥十世之邀进驻拉特兰宫重修历法，并完成了卡布阿红衣大主教的请求，写下六卷文献《论天国领域的革命》，并将其献给教皇保罗三世。哥白尼的死亡是中风所致，跟教会没有一毛钱关系。

到了《达·芬奇密码》，丹·布朗就把伽利略纳入了郇山隐修会的元老体系。此秘密会社又与上帝的叛逆者光明会有所不同：它的源起更早——公元 46 年就有它的前身——潜心炼丹的诺斯替会。1099 年，它正式成立，目的是为了保护耶稣基督的真正传人——法国王室。丹·布朗在《达·芬奇密码》中提供的郇山隐修会元老名单，最早出现在发现于巴黎国家图书馆的羊皮纸文献《秘密档案》之中。然而，这个位于法国郇山的秘密社团真正有记载的历史，始于 1956 年——它只是一个拥有四名成员的外乡人兄弟会，创办目的是在当地建造一座修道院。

在丹·布朗的每一本书中，都少不了一位幕后"大 boss"。他的新书《地狱》也不例外——只不过这位"大 boss"从光明会变成了"财团"。这位热衷于从科技、政治、宗教、历史的各个孤立性事件中寻找联系的畅销书作家也曾在采访中表明，他相信自己写下的一切。"我不是一个阴谋论者，却是一个怀疑论者。我们渴望找到孤立事件之间的联系，而这也许就是阴谋论的起源。"

一直到现在，丹·布朗依然觉得自己在科学与宗教的漩涡中打转。他在对世界心生敬畏的同时，又充满疑惑。如同他曾对 BBC 说的那样："我们都希望有这么一种感觉：有些事儿在发生。我们之所以都在这儿，是有原因的。所有混乱都有其秩序。我们总想知道一些不寻常的事。我们所有人，都在某种程度上沉溺于一种观点：总有事儿藏在幕后。总有人知道真相，并到处留下线索。万物都有解释。我们会被这样的想法安慰：如果世界是一辆公共汽车，那么一定有人在驾驶它。"

小贴士

重症阴谋论患者

他们以生产阴谋论为生，粉丝认为他们洞悉了世界的真相，普通读者则感谢他们为世界奉献了最精彩的段子。

迈克尔·摩尔

美国导演界著名阴谋论患者。2004年，以一部纪录片《华氏9·11》"揭露"出布什政府的"阴谋"：布什家族与一些显赫的沙特阿拉伯家族有长达30年的金钱关系。而此次恐怖袭击的真相，是布什为了解决自身危机，与伊斯兰派相勾结，转移国内矛盾，出卖美国国家利益。2006年，他又以一部《精神病人》讲述了美国医疗系统与保险公司等大企业是如何相互勾结，限制病人获得治疗的权利，以赚取最大利润。这位美国刺头儿的阴谋论与好莱坞编剧们一样，永远不放过政府与大公司。他有名言如下：政府和政治家，根本不过是资本家的走狗。

丹尼尔·席尔瓦

四次夺得《纽约时报》畅销书排行榜全球第一的阴谋论大师丹尼尔·席尔瓦，通过抽丝剥茧的分析与心思缜密的联想，为世界各地的阴谋论患者解答了许多政治问题。从奥斯维辛集中营，到欧洲各个国家的财富积累；从二战时期的梵蒂冈，到剪不断理还乱的巴以冲突……事实证明，这位战地记者一般的阴谋论大师，出产的都是非常靠谱的推理：美国政府为了奖励这位孜孜不倦的政治批判者，将他任命为美国犹太人大屠杀纪念委员会委员。

大卫·艾克

这位生于1952年的职业作家、演讲者、足球运动员、体育节目主持人与世界著名神秘学调查者，曾在1991年特别召开新闻发布会，宣称自己是"神性的儿子"。之后，他就马不停蹄地出了《机器人的叛乱》《真理必叫你们得以自由》《最大的秘密》《矩阵的儿童》四本书，构建出他的阴谋理论世界：人类是由名为"阿奴那基"的外星爬虫统治，人类历史上几大著名家族都是其在地球上的代言人。整个人类文明只是这些外星爬虫的一场可笑实验。

虽然大多数人都觉得艾克的这些观点很可笑，但也挡不住他的全球演说场场爆满——谁让人家有本事将此荒谬论点与诺斯替会、光明会,以及郇山隐修会全都紧密结合呢。

林登·拉罗奇

这是一位曾 8 次参加美国总统竞选的左翼震颤派教徒(该新教派以感受到圣灵全身震颤为特点)。同时他也是拉罗奇运动发起人,创立了美国工人党。1971 年,他成立了国际劳工委核心组情报网(NCLC),遍及世界各地的成员孜孜不倦地将全球政治情况与可疑幕后活动上报总部。为收集情报,NCLC 发展出了各种各样的政治组织与新闻媒体,只为渗透进入各国政府。这位将阴谋论付诸实践的政客也为此付出代价:因邮件欺诈和违反税法,他被判入狱 15 年。但执着的阴谋论者是永不言败的:在监狱里,拉罗奇继续领导他的政治运动,并让监狱经历为他的"救世主"光环再镀上一层金。

约翰·利尔

作为利尔喷气(LEAR JET)的继承人,运气极好、不愁吃喝的富二代,约翰·利尔的生活乐趣就落在了研究秘密航空飞行器之上。在天上飞腻了之后,他就开始畅想关于外星人的阴谋论——作为一个身兼飞行员的富二代,他在理论贡献上干得不错。以下为他的幽浮界理论贡献:1. 太阳系内所有的星球都有自己的大气层,根据与太阳的距离大气层会将所有这些星球调和到一个适于人类居住的状态。2. 9·11 是人为的。因为利尔花钱雇用了各个不同水平的飞行员用飞行模拟器再造撞击双塔后发现,没有一个人能在当时的高度和速度下成功撞击双塔。3. 月球和土卫八以及诸多在太阳系漂浮的卫星都是人造的飞行器。4. 一些人的外星人遭遇都是真的。5. 阿瑟·克拉克是一个知情者,他还有三本书将永远不会出版。6. 未来将会面对一场外来人的战争。7. 艾滋病是人造物,并存在解药。8. 政府默许外来人对人类的绑架,并帮助他们在地底建立了庞大的网络设施。

(辑/于青)

我们心里的"暗物质"

20 个未被医学命名的社会病

文 / 库索

我们软弱又自恋，我们仇恨又好斗，我们多疑、刻薄又冷漠，我们幸灾乐祸、心不在焉又见不得别人比自己好……我们一切热衷的行为，都是病。

自拍病

高举手机 45 度角，甩饼脸也能变成锥子女神。善用剪刀手和嘟嘟嘴，师奶也可以 90 后。这是个连奥斯卡群星和美国总统都要大秀自拍照的世界，无论在现实中多么灰头土脸，自拍让我们在社交网络上自带主角光环。未来某一天，我们的遗像将是一张磨皮美白的自拍照，每个吊唁者都要忍不住点个赞。

点赞病

我们可以不发言、不评论、不毒舌、不晒命，尽可能伪装得像一个出世者，但我们不能停止点赞。点赞是刷存在感的最好方式，也是最佳心灵慰藉行为，比起"看到你过得好我也就放心了"，我们更想说的其实是"看到你过得不好我也就放心了"。

低头病

触屏时代治好了我们的拇指病，却又让我们沦为低头族。我们总是刷着手机，无论在客厅、饭局、办公室或是公交站台，忙着向全世界告知我们的一举一动。我们总是手捧平板电脑，看的每一本书听的每一首歌都要分享给全人类，煲剧也只选择弹幕网站。刷屏，是我们消解寂寞的唯一方式。

炫食病

我们的强迫症是：吃饭前一定要验个毒。我们的生活哲学是：吃得好不如拍得好。吃货面前众生平等，炫不起爹，炫不起富，还能炫食。我们最害怕的事情，不是找不到人一起共进晚餐，而是没有围观我们发吃的观众。据说 Instagram 服务器挂掉那天，很多人连饭都吃不好了："我那些吃的东西要怎么处理啊？难道要吃掉吗？"

找虐病

围观 # 深夜发吃报复社会 # 是找虐，可我们偏偏乐此不疲。点击"密集恐惧症慎入"是找虐，可我们就是这样手贱。偷偷关注前度和前度的现任是找虐，可我们只有这样才能心理平衡。有一种流行叫找虐型人格，连现在最火的那款 Flappy Bird 都有个好标签：找虐型游戏。

沙发病

自古英雄皆寂寞，唯有沙发留其名。在所有人类获取满足感的途径中，抢沙发是最不需要技术含量的一项。刘烨光靠着"沙发帝"的称号也能在微博上自成一派，在那篇《论抢沙发的基本技能》里，最能概括沙发党心态的是最后那句话：抢到后一定要自己撒花，尽情展示你的傲娇，并气气别人。

砍手病

再淘宝就砍手，再玩游戏就砍手，再刷微博就砍手，再拖延就砍手，再暴食就砍手……每一个今生的砍手党，前世都是折翼的千手观音。这是一个缺乏自制力也可以诿罪给社会的时代——是的，我们什么都能抵抗，除了诱惑。是的，我们砍掉的每一只手，都是为了能让自己生活得更好。

中二病

我们看似成熟，其实内心还停留在青春叛逆期，凡事认为错的不是自己，而是这个世界。我们患有被害妄想症，对人际关系缺乏安全感，动辄喜欢吐槽"愚蠢的人类"，遇到挫折的第一反应是"地球灭亡吧！"。在中二病患心里，只有将他人、社会及世界彻底否定，才能掩饰自己的脆弱与无能。

废柴病

废柴世界观头号定律："谁要努力？当然是立即投降啦！"废柴世界观二号定律："努力不一定成功，但是不努力会很轻松哦！"废柴的生活状况通常是：没钱、没车、没房、没学历、没女友。废柴的心理状态基本是：不争取、不上进、不努力、不心存幻想（并且以此为傲）。和屌丝不同，废柴从未想过逆袭，在被世界抛弃之前，我们先放弃自己了（再次以此为傲）。

怀旧病

"60后"依依不舍"我们的故乡在80年代"，"80后"集体缅怀"那些年我们一起追的女孩"，连"90后"都开始哀号了："想起那天夕阳下的奔跑，那是我逝去的青春。"怀旧从一种情绪变成一门生意，但大多数时候，我们怀念过去，不是因为过去更好，而是因为过去是过去。

时差病

我们在下半夜赶工，早已放弃治疗拖延症。我们在下半夜评论微博和回复朋友圈，不愿意错过每一条八卦资讯。我们在下半夜看球、煲剧和打游戏，都怪爱好太多而世界又更新太快。我们生活在下半夜，并且为晚睡强迫症自豪，全然不顾生活已经演变成一种恶性循环：白天困得像狗，晚上精神抖擞。

无节操病

在毁三观和刷下限这两件事上，我们是受害者，也是施害人。我们感叹"节操掉了一地"，但自己也随众、立场不坚定，毫无原则地站在自认为不合理的队伍中。我们把恶俗、无道德和缺乏正义感视为一种自嘲和调侃，实则是不愿意承担现实中哪怕一丁点的沉重。

心不在焉病

我们不懂工作的意义何在，所以上班最大的乐趣是摸鱼。我们不懂生活的意义何在，所以休闲最大的乐趣是放空。我们不懂人际交往的意义何在，所以交流最大的乐趣是走神。我们心不在焉、活得不够投入，归根结底，是总认为自己和这世界格格不入。

自我感动病

从为汶川地震点蜡烛到为马航失联点蜡烛，从"不转不是中国人"到"不哭挺住"再到"今夜我们都是伊利人"，对天灾对人祸甚至是对娱乐八卦，我们将祈祷、默哀和祝福演变成一场网络上的行为艺术。我们习惯将一切事物悲情化，以此实现自我煽情和自我催泪，从未深思过内涵，不过因为大家都这么做罢了。

说走就走病

我们追求一场说走就走的旅行，结果发现既不能被世界改变，更改变不了世界。我们追求一场说走就走的辞职，结果发现工作没有最糟只有更糟，于是成了待业青年。我们追求一场说走就走的爱情，结果发现没有什么永垂不朽，人生总要失足几次。不幸的是，除了逃避现实，我们已经什么都不会了。

心灵鸡汤病

早上醒来后，总要转几条励志语录。晚上睡去前，总要刷几条温情箴言。心灵鸡汤是我们开启美好一天的伟大正能量，并孜孜不倦以此按摩朋友、爱人和孩子。我们假装鄙视现实和物质，学会把中庸和矫情视为精神胜利法，然后忘了最重要的一点：鸡汤虽好，但不管饱。

功能性失语病

没有发言稿就不会好好说话，没有看过采访提纲就答不上来提问，没有预先彩排就不知道如何表演自己。机智一点的，知道用"你懂的"假装幽默，倒也能博得满堂彩。钝感非常的，只能把"这个……这个……"当成万能句式，总算能搪塞过去。幸运的是，功能性失语症是种官场病，不是人人有资格当病患的。

周一综合征

从前是黑色星期五，现在是黑色星期一。据说有 60% 的人在周日晚上睡眠质量不佳，80% 的人在周一早晨起床后情绪低落。据说上班族的心理焦虑，是从周日 16 时 13 分开始的。周一综合征的本质是不想工作，对我们来说，世界上最远的距离，不是天涯海角，而是站在周一怀念周五。

匿名社交依赖症

过去，我们是 FML 的忠实用户，喜欢对着网络树洞偷偷倾诉，常常向"@我的前任是 XX"账号大肆吐槽。现在，我们是 SnapChat 和"秘密"的高频使用者，偷窥别人，也热烈欢迎别人偷窥。匿名社交让我们明白一件事：原来人人都有一颗八卦和自曝的心，前提是你永远不知道我是谁。

燃尽综合征

无梦、无爱、无趣、无动力，没有上升渠道也没有逃避空间，不想活也不想死——这是我们的真实写照。总感觉耗尽身心精力，总认为不会再爱了，我们是这个时代的橡皮人，麻木地卡在人生的瓶颈，然后偷偷羡慕别人的冒险和任性。和废柴不同，燃尽综合征最喜欢炫耀的资本是：燃过。

清华大学心理学教授彭凯平专访

阴谋论为什么这么红？

文 / 杨杨

原始人面对地震、山崩、洪水时，一种人泰山崩于前而色不变，一种人立刻失态拼命逃生，哪一种人更可能在当今社会拥有后代？

答案显然是后者。

古人看到蚂蚁过道，一种人认为"蚂蚁过道天要下雨"的谚语缺乏逻辑而不屑一顾，一种人则忧心忡忡担心下雨及可能随之而来的洪水，哪一种人生存下来的概率会更大一些？

阴谋论患者

答案还是后者，即使他的出发点来自一个误会。

"对未知情境充满不安全感时，人需要警觉意识，根据过去的经验和直觉对陌生情境进行解释，将其纳入可控的范围之内——阴谋论并非理性的思维方式，但它能够帮助有些人在没有办法全面思考时，作为一种防御机制，因此被保留下来。"在彭凯平看来，现在人类社会有些基因是演化选择的结果，它不是最优秀的，但它具有一定的选择意义和价值。"存在一定有原因，但'有原因'不意味着'应当存在'，这是两回事。"

数百年的现代科学知识不足以改变六千万年演化而来的心理特性。因此，当现代人在面对超越自己经验之外的事物时，仍然保持着高度的关注，并随时赋予其主观的解释。"比如马航事件，对许多人来讲，知道飞机被美国人劫持到了秘密的基地显然比一无所知要好得多，而且更能够满足我们对这个世界一致性的认识和对环境的控制力，因为它符合我们这些年形成的惯性思维。"在《为什么阴谋论如此盛行？》一文中，彭凯平如此分析。

从"超女"到"好声音"，所有的电视选秀几乎都会曝出黑幕，选手的背景、导师和选手的关系、观众投票的真实性，都会成为阴谋论者质疑的对象。（图／新华社）

在彭凯平看来，这种心理机制就是阴谋论得以流行的心理原因："只要真相的复杂性超出了一些人的理解能力，阴谋论就永远有市场存在。"

研究态度要理性客观，但对于研究方向，研究者会有自己的想法。

"科学并非与社会生活无关。我们的倾向性来自何方？来自我的选择、我的信念和我的经历。"

1989 年 1 月，27 岁的彭凯平来到美国，进入密歇根大学读硕士。之后，有两件和中国相关的事情对彭凯平影响深刻，其中一件是"留学生卢刚杀人"事件。卢刚是彭凯平的北大校友，曾与他朋友的室友为恋人关系。谈论这件悲剧时，彭凯平与其他中国学生认为"如果当时卢刚已经与以前的女友结婚，也许悲剧不会发生"，而美国同事则认为"应为那女孩感到庆幸，如果卢刚与之结婚，那位女孩也会惨遭毒手"。

"一个聪明能干的人，为什么会走上杀人的道路？"中美朋友的不同反应及呈现出的不同归因方式，令彭凯平开始关注行为科学背后的文化差别。

1991 年，已经就读博士的彭凯平，与师兄迈克尔·莫里斯（现为美国哥伦比亚大学商学院教授）用计算机生成了各种几何形状，圆形、方形、三角形，让它们随机互动，产生毫无意义的情境，然后请来自世界各地的被试（心理学测验中接受测验的对象）来解释这些随机运动产生的原因。结果这些被试都给出肯定性的、有声有色的、有时极富想象力和创造性的故事来，比如三角情仇、江湖恩怨、夫妻背叛、父女情深。这充分表明，人类不能够接受不确定性和模糊性，即使面对几何图形之间的无规律互动，人们都试图给出明确的答案。这一研究发表在《人格与社会心理学》杂志上。

2004 年，已是加州大学伯克利分校心理系教授的彭凯平和当时的学生埃里克·诺勒斯（现任美国纽约大学心理学教授）用类似的几何图形测试中国学生和美国学生对图形的分析，发现另外一个规律：当这些几何图形的运动比较明确地符合牛顿力学定律的时候，受过现代科学教育的中国学生和美国学生还是能够从物理学的原则来解释这些事物的运动，但是对不符合牛顿力学定律的物理运动，比如"一个圆形在毫无外力触发的情况下滚动起来"，或是"两个物体在没有接触的情况下产生相继移动"，绝大多数被试还是都会给出海德式的解释（见 P135 小贴士一）。

"我认为，我们所说的物理现象产生的主观解释是正确的，这可以解释阴谋论产生的一个原因：人类有一种急需对外在事物了解的倾向性。"在彭凯平看来，物理世界是人类最早接触到的世界，对不同群体来说文化差异更小。

"如果再做下一个研究，我可能会选择生物或化学相关的阴谋论。以化学世界为例，很多人缺少心理体验——这些领域对很多人来说是不可控的，这时候最容易产生阴谋论。任何时候，对于不明确、不具体、看不见、摸不着的事物，人们一定会用阴谋论来解释。"

"在美国，相信阴谋论的人一般有三个特征：社会地位比较低、缺乏足够的信息和判断、缺乏教育。"彭凯平如此认为。

但在中国，情况有点不一样。"中国有很多极聪明、社会地位很高的人，也会宣讲阴谋论。比如，《货币战争》的作者，他超级聪明，知道老百姓喜欢听什么，政府能够容忍什么，所以他拿这个来为自己营销。"

即使刨除利益上的诉求，在彭凯平看来，中国文化有种强烈的"非黑即白"传统，以及"整体性思维"的倾向，很容易成为阴谋论滋生的土壤。

中国人更擅长"判断相关"，这一点在彭凯平的另外一个研究中得到过证明："我们是让人估计两个系列之间的关系，举个最简单的范式：在屏幕上随机出现数字 1、3 及形象男、女，当出现一定次数之后，人们就会发现，是不是出现'1'的时候较多出现'男'，可以估计他们之间的相关程度。"

其他的测试列表包括：一个秃顶的人是否智商高、一个说话有英国口音的人是否受教育程度更高。"中国人挺容易受到刻板印象的影响，比如，蚂蚁过道天要下雨，或者，你做某事三次就会得到什么功德，这都是没有科学根据的。"

但"相关"并不意味"因果"。"中国人比较相信'天意即是人意'。比如，我的单位为什么不能有两个领导？因为'天无二日，人无二君'。乍一看会觉得有道理，但仔细想就莫名其妙，这两件事没什么关系啊。"

这种"判断相关"的惯性，有时会让人不小心滑向缺乏逻辑的边缘，阴谋论便在此恭候。

"我们还有一种'天下一体'的文化，喜欢说天下大事，谈论国际政治。我们比较多的'阴谋论'论调都针对国际阴谋，没有人敢说政府的阴谋——谈外国的阴谋特来劲，谈自己的阴谋就不敢了。"每当听到此类"阴谋论"论调，彭凯平便觉得不以为然，"我们周围有那么多事情，我们不去做，却去管美国人怎么想、怎么做——就算美国人对我们有这样的想法，不还是要靠我们自己人来起作用吗？如果是这样的话，你多关注一下我们这个国家的发展，我们的官员、精英如何选拔和利用，我们老百姓如何得到幸福——这比讲美国的什么阴谋有意义。你讲完阴谋你能做什么呢？你什么都做不了。"

《新周刊》：如果你不赞同一个阴谋论，阴谋论者也可以反问：可能你只是不知道？

彭凯平：当然，你可以说"我只是不知道"——问题是，我都不知道，你怎么会知道？

有人会说是领导说的，领导说专家说的，专家又说领导说的，一笔糊涂账算不清楚——没有做学问的考据的思想。任何时候，我们都要有考证：他从哪儿来，谁在什么时候、什么场合说的，这才是科学态度。我们现在不说这些，只说有没有。我有时很忧心，我们多少年不提倡批评、独立判断、独立分析，造成我们简单、被动、消极地接受一种思想并认为是绝对真理。但世界上并没有绝对真理，马克思、列宁和毛泽东都说没有绝对真理。

《新周刊》：在你看来，阴谋论最值得警惕的地方是什么？

彭凯平：阴谋论最大的问题是会让我们忽视现实，鼓励人们对事物不证明、不找证据，这是一种普世的危害，不管哪个文化，我们都不希望这样。我们希望人去找证据去证明，找线索来说明，不要总是"怎么证明阴谋存在——因为有这样的现象——怎么解释这样的现象——用阴谋论解释"。这样就陷入了循环论证。循环论证在科学上是最大的弊端，永远没办法做科学的验证，结果导致无逻辑、不理性。而且你还不能指摘，指摘就说明你就是阴谋的一部分。

所有讲阴谋论的人都是思想上很懒的人，或者学术能力很差。你做不到、不明白或无法解释时，就去找阴谋。这就是"阴谋论"产生的心理基础：一种无奈感、受挫折感和愤怒感。归根到底，阴谋从来不是解释别人，从来都是说服自己。

你要让阴谋论者改变自己的理念很难，因为没有道理可讲，他们的信念太坚定了。

《新周刊》：这就涉及你提到的另外一个概念：信念固执。根据你的文章，更倾向阴谋论的人，除了后天对信息获取以及教育等原因，脑结构这样的先天因素也会影响他们的倾向？

彭凯平："信念固执"的人大脑前额叶的内侧前扣带回发育有问题，灰质容量比较小，无法处理复杂的矛盾信息，但这只是意味着他们更容易产生"信念固执"的倾向，并非一定会"信念固执"；更何况，有的人的"信念固执"是装出来的。

《新周刊》：这样可能会被过度解读为脑残？

彭凯平：过分相信阴谋论的人有时候是脑残引起，有时候是别的原因引起。是生理意义上的脑残，但说出来就显得政治不正确。

《新周刊》：有没有可能，社会上会出现对阴谋论者这一群体的歧视？

彭凯平：前扣带回不足，可能没法处理矛盾信息，但这并不意味着你一定接受阴谋论。阴谋论或其他任何东西，只要是我们选择的结果，那就不是简单由生理结构决定的。

日常生活中，有一些"刻板印象"式的歧视，比如作为河南人被歧视，这是不公平的，因为没法选择。但如果是可以选择的事情，你还选择做了，那就可以批评。所以，我们不是歧视脑残的人，而是歧视脑残的人群中选择相信阴谋论的人。

不管如何做知识传播的工作，阴谋论肯定还会在中国存在下去，总会有人相信阴谋论。很多所谓的"大V"也没有科学素养和经验，就自以为是地说。这些人不代表真理，我也不代表真理，真理并不是掌握在一方手中，而是辩证的产物。最重要的是找到一种民主的辩论机制，有什么问题，大家一起来讨论，这是因为：其他听众，那些没有鲜明意见的人，希望能从双方辩论或者沟通中来了解事情真相。不论你是阴谋论，还是反阴谋论的人，都可以来讲是怎么回事，然后大家做判断，但如果你还没让人说话，就先扣帽子，别人就没法开口了。（采访／杨杨）

小贴士一

阴谋论的心理动因

心理学界最早发现人类喜欢阴谋论的心理原因，可以追溯到1944年。1944年，海德（Heider）和西梅儿（Simmel）曾经让一组大学生观看一组抽象几何图形移动的视频，然后让他们报告刚才看到了什么。在全部34名被试中，只有一位被试用几何术语来描述看到的情形，其余的都把抽象几何图形的移动描绘成了有生命的人类活动。海德根据这一现象认为，人们对世界的认识受到两种基本需求的驱动：第一，我们对世界的认识有种"一致性需求"，希望世界的运动依照我们的信仰、理念、态度、经验、预期来行动，即使现实与我们自身的预期不一致，我们也要改变外在的证据来使它符合我们内在的期望；第二，人类需要对外在环境产生一种控制感，我们不希望自己在现实面前无能为力、无所适从，我们需要找到某种自己能够理解、控制、描述、解释和预测的可能性。

小贴士二

阴谋论的十个特征

什么是阴谋论，阴谋论的可信度怎样判断？加州大学富尔顿分校实验心理学硕士迈克尔·舍默就此归纳出了阴谋论的十个特征。

1. 当一个事件发生时，如果我们有一个证据确凿、非常显然的解释，那么阴谋论的解释一般不足为信。比如，当水门事件的策划者坦白了他们的窃听，抑或者本·拉登在吹嘘"9·11"事件的"伟大胜利"时，我们可以相信这是事实。同理，当一个现象有两个不同版本的解释时，阴谋论也一般都是错的，有时仅仅是机缘巧合而已。

2. 当阴谋事件的主角被拔高到拥有超能力的时候，这个阴谋论往往都是假的。人们的行为总是漏洞百出，人类的天性就是不断犯错，大多数所谓的"强人""超人"根本没有我们想象的那么强大。

3. 如果阴谋论里所描述的阴谋越复杂，涉及的元素越多，可信度也就越低。

4. 越多的人牵扯到这个阴谋中来，所谓的惊人秘密就越不可能存在。人们总是管不住自己的嘴！

5. 如果宣称的阴谋涉及范围广，动辄"控制了整个国家、整个经济命脉、整个政治格局"，特别是所谓"全球最终主宰，幕后控制全世界"，那么一般都是假的。

6. 有些阴谋论偏好无限拔高，明明是一件小事，却硬要把它往大了解释，什么惊天大阴谋，往往都是扯淡。

7. 越是喜欢把一些无关紧要、微不足道的事往"不祥之兆""厄运将至"方面解释，这样的阴谋论可信度越低。

8. 倾向于把事实和猜测不分青红皂白地搅和在一起，而且从来没有概率这样的概念，这种阴谋论往往都不是真的。

9. 有些阴谋者的不靠谱还体现在，对上至政府部门下至私人组织的一切机构都抱有极大的敌意和怀疑。

10. 如果某些阴谋论者对自己的论调深信不疑，拒绝一切其他可能的解释，对他不利的证据就视而不见，大肆地去搜寻只对他所谓的事实有利的证据，那么他很可能就是错的，而且这所谓的阴谋也只是他自己幻想出来的东西而已。

2009 年，《时代》周刊评出了史上最有影响力的十大阴谋论，它们分别为：肯尼迪遇刺之谜、美国政府制造"9·11"事件、51 号地区与外星人、秘密社团控制世界、犹太人大屠杀修正论、"披头士"成员麦卡特尼早已死亡、中情局制造艾滋病、登月悬疑、外星人主宰地球、耶稣和抹大拉的玛丽亚是夫妇。（图／东方 IC）

我不是装，我是刻奇

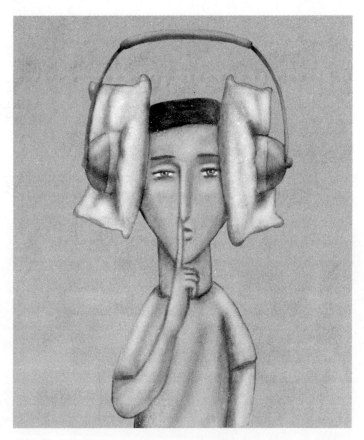

（插图 /Alberto Ruggieri）

我不是装，我是刻奇

刻奇，已成为当代无所不在的生活景观和文化消费景观。

kitsch 一词源于欧洲，"最初是以'媚俗'的译法进入中国的"（朱大可语），而台湾地区的"刻奇"音译，看上去是"刻意追求新奇"的缩写语。

我们列出了"刻奇词典"和"66 种刻奇现象"，以帮助读者理解刻奇的定义。作为一种简单化的可复制的情感技巧、风格和样式，它附庸风雅也附庸低俗，附庸时髦也附庸怀旧，流行于商业世界也流行于日常生活。与复杂的现实和真正的艺术相比，刻奇的文化已经取得了世界性的压倒性胜利，在网络时代变得越来越专制。

刻奇用"珍爱生活，快乐当下"式的空洞慰藉、催眠自己，说服别人，掩盖人生的千疮百孔。当事人带着激动和赞美看着自己的灵魂，感慨自己的崇高。"当这种追求失去现实世界的内涵，只具一种崇高的情感形式时，便成了'刻奇'。"（南京大学教授景凯旋语）

如何克服刻奇？并不是靠嘲笑他人"刻奇"获得，彻底反刻奇本身就是一种刻奇，因为刻奇就意味着绝对化。波兰诗人扎加耶夫斯基的体会也许可以提供解决之道：

"我们不可能一劳永逸地居于超验之所。我们甚至不可能完全懂得它的意义。狄奥提玛正确地敦促我们朝向美好，朝向更高的事物，但没有人会永远定居在阿尔卑斯山顶，我们将每天回到山下。经历了对事物真谛的顿悟，写下了一首诗歌之后，我们会去厨房，决定晚饭吃什么；然后我们会拆开附有电话账单的信封。我们将不断从灵感的柏拉图转到明智的亚里士多德，否则等在上面的会是疯狂，等在下面的会是厌倦。"

刻奇是最容易的，不容易的是面对现实和自己。

从"媚俗"到"媚雅"
我们只是在刻奇

文 / 蒋方舟

　　"刻奇"（kitsch）一词来源于 19 世纪的德国，它的原意如今并不可考。一说是指在三明治上涂抹一些精美的东西，来抚慰孩童；另一种说法是说保留一些破烂，作为人生中某个时刻的纪念。刻奇被广泛认知的定义，是指一些通俗的、商业化的艺术和文学，包括杂志封面、广告、廉价油画、畅销小说、好莱坞电影，等等。刻奇也指一种简单化的艺术风格，比如用黄昏来表示柔和氛围，用儿童、奔跑的小狗来表示天真无邪。

　　1939 年，美国最重要的艺术批评家之一克莱门特·格林伯格发表了一篇题为《前卫与刻奇》的文章，最早预言了刻奇将会是艺术的坟墓。

　　根据格林伯格的理论，刻奇是工业革命的产物。在此之前，穷人居住在乡下，富人住在城市，地理的差距让他们的生活井水不犯河水，而读写能力也是区别彼此趣味的工具。工业革命之后，穷人转移到城市，成为无产阶级和小资产阶级，并且为了更有效率地工作而学会了读写。

　　于是，阶级之间的隔阂被打破，居住空间上的隔阂被打破，文化享受上的隔阂也被打破。然而，工人并没有贵族累积下来的审美体验，也没有那么多的闲暇，甚至没有那么多用来欣赏艺术的预算。于是，刻奇文化应运而生——为那些对真正的文化价值麻木却又渴望得到审美体验的人设计。

　　看廉价的爱情小说，就可以获得感动，何必去费劲读莎士比亚？看列宾的画，就一目了然情感与故事，何必在毕加索的一堆颜料和线条当中猜测作者意图？

　　这就是刻奇为艺术带来的伤害：观众用廉价的成本，获得廉价的眼泪，并

我不是装，我是刻奇

且深深为此满足。

格林伯格对于刻奇的批评，体现出艺术批评家的清高。他的清高当然是对的，这是自古以来艺术家的最高价值。明朝文人沈德符曾经说过自己识别的三重审美趣味：文人雅士居上，士绅热衷艺术者居中，易上当受骗的新安或徽州商人居末。

然而真正的、严肃的艺术必然是高成本的——无论是物质上还是时间上。古代有个故事，说有个商人想得到一幅《水月观音》，再三央求，前后十数年，画家终于答应下来，历时三年才完成，当画完成送给商人的时候，其人已经故去。

2012 年 9 月 18 日，杭州，四个装扮成江南四大才子的年轻人出现在西湖边上，引来游客围观。(图 / 东方 IC)

谁也无法阻止普罗大众有享受艺术的要求，可也无法要求一个工人为一幅名画穷尽一生，要求一个家庭妇女精准地理解陀思妥耶夫斯基字里行间的绝望。于是，我们抱怨刻奇，嘲笑它，却无法逃避它如洪水一般的席卷。

格林伯格生活在一个真正的艺术与刻奇肉搏的年代，而如今，刻奇的文化已经取得了世界性的压倒性胜利。

一百年前，没有非洲人是刻奇的，而如今，义乌小商品市场都能批发到非洲风情的硬木雕塑。被格林伯格斥为"高等刻奇产品"的《纽约客》现在只剩下"高等"两个字。艺术家要么是热闹的，要么在表演着孤独。

刻奇是人们找到的一条通往高雅的捷径，殊不知，就是这条小道毁了高雅。

人类正在走向虚张声势，而刻奇，就是我们的缩影。

捷克作家米兰·昆德拉在《生命中不能承受之轻》当中，给了刻奇新的含义：

看到一个小孩子在草地上奔跑，第一颗眼泪说：孩子在草地上跑，太感动了！第二颗眼泪说：和所有的人类在一起，被草地上奔跑的孩子们所感动，多好啊——使刻奇成为刻奇的，是那第二颗眼泪。在昆德拉的口中，刻奇不仅是一种艺术表现方式，也成了一种情感，一种能够被分享的情感。

刻奇是一种对生命的绝对认同。格林伯格认为刻奇的反面是艺术，而昆德拉认为，刻奇的反面是粪便。

昆德拉小时候看到一本木刻插画的《圣经》，看到上帝的形象，就想如果他有嘴，就得吃东西；如果吃东西，就有肠子。这个想法让他不寒而栗：一种上帝和粪便共存的事实。

一个刻奇的世界，就是既不承认粪便，也不承认亚当和夏娃之间有性亢奋的世界。一个刻奇的世界，是为了扩张领土而发动战争，然而把战争的目的包装得崇高而神圣的世界。

昆德拉对于刻奇的反对，与其说是道德层面的，不如说是美学层面的。他反感统治者在检阅台上高高在上的笑容，同样反感抗议者的热泪与激情。

一个二十多岁拿起枪去参加游击队的男青年，与其说是受到某种召唤，不如说是被自己的形象迷住：在一个汇聚着成千上万目光注视的伟大舞台上，登场。

刻奇是自我迷恋，是灵魂的膨胀。昆德拉写道："促使人举起拳头，握住枪，共同保卫正义或者非正义事业的，不是理智，而是恶性膨胀的灵魂。它就是碳氢燃料。没有这碳氢燃料，历史的发动机就不能转动。"

《华尔街日报》曾经刊载过一篇题为《为什么独裁者爱刻奇》的文章。文章的配图是金正日端坐在一幅巨幅图画前，画中是奔流的瀑布和几只小鸟。报道说，这幅画就是典型的刻奇艺术，采取的是非常浅白的隐喻：奔流而猛烈的瀑布象征着领导人的绝对力量，而几只小鸟象征着乐园中的人民。

属于刻奇艺术的，还有伊拉克前总统萨达姆·侯赛因在巴格达修建的"胜利之手"雕塑。两只巨大的手按照萨达姆的手建造，各握一把巨大的剑在天空中汇合。同样被批评为"幼稚的刻奇"的，还有普京裸着上身蝶泳和骑马的照片，"显示出自己超级汉子，而且把自己视为超越常人的象征"。

刻奇，作为一种宣传，是不惜一切讨好所有人的态度。为了说服所有人，它让生命超越自身，呈现出一种不自然的美感。

我们都是不断评价他人并被他人评价的动物。我们期待得到高于自身的人物的赞扬，在很久之前，这个评价我们的人是神，是上帝，是高于自己的生命体。文艺复兴和科学的发展，把我们从上帝视角中解救出来，我们发现：原来人类本身就可以评价自己。

没有了上帝，我们要在日常生活中寻找一个上帝的化身。所以要赋予生命一个崇高而神圣的意义，一个热泪盈眶的理由，一个感觉自己与其他人同在的时刻。

然而，在大多数时候，这种神圣的时刻并不存在。所以我们只能自我欺骗。

我们寻找容易擦掉的眼泪：韩剧中得绝症死掉的女主角，电影里妻离子散时的哭天抢地、妈妈的白发和爸爸的驼背；我们寻找成本极低的崇高：在微博上呐喊"不转不是中国人"、"这一夜我们都是××人"；我们寻找轻而易举的共鸣："能哼出《黑猫警长》的主题歌说明你老了"，"还记得小时候拍过的'圣斗士星矢'的画片吗？"

我们并不是虚伪，我们只是刻奇。

自我欺骗是一种暧昧的情感，正如萨特所言："自欺永远摇摆于真诚和犬儒主义的两难当中。"欺骗是对别人掩盖真情，自欺是对自己掩盖真情。自我欺骗很难克服，因为它如同气球爆炸一样在瞬间发生，自我甚至毫无察觉。

如何克服刻奇？首先要做到的是克服孤独。当其他人共同感动、流泪、愤怒、快乐的时候，要有足够的勇气不与他们同悲同喜。

克服刻奇，并不是靠嘲笑他人"刻奇"获得，而是靠捍卫自身的命运和情感而实现，如同捍卫自己独立的城堡。

同济大学教授朱大可专访

他不是前卫战士，而是亲爱的刻奇分子

文 / 张丁歌

20 世纪 80 年代，有部著名的小说《绿化树》，张贤亮写的。主角是一个叫章永璘的男人，他每次做爱之后，都要拿出《资本论》进行精神自慰，以抵抗低俗肉欲的引诱。他的崇高感，通过出席"共和国重要会议"，在"庄严的人民大会堂"里得到实现。

朱大可在回忆这部小说时说："张贤亮们就这样战胜了肉欲（物欲和情欲）的诱惑，大义凛然地站回到灵魂（国家主义的崇高精神）一边。这种灵对肉的终极胜利，是高雅派文艺的最高成就。"

一句话，中国刻奇是"昆德拉刻奇"和"西欧刻奇"的混合物。

《新周刊》：在你的记忆里，"刻奇"概念何时进入中国？当时的文化环境是怎样的？

朱大可："刻奇"最初是以"媚俗"的译法进入中国的。"媚俗"一词，源于元末明初的士大夫高启，《元史》的编修者，因文字狱而被朱元璋腰斩。他在《妫蜼子歌》中写道："不诘曲以媚俗，不偃蹇而凌尊。"作家韩少功在翻译《生命中不能承受之轻》时，第一次用"媚俗"来译解"刻奇"，由此在知识界引发关于"刻奇 / 媚俗"的关注。这是 80 年代的风景，当时，"启蒙"是思想主题，"潇洒"是生活主题（刻奇之一），而媚俗，则成了知识分子的共同敌人。但韩少功的译法有严重偏颇，不符合昆德拉的原意，一度引起普遍误读。将其改为"媚雅"，是一种补偏救弊的做法。但更为机智的，似乎是台湾译法，这是一种音意双译的做法——刻奇，听起来是音译，而看上去则是"刻意追求新奇"的缩写语。

我不是装，我是刻奇

《新周刊》：你说过"80年代中国文化的短期繁华，是雅文化与俗文化博弈的意外后果"。如今，这种博弈是否还存在？还会否有"意外"？

朱大可："雅"与"俗"的博弈，是一个永久的话题，但它的性质和场景却在不断变易之中。80年代，代表"雅"的伪崇高，它窒息了民众文艺创造的自由精神，而需要用王朔式的"粗鄙之俗"来加以解构。90年代，"雅"却成为中国走向市场化的敲门砖，它以月份牌、殖民地怀旧和张爱玲文体的身份卷土重来。在21世纪，"雅"是红歌、国学、养生学和瑜伽的混合物。这种中国人的所谓"雅"，正是西方"刻奇"语境中所指称的"俗"。我要反复强调的是，在当代流行文化里，"雅"和"俗"是完全一样的货色，它们之间没有任何差别。

2013年4月24日，北京，车友们组织了首届复古骑行大会，图为英伦风打扮的成员。复古骑行于2009年源于伦敦。（图/新周刊图片库）

《新周刊》：你提炼过文学史上的一些关键词——反高雅、反英雄（撒娇派）、反优雅（莽汉主义）、反语文（打倒名词、动词和形容词），并称其为"粗鄙美学"。它们跟刻奇的关系是怎样的？这种粗鄙美学，在当下语境是否再次复兴？

朱大可："粗鄙美学"在其产生的年代，无疑属于前卫的思潮，它显示出针对"优雅""高尚""英雄主义"和"乌托邦真理"的批判特性，并且具有重要的思想价值。在80年代，就连"撒娇"都曾是一种犀利的抗议。但在今天，"粗鄙"不过是众多"土豪"的日常行为特征而已，它只能成为"国民性批判"的对象，而完全丧失了作为"美学"存在的意义。此外，假如有人还在一边高谈阔论"撒娇"，一边喝着"拉菲"之类的顶级红酒，那么他一定不是前卫战士，而只是一位亲爱的刻奇分子。

《新周刊》："王朔主义"在今天是否还有"余威"？这种消解崇高是否也

是另一种刻奇？你怎么看待反刻奇？反刻奇亦是一种刻奇？

朱大可："王朔主义"的时代已经过去。在 21 世纪，中国政治 / 文化的深度危机，戏仿和反讽的修辞手法已经失效，反而沦为"中国式犬儒主义"的话语策略。如果在这种语境中继续沿用王朔话语，就有可能制造出新的刻奇。

《新周刊》：格林伯格提出，每个文化都会产生两种艺术，一种是为富人和文化精英的前卫，一种是为文化大众的"刻奇"。你认同这种观点吗？刻奇与大众文化、精英文化之间的关系是？

朱大可：我要纠正的是，西方社会的大众，指的是中产阶级；而中国的大众，指的却是底层阶级。中国中产阶级只能算"中众"或"小众"。所以在中国，"刻奇"不属于大众，而"前卫"也不属于富人。这两者都属于中产阶级。这就是我们可以深度谈论的"中国特色"。中国中产阶级是严重分裂的，其中极少部分投身于"前卫"，而绝大多数则沉浸于"刻奇"的装饰性情调。

《新周刊》：刻奇从"艺术品的复制"到"集体性的自我感动"，你怎么看待"刻奇"这个词从艺术领域向大众文化领域的转变？刻奇的界定是否有一种变迁？

朱大可：王广义的后期"波普"作品，是艺术圈"刻奇"的一个样本。而"集体的自我感动"的典型案例，就是反复流行的集体红歌演唱。如果说在晚近波普艺术的"刻奇"中还有某种残剩的讽喻，那么在纯粹的大众消费里，红歌群唱就只剩下怀旧、感恩和无限的空虚。"刻奇"是一种极具扩张力的趣味，它会像癌症一样迅速扩大它的战地，最终成为没有对手的征服者。

《新周刊》：昆德拉的"媚俗""媚雅"引发过当年知识界的热议。它加剧了人们对崇高、优雅和乌托邦真理的质疑。如今，媚雅和媚俗之间的界限是否还模糊？

朱大可：我已经说过，"媚俗"和"媚雅"是同一个词。随着中国中产阶级的茁壮生长，"俗"和"雅"的界限将日益淡化，媚雅和媚俗也将变得毫无区别。在一个零度信仰的国家，经历过长期的"粗鄙美学"和"反崇高"运动，我们已经丧失了信仰、信念和信用，以及各种跟诚实、平等、自由、教养和敬畏相关的美德。对于 21 世纪的中国人而言，重建这些正谕性价值，远比戏仿、反讽和"撒娇"更为重要。

《新周刊》：《绿化树》时代的"张贤亮们"，和今天的"感谢国家"（奥运冠军）、"你幸福吗"（央视）、"成全别人，恶心自己"（冯小刚）之间，有无微妙的联系？这个联系，是否就是刻奇的一种潜在变迁？

朱大可：你说的这些现象，应该可视为"刻奇"的中国变种。中国刻奇是"昆德拉刻奇"和"西欧刻奇"的混合物。现在广为流行的纪录片《舌尖上的中国》，就是一部典型的中式刻奇作品，它旨在煽动中产阶级的感官怀旧，并将这种趣味推销给消费能力有限的底层大众。此外，如果有人标榜"文化"和"国学"，却没有任何自由独立的思想，那么他应该就是"刻奇分子"。有趣的是，随着商业土豪的增多，这类人群正在大量繁殖，犹如雨后春笋。经过各种"总裁国学班"的深造，国学刻奇分子已经遍及整个财商界。

《新周刊》：相对传统艺术观念，刻奇被称作"坏品位""不充分的美"或"美的谎言"，是中产文化的平庸品位的结果。在当今，刻奇又和文艺青年这个词联系在一起。你认为"刻奇"的人群有什么特定的特征吗？

朱大可："刻奇"的谱系是活态的，没有固定的边界，需要按各种流行趣味做具体研判。例如，对于小资而言，刻奇是感伤、蓝调、村上春树、张爱玲的旗袍和理查德·克莱德曼的钢琴曲；对于小清新而言，刻奇是岩井俊二、素颜、棉布裙子、单身行囊和"现世安稳，岁月静好"的自我祝福；对于"文艺青年"，刻奇是西方文化名著、小剧场话剧和三大男高音的现场演出。这类刻奇文本可以无限罗列下去。

《新周刊》：你说过，从80年代的"通俗"，经过90年代的"俚俗"，到新世纪前十年的"丑俗"的三次推进，表达出颠倒人类常识的革命性力量，却仍然不是俗美学的历史终点。那么发展到现在，俗美学到了什么程度？

朱大可：我想就是各种刻奇势力的"多元化"涌现。摄影刻奇分子在晒优美的沙龙风景照片，音乐刻奇分子在炫耀绝版的黑胶唱片，影视刻奇分子在追捧他们崇拜的美剧，动漫刻奇分子继续在宫崎骏的道路上狂奔，读书刻奇分子则沐浴于哈耶克思想的光辉之中，甚至在三联书店通宵达旦阅读，做出极度热爱书籍的情状，如此等等。微信平台无疑是刻奇生长的大本营，如果你有足够的耐心，就能从那里观察到各种刻奇趣味的诞生和壮大。

《新周刊》：马航失事，网友集体在微博上用"点蜡"的方式哀悼；马尔克斯去世，微博、微信上掀起阵阵祭奠、缅怀大师的热潮，这算一种刻奇吗？

朱大可：在我看来，点蜡烛还算不上是"刻奇"，因为是个人都能去点上一下；但过度吹捧马尔克斯，而且不许有任何批评，却难免有刻奇之嫌，因为它属于"文艺青年"的"专长"。

《新周刊》：网络时代的"刻奇"与"反刻奇"是否更易形成对垒阵营？比如一些知名的"段子手"和公知的精英范儿之间？

朱大可：我想不会出现这种情况。在中国，鉴于商业市场的操控性，刻奇和前卫根本无法成为一种对抗性力量。前卫势力太弱，几乎难以发声，而刻奇则过于强大，它甚至可以融解一切前卫精神的萌芽，将其转化为属于刻奇自身的趣味，例如，当年的中国前卫美术（如方力钧、岳敏君和张晓刚之类），今天已经全部变成刻奇。在这种互联网格局里，任何对抗都是短暂而微弱的。至于中国公知，他们中的大多数不仅缺乏前卫精神，而且完全没有独立的艺术趣味，所以只能汇入刻奇的潮流，成为他们中的低调成员。

刻奇词典

文 / 范玉、邝新华

刻奇是一定程度上的伪善，是审美上的自我崇高化。

刻奇者会将原本属于个人化的爱与受难，自我抒情化上升为一种"伟大的爱和伟大的受难"。

Artificial（人造的）

刻奇是廉价的人造艺术品。刻奇是那些你到旅游景点买的纪念品，或去春节庙会、旧货市场看到的遍地都是的廉价小玩意。早在 19 世纪中叶，慕尼黑的艺术家就用刻奇来喻指那些卖给中产旅游者的价钱便宜、迅速制作的绘画。在明亮奢华的纪念品商店购买廉价纪念品已经成了刻奇者的仪式性动作，包括那些画着蒙娜丽莎的烟灰缸、发着荧光的圣母玛丽亚雕像，或者印在机

我不是装，我是刻奇

场出售的信封上的非洲艺术。如果在国内或者东南亚旅游，他们甚至会"不小心"买到一模一样的民族风布艺挂坠或花花绿绿的波西米亚风格裙。这些有人造痕迹的物品带有明显的商业目的，它装作原创的、真实的、唯一的，其实却投大众所好，并使人们的情感变得廉价。

Celebration（庆典）

刻奇者每天都在过节，疯狂地庆贺美、爱和崇高。他们总喜欢搜集一些破烂作为其一生某一时刻的纪念，比如坐了一夜火车去看望情人的火车票，或者第一场约会的电影票票根。商家最能赚这笔钱了，包括五颜六色、花哨的生日贺卡，圣诞节商场里闪亮的浮夸装饰，还有每天循环播放的流行情歌的手机音乐铃声。其中，爱情是最容易被廉价化、商品化的刻奇对象，看那些情人节的玫瑰花和心形巧克力、粉色蜡烛。刻奇者不会忘记在求婚时预定一个高级西餐厅，在浪漫烛光下从甜品里掏出一枚戒指，单膝跪下。

节日常常发生在更为庞大的群体里——比如全世界的无产者。作为一名劳动人民，在国际社会主义五一游行中，你怎么能不加入人群，跟其他无产者一起共舞，沉浸在争取平等的活动中？

Collectivism（集体主义）

刻奇是所有政客的美学理想。按照米兰·昆德拉的意思，刻奇不只是大众文化，更是意识形态。极权国家很大程度上发展了"刻奇"，使之成为全社会的唯一美学。在纪录片《意志的胜利》中，镜头前纳粹的宗教性质一览无余：成千上万人极其整齐划一的动作和口号，营造出一种令人头晕目眩的氛围。而在纽伦堡集会这样一个如此"刻奇"的世界，不朽和崇高是唯一的美学追求，是至高无上的被崇拜对象。

Devotion（奉献）

刻奇是自我奉献，人类的爱与受难原本都是个人的感觉，但人们往往出于内心的"抒情态度"，认为存在着一种伟大的爱、伟大的受难。刻奇是当你看到一群小朋友在草地上奔跑时，感动得热泪盈眶，并觉得"跟人类在一起，实在太好"。这种将感情上升到价值观的杰出代表是中国的"二十四孝"。汉朝的河南安阳人郭巨，父亲死后把家产分作两份，给了两个弟弟，自己养母亲。后来越发贫困，妻子生一男孩，郭巨却担心养了孩子就没法养母亲，决定埋掉儿子，节省粮食养母亲。当夫妻二人挖坑至地下二尺处，却发现一坛黄金。但并不是每个无私奉献自己的好人都有好结局。要不然，齐国的晏子怎么用两个桃子杀死三个武林高手呢？

Dramatic（戏剧化）

刻奇是戏剧化的、夸张的、激情的自我演绎。想想电影《大话西游》里那段对白吧："曾经有一份真诚的爱情放在我面前，我没有珍惜，等我失去的时候我才后悔莫及，人世间最痛苦的事莫过于此……如果上天能够给我一个再来一次的机会，我会对那个女孩子说三个字：我爱你。如果非要在这份爱上加一个期限，我希望是——一万年。"据说曾经有北京的大学生每年集体重看《大话西游》，对着画面齐喊熟悉的对白——这难道不是最有代表性的刻奇吗？

西方艺术的典型代表则是在电影《红磨坊》里，妮可·基德曼和伊万·麦奎格穿着 19 世纪古装，却深情款款，互唱多首 20 世纪的情歌，都是些浓情蜜意、歌名老派的金曲。

Gaudy（华而不实）

刻奇是富裕社会里有钱人模仿贵族生活。刻奇必定是不真实的、非生活化的。"刻奇"最早被运用于艺术批评，是指 20 世纪初为新兴消费者阶级而制作的劣质作品。如果你看到一个女人穿着 300 万条羽毛做成的衣服到处走，那一定是刻奇。再看当下的中国土豪爱好消费什么？当然是达·芬奇之类的仿意法宫廷家具，或者抛千金购买蒂芙尼灯具。更早一些的例子是，香港老世家第二代周启邦夫妇喜欢用粉红色劳斯莱斯和金色马桶；又比如上了年纪的上海夫妇，穿起端正西服毕恭毕敬地去看通俗舞台演出。

毫无例外，刻奇者重视华丽丽的形式感而非内容本身。买椟还珠的故事是中国古代刻奇者华而不实的最好例证。

我不是装，我是刻奇

Hypocrite（伪善）

刻奇是一定程度上的伪善，是审美上的自我崇高化。刻奇者会将原本属于个人化的爱与受难，自我抒情化上升为一种"伟大的爱和伟大的受难"。通过这种感情价值化与价值绝对化，就产生了审美的自我崇高感。在昆德拉的《生命中不能承受之轻》中，美国参议员看着自己的孩子在草地上奔跑，这使他在一个难民面前感到无比幸福和感动。弗兰茨认为自己平静的书斋生活没有意义，他前往柬埔寨参加和平进军。

这种情况常常发生在某些知识分子身上。最典型的例子是托尔斯泰，这位一直宣称自己爱人类、爱世界、向往回归最质朴的劳动生活、每天唠叨着道德准则的伟大作家，本人的道德生活却一团糟，性欲强烈，沉迷赌博，不懂得照顾亲人。他活在自我想象的道德世界中。

Imitating Nature（模仿自然）

刻奇是过分崇拜大自然和原生态。有人穷尽积蓄，到有棕树的海滩和绚丽的日落下拍照。最受刻奇者欢迎的村庄当然是鸟瞰群山的瑞士田园。周末，全世界的刻奇者都喜欢到侍应生穿民俗服饰的餐厅品尝风味食物。短假期来了，他们开着越野车到偏远地区看原汁原味的土人。

刻奇者购买那些擅长模仿大自然的艺术品。法国的唯美艺术潮"新艺术"（Art Nouveau）完整地发挥了这种风格。他们在形式设计上的口号是"回归自然"，以植物、花卉和昆虫等自然事物作为装饰图案的素材，但又不完全写实。例如花朵植物形状的灯饰、弄成洞穴似的客厅。一个值得一提的例子是：在19世纪90年代末，赫克特·基玛把巴黎地铁入口设计成铁铸兰花梗形状。

Idol（偶像）

刻奇是一种英雄情结，刻奇是非我莫属的自以为是，刻奇是只有我能拯救人类的悲壮，其实，刻奇文艺青年最擅长的是精神胜利法。堂吉诃德的故事最好地阐释了这种刻奇——虽然骑士已绝迹一百多年，但"堂老师"依然身穿骑士的戏服到处"行侠仗义"。后来美国黑人民权运动领袖马丁·路德·金也有"I have a dream"的名句,却不幸被当代青年歪曲成流行的成功学准则,并与卡耐基"人性的弱点"和通用电器的"基业长青"一起,组成当代商业社会的骑士装备。"德·拉·曼恰有个地方,地名就不用提了,不久前住着一位贵族。他那样的贵族,矛架上有一支长矛,还有一面皮盾、一匹瘦马和一条猎兔狗。"

Life Is Elsewhere(生活在别处)

刻奇是生活在别处,刻奇是生活在北上广而期待着珠穆朗玛峰的崇高和马尔代夫的广袤,刻奇是总以为有一个比这个地方更好的地方。刻奇是在地球上每一个角落都留下自己爪印的一种崇高意愿。为了达到这种愿望,中国人发明了"××到此一游"的病毒程序,神奇的中国人当然也不会放过巴黎的埃菲尔铁塔,以及纽约自由女神像的脚。到此一游与环游世界都是"生活在别处"的刻奇,到底是哪一处,他们也不知道,总之不在此处。

Luxurious(奢侈的)

刻奇是一种奢侈感,一种廉价的奢侈感。刻奇最早被视为次等的视觉艺术形式,是对高档艺术风格欠缺品位的复制,以讽刺中产阶级在买不起真品的情况下,把复制品挂到自己家以显得高尚的行为。这种复制已经在当代的房地产行业蔓延开来。他们以"夏威夷南岸""北欧小镇""罗马时代"的名字出现在百万人口级别的大型住宅区,又以"翡翠城""世外桃源""印象江南""空间蒙太奇"的名字出现在二线城市的闹市区。刻奇不仅是酒店房间里那幅不难看的行货画,也是高档住宅小区大门完全不讲究比例之美的那两根罗马柱。

Passion(激情)

刻奇是铿锵的语调与夸张的手势并行,是语言游戏中要传达的"信"。"无论发生了什么事,法国抵抗的火焰不能熄灭,也绝不会熄灭。戴高乐永远和你们在一起,自由独立的法兰西万岁!"二战时期,在法国人民处于屈辱痛苦的时刻,法兰西升起一颗灿烂的政治、军事明星戴高乐。戴高乐在演讲中的语调铿锵有力，像一首赞歌，使人们在痛苦的战争现实中重新看到光的存在。这里的激情绝不是个人化的，刻奇总是群体性行为，不会发生在一个单独的个体身上。刻奇的激情不允许个体有抽离、清醒之感。在戴高乐的演说面前，每个人都被融入浮夸的语言河流中，深感灵魂肿胀。刻奇者擅长利用无比虚妄的美好理想和承诺掩盖当下具体而荒诞的现实。

Revolution（革命）

刻奇是与众不同，刻奇是对伟大的感受，刻奇是四海之内皆兄弟的豪情。刻奇是一种感情泛滥的表现，是将感情上升到价值观范畴，并为此而感动炫耀。刻奇的极端表现在 20 世纪六七十年代的中国，一曲《东方红》可以让人泪流满面，进面馆吃完面不付钱还感谢老板为革命付出的贡献，为了跑到天安门可以放下一切地搭火车到陌生的北京城，一听到集结命令的高音喇叭就全身亢奋不已。老一辈知青为了追忆这个刻奇的时代，曾经在重庆举行众多唱红歌活动，还在丽江、大理等各种酒吧表演忠字舞以示纪念。

Sentimentalism（感伤主义）

刻奇是感伤主义的文学（或艺术）作品。昆德拉反反复复提到刻奇的意思包括被赋予感伤崇高的意义之时，容不得别人不被感动与感伤。谁要是不加入这个感伤的洪流，就是居心叵测。最常被刻奇者感伤的是青春的逝去以及衰老的来临。萨冈的《你好，忧愁》中 17 岁少女塞西尔随时把忧愁挂在嘴边。还有全球文学爱好者都会背诵的来自杜拉斯《情人》的那句："与你那时的面貌相比，我更爱你现在备受摧残的面容。"

没有人比《红楼梦》中的黛玉葬花更感伤了。还有来自李清照的词："少年不识愁滋味，爱上层楼。爱上层楼，为赋新词强说愁。而今识尽愁滋味，欲说还休。欲说还休，却道天凉好个秋。"

Unreasonable（不合理）

刻奇是矫情的，刻奇是不切实际的，刻奇是非理智的，刻奇是明知不可为而为之，刻奇还要把这种精神自我提升为崇高。中国上古便有刻奇思想的代表人物，不论男女，都有可能陷入刻奇的自我矫情中。炎帝的小女儿本名"女娃"，不幸在东海游玩时"溺而不返"，于是变作小鸟，不断地"衔西山之木石"，要填平东海。因为其叫声"精卫"，于是人们把这个刻奇的故事称为"精卫填海"。小女孩容易陷入刻奇，大叔也一样。夸父虽是一个擅长奔跑的人，能坚持到"未至，道渴而死"，确实是自我崇高的代表人物。这两个故事都出于《山海经》——一本中国人的刻奇故事集。

Narcissism（自我陶醉）

刻奇是自我沉醉、自我迷恋。从这个角度来说，刻奇的先驱是王尔德。"一个人应该要么成为一件艺术品，要么就穿戴一件艺术品。"王尔德曾宣布自己做人的宗旨是要"配得上"他的青花瓷器，又曾表扬领带、椅子和纽花，并说门把手可以跟油画一样令人赞赏。另一位"把生活当作神话来过"的，是文青最爱的杜拉斯。在杜拉斯的世界里，现实与幻想没有界限，虚构的故事与真实的经历混淆在一起。而杜拉斯则一直在用行动来扩展她的写作。

在今天普通人的世界里，很难有不刻奇的时刻——每个手机上都有自拍摄像头，你透过它看着你自己，并想象所有人看着你，给你点赞。

Vintage（复古）

刻奇是崇尚复古，刻奇是一种仪式感，刻奇是上海怀旧美女月份牌以及用旧鸦片烟床做装饰家具。刻奇者期待这个世界的自己活在另一个世界里。刻奇者喜欢把刻奇穿在身上或者挂在自家的墙上，以渲染这种刻奇感。嬉皮士是最典型的刻奇者，他们只穿最旧的衣服，还把牛仔裤撕成碎片，以显示一种近乎宗教的情感。中国式的服装刻奇是汉服热，他们身穿古代的长袍或者近代的旗袍，以显示有别于外国人。在很多正式场合，中国企业的领导人喜欢穿上中山装，而外国明星到中国来也穿上旗袍出席正式场合。

商业如何"刻奇"制胜？

文 / 邝新华

我们必须自我愚弄以后，才能有理有据地愚弄别人。

2012 年，罗振宇与申音约好要做一次"互联网转型的穿越性试验"，两人相约"互相提醒，不改初心"，"不回到老思维里去"，罗振宇说："其他人在转型，我们没在转型，我们直接穿越到那个时空里去了。"两人达成的试验约定是"不急着挣钱"，而且，给这个约定下的期限是"十年"。

2013 年 9 月 26 日，大黄鸭在颐和园昆明湖正式亮相。与此同时，一些国内城市纷纷推出各种缩小版、变异版的山寨"大黄鸭""小黄鸭""迷你小黄鸭"。（图 / 东方 IC）

"将既定模式的愚昧，用美丽的语言把它乔装起来，甚至连自己都为这种平庸的思想和感情流泪。"南京大学教授景凯旋在文章里说，"当这种追求失去现实世界的内涵，只具一种崇高的情感形式时，便成了'刻奇'。"

刻奇，是很多商业奇迹的动力来源。

"下半辈子你是继续卖糖水呢，还是跟我一起改变世界？"传闻中，乔布斯用这句话打动了百事可乐 CEO 约翰·斯考利，让其加入了乔布斯的刻奇世界。

景凯旋教授说："刻奇的源头就是对'不朽'的渴望。"乔布斯用其"现实扭曲力场"的强大电磁力，使无数人进入他的刻奇世界，他说："活着就为改变世界。"虽然"有些人将他们视作疯子，但我们视之为天才，因为只有疯狂到相信自己能改变世界的人才能真正改变世界"。

乔氏刻奇在中国大地开花结果，很多创业者坚信，他们不是在做一个公司，而是在进行一次互联网社会转型的穿越性试验；很多产品经理坚信，他们不是在做一个产品，而是在改变人类的生活方式。

据不完全统计，很多商业成功人士或多或少都进入过别人或者自己制造的刻奇世界里。小米创始人雷军谈到自己大四创办的公司散伙以后第二天，他走在阳光明媚的武汉大学樱花路上，感叹道："生活是如此的美好，真轻松啊！梦魇般的日子过去了，迎来的是新的生活。"多年以后，雷军说："我坚信，人因梦想而伟大，只要我有这么一个梦想，实现一个梦想，我就此生无憾。"

景凯旋把这样的刻奇世界称为"一种对存在的诗意激情"，当一个人进入这种世界时，他确实相信了。离开百事可乐后，"背叛、趋利、欲望等一系列标签"很快将斯考利掩盖，但斯考利在后来写的书中申诉："对于两个站在马斯洛需要层次最高端的人，很多时候，美元并不是什么诱人的条件。"他说："我不是被利益捕获，而是为魅力折服。"

少数人确实会在这样的"诗意激情"世界里改变世界，当然，也有少数人因为改变了世界，而进入这样的"诗意激情"世界。

2009 年阿里巴巴集团成立 10 周年时，马云称，阿里巴巴未来 10 年将为 1000 万家企业提供生存、成长和发展的平台，创造 1 亿个就业机会，并为全球 10 亿人提供物美价廉的消费平台。然后他解释道："对于这个梦想，肯定又会有人在嘲笑我们，不过没关系，过去 10 年我们已经习惯了被嘲笑。"

成功者的精神自我感动，很多时候被追赶者当成通往成功的动力，于是在商业世界，便出现了各种流行性刻奇关键词，它们是：百年老店、社会责任、激情创新。

昆德拉认为："刻奇者对刻奇的需要，即在一面撒谎的美化人的镜子面前看着自己，并带着激动的满足认识镜子里的自己。"

社会责任通常是一个成功的企业家最好的"美化人的镜子"。2007年，蒙牛总裁杨文俊的一次获奖感言很有代表性，他说："非常荣幸能够代表中国乳业、代表中国千万奶农，来领取这个世界乳业的至高无上的荣誉。这份荣誉，是属于整个中国乳业的，是属于13亿中国人的。我坚信，在民族乳业同仁的共同努力下，我们一定能够早日实现'让所有的中国人，首先是孩子，每天都能喝上一斤奶的梦想'！"

宗庆后也说过，他希望在自己有生之年，将娃哈哈集团带入世界500强，继而永续发展，成为百年老店。

建立一个刻奇世界，是一种很好的营销手段。在这个世界里，市场策划者与消费者一起为之感动流泪，就像参加了一次派对一样。

成功案例之一是宝马的 Ctrl Z Day。这是一个莫须有的节日，被微博营销轮番轰炸后成为百度百科的词条。7月的第二个周五，人们会集体诉说心中的遗憾："如果能有一次 Ctrl Z 的机会，我会……"后悔日击中了每一个后悔者的心灵，同情者集体陷入后悔不已的懊丧情绪中。

另一个经典案例是凡客体。"爱微软、爱盛大、更爱西太平洋，我有过很多希望，我不是传奇，和你一样我毕业于西太平洋。"在陈年"人民时尚"的刻奇理想下，众多文艺青年为自己能 PS 出一段凡客体而兴奋不已。自《红楼梦》以来，中国人已经很少全民沉浸在赏花吟诗的文艺情绪中了。

很多人靠刻奇找到自我存在感，一个成功的营销应该能给这些人创造一个刻奇世界。在这个世界里，人们找到了活着的"意义"。景凯旋说，人类总是逃不脱"意义"的世界，特别是那些自己给自己赋予的"意义"，"从理性上讲，生存的意义是不能证明的，但人又不能赤裸裸地生活，必须用意义或价值把自己包裹起来，以追求美好生活、终极目标、绝对真理，等等"。

人们制造出来的这些意义，正是刻奇世界的构成。昆德拉把这些人造的多余的意义，称为"灵魂的虚肿症"。他们有多虚肿及多余？

很多人力资源招聘的经典问题会让人进入刻奇世界：当你妈与你老婆同时掉进海里，你会先救哪个？如果你加入西天取经的队伍，需要替换下师徒四人中的一个，你愿意取代谁？每一个面试官都坚信，他们在问这样的问题时，是代表了认知心理学的权威在测试一个未吃分别善恶果以前的亚当或夏娃。

中国民营企业家最喜欢制造刻奇的企业文化。有些企业家让每个员工取武侠小说人物的外号，公然把企业变成一个江湖门派。

"'刻奇'的世界是一个制造'信'的世界。在这个世界里，每天都在过节，死亡不会发生，事业成为不朽，生活充满欢乐。就连悲剧进入'刻奇'的世界，也会被净化成无害的忧伤。"景凯旋说，"'刻奇'还强迫你加入它，与它一道共舞，凡是与'刻奇'不相容的东西，个性、怀疑、嘲笑、消沉都将遭到禁止。"

在昆德拉的定义中，"刻奇是一种自我愚弄"，然而，刻奇却是商业世界"市侩"得最有艺术感的部分。与其被市侩生活有理有据地愚弄，不如加入商业的刻奇世界，至少我们是有理有据地在刻奇。

刻奇是"梦想""情怀"，也是收视率

文 / 宋杨

北京国际电影节期间，新加坡电影《爸妈不在家》在百老汇电影中心做了一场展映。按照惯例，放映结束后会有一个小型的主创见面会。观众会把影片表扬一番，再问个不太需要回答，大多数时候也无法回答的问题。

当天，现场来了位女观众。她抢过话筒，先表扬了影片，又夸赞了导演。说着说着，她开始哽咽。她说，看到导演就好像看到了自己的弟弟，从腔调到站姿，弟弟都和导演如出一辙。他们还一样倔强，一样放纵不羁爱自由。

大家都以为女观众的弟弟发生了不幸，唏嘘不已，一个个耐着性子倾听一位绝望的姐姐敞开心扉。直到散场后，大家才发现，女观众身边就站着她的弟弟。从头发丝儿到手指头，弟弟和导演没有半点相像。

女观众不是托儿，她只是不自觉地刻奇。在各种文艺生活中，女性都是

我不是装，我是刻奇

刻奇的主力军，她们很容易陷进泡沫剧情不可自拔，更善于把生活经历生搬硬套到各种角色中。她们时而是傲娇女神千颂伊，时而是抹布女罗小葱，有时候还会觉得，站在舞台上的吴莫愁分明就是自己。

正因为有太多"女观众"的存在，各大综艺节目和影视剧的宣传团队才策划了一个个颇具代入感的营销策略，等观众埋单。

新科金熊奖最佳影片《白日焰火》票房过亿，对一部文艺片来说，这个成绩算得上斐然了。电影拿到龙标，定档3月时，廖凡还不是柏林影帝，电影宣传走的也还是文艺爱情片路线。2月15日，金熊奖揭晓，《白日焰火》再也不是一部小清新文艺片了，它被塑造成一部"承载着独立电影人梦想和尊严"的电影作品。

金马奖最佳纪录片《千锤百炼》的上映走的也是这个路线。看电影上升为一种道德使命：你若是一个支持中国纪录片事业的人，你就有责任、有义务走进电影院，见证纪录片工作者如何站着赚钱。

如果说电影的宣传策略还算有点人文关怀，电视节目的自我营销就是纯粹的煽情了。

《我是歌手》的新媒体推广做得很成功。每场竞演结束后，他们会立即发出一条事先编辑好的微博，描述场上歌手。

一张45度角仰拍的小全景，照片中的张杰微闭双眼："浅唱低吟的旋律中，他唱着爱情的变换，唱着经过岁月之后所留下来的记忆与情感。有阅历的人唱有阅历的歌，真实的歌手最感人！"

韦唯正立台中，身后是万丈光芒："并不一定是激荡的歌才能荡气回肠，当歌手有了情怀和沉淀它自然就来了，这句中华儿女深深的祝愿，像一片风铃作响在你的耳畔，回声是遥远的祝福和羁绊。"

红发邓紫棋展翅高飞："从一个小小身躯里爆发出来的巨大能量，她用音乐刺穿阴霾，让自由和梦想这些字眼熠熠发光。今晚，全世界都是你的歌迷！"

斟酌下这些文字，句与句之间没有逻辑，当然也不需要任何可考的字句来证明什么是"真实""自由"和"阅历"。只要把那些华而不实，却极富煽动力的大词儿组合在一起，微博转发量就可以分分钟过万。

很难把这些词汇和现场演出联系在一起，当张杰在决赛上穿着辣椒红皮裤带领全场观众蹦跳着唱《回到拉萨》，连原唱郑钧都被震惊了，发微博说："什么情况？！"

中国的综艺节目几乎就是一个靠刻奇支撑起的产业。从制片人到观众，从台前到幕后，没了"梦想""泪水"和"坚持"，中国的电视行业就玩不转。

比如，所有的选秀节目都是励志故事中间穿插个人才艺。

《快乐男声》录制现场，一个长相干净的大男孩抱着吉他唱《董小姐》，声音清澈温暖。这不足以晋级，必须挖掘声音背后的故事。当台下的导师们听到一段纯真的爱情故事，得到他"为爱歌唱"的结论后，个个心满意足，争先恐后地送出手中的 pass 卡。

酒吧驻场歌手不足以让评委转身，他还必须是鬼门关前走过一遭的车祸幸存者，是含辛茹苦的单身父亲，是曾被嘲笑、被爱人嫌弃的死胖子……实在挖不出什么悲惨经历，那就得是为女友重拾音乐的美甲店老板，是放下身段只为能站在舞台上的苦 × 编曲，是肩负一家人音乐梦想的东北姑娘……

每个人都会经历挫折，但不是每个人都能在谈起人生故事时声泪俱下，并在泣不成声前挤出一句"我只是想唱歌"。从这一层面来说，选秀歌手都具备了成为激励大师的职业素质。

编导挖掘或者虚构选手的感人故事，选手在台上眼泛泪光，主持人几度哽咽，观众在台下呼喊"加油，不哭"。聚光灯、慢镜头，再配上几轮蒙太奇，一个刻奇的场域就搭建完成了。刻奇就是收视率，是点击率，是大把的广告收入。

都说感动他人的前提是感动自我，电视人在这一点上做得尤为出色。

去年，两档汉字听写类节目同时推出，电视圈刮起了一阵汉字风。那阵子，节目组的工作人员全都陷入对中国传统文化的焦虑中。他们逢人便讲汉字之美，讲简化字与中国传统文化的割裂，控诉电脑和手机剥夺了中国人的书写权利……他们不是在自我宣传，是打心眼里忧虑。在他们心中，小伙伴们做的不是一档综艺节目，而是肩负着复兴中国传统文化，重新发现汉字之美的国家使命。

最近，某一线卫视上线了一档全新的综艺节目。节目是一档话剧真人秀。制作人信誓旦旦地说"我们是全亚洲第一个把话剧搬上电视屏幕的人"。发布会期间，制作人兼主持人用她一贯平缓却煽情的语气描述节目制作的困难和一线卫视敢为人先的魄力。记者提问环节变成一场诉苦会，哪怕你问的是现场拍摄有几个机位，制片人都会告诉你摄像师们每场节目要站上多少个小时。

崔永元说"收视率是万恶之源"，对于一部分超越了追求收视率的电视人来说，追求情怀和境界就成了他们的一块心病。

《舌尖上的中国》第二部就明显掉进了"想太多"的圈套。第一部时，陈晓卿和他的团队在说美食，一切以好吃为准。到了第二部，讲的已经是美食背后的故事了。

王朔曾评价贾樟柯的《世界》"是一个笨拙的寓言，不能总把穷人当作自己的资源"。不经意间，《舌尖上的中国2》也走回了中国纪录片的老路：放大贫穷和歌颂贫穷。

《舌尖上的中国1》讲"自然的馈赠"、"主食的故事"、"厨房的秘密"、"五味的调和"……小标题用的是看到文字就能嗅到风味的字眼；《舌尖上的中国2》共七集，讲的是"时节""脚步""心传""秘境"……你很难把这些字眼和美食联系在一起。

事实上，《舌尖上的中国2》和美食的关系确实值得商榷。第一集《脚步》的前11分钟几乎没提到美食，藏族小伙儿白马占堆徒手爬树，为家人冒死采蜂蜜。这个虐心的"剧情"被很多网友吐槽，甚至有人提出《舌尖上的中国2》有情节造假之嫌。

消失的麦客，6100万留守儿童，人生命运的流转……这些精心取材的故事被塞进美食纪录片，陈晓卿终于从一个吃货变成一位有情怀的纪录片导演了。

66种刻奇中的"自我感动术"

统筹／杨杨　文／杨杨、宋诗婷、邝新华、钟瑜婷

"不转不是中国人！"之情感绑架的刻奇

具有同等煽动力的还有"是中国人就转！""转给你爱的人！"，这种不由分说的粗暴逻辑，在特定的时刻会像广场口号一样有魔力，裹挟着人情不

自禁地加入。不转？非我族类，其心必异。

[蜡烛][蜡烛][蜡烛]之微博点蜡党的刻奇

马尔克斯走了，吴天明走了，马航失联了……2014 年，微博的集体悼念活动格外频繁。点蜡、"马航加油""我们在等你"，权威媒体还发布了九宫格图片祈福法，360 度无死角包围，坐等马航归来。祝福，当事人未必能收到，但点了蜡烛，喊了加油，就是尽了一份心力。感动不到你，却感动了我自己。

"今夜，我们都是 ×× 人"之共情的刻奇

"东莞加油，东莞不哭，东莞挺住，为东莞祈福，今夜我们都是东莞人"，哇，还以为东莞地震呢。还记得 6 年前的全民口号"汶川加油"吗？今天人们悲情的对象已远远超越苦难本身，他们的"悲伤"已毫无节操。对了，文章被爆婚外恋时，他们还会说"南都挺住"。

"与灾区共患难"之志愿者的刻奇

汶川大地震时，很多人只身徒步进山救人，却路遇危险，最终变成需要别人求助的对象。自从志愿者成为高尚的标签后，自以为高尚者总是抓住一切机会表现自己的志愿行为，让自己感动，也强迫别人一起感动。这，不就是读诗会上的刻奇吗？

最爱团体操之广场刻奇

20 世纪 60 年代访华的苏联诗人吉洪诺夫曾在诗中写道：当北京人出来做广播体操，把最后一个梦魇赶出睡乡，城里整齐的小巷大街，一下子变成了运动场。现在是没人做操了，但仍然有着无数人喜欢观赏开幕式。成千上万人整齐划一的动作蔚为壮观，瞬间进入一种在庞大的集体里消融小我的宗教般的氛围。

微博哈哈党之幽默感的刻奇

通往"幽默感"这一高级技能有很多道路,"转发微博"是最便捷的。该组织的入门级暗号是"哈哈哈哈哈哈哈",进阶版暗号包括"23333333""最右/右边——>""心疼右边"……只要你说出这些暗号,彼此心照不宣。至于那些还在懵然询问"笑点在哪里"的低级微博儿,呵呵。

在 SNS 网站晒照片求祝福之"秀恩爱"的刻奇

他们的一套说辞可以套用以下格式:"__年__月__日,我们相识。__年__月__日,我们相爱。相爱第__天,我们做了什么什么;相爱第__天,我们又做了什么什么。各位,我想向我的恋人求婚,求一万个祝福,请为我转发/评论/点赞加油!"彼时彼刻,他们一定觉得自己拥有全世界乃至全宇宙最深刻的爱情。嗯,好吧。

微博 ID 转世之异见者自我悲情的刻奇

只要你找到一位 X 世,就很容易在其微博的抱团转发中找到其他 Y 世、Z 世……三世五世小 case,10 世、32 世勉勉强强,看,有人转到 285 世!ID 里的数字像另类的苦难勋章。在石头和鸡蛋之间,固然要站到鸡蛋一边,但假如错误的鸡蛋如此积极而决绝地撞向石头,就难免令人生疑:莫非被侮辱与被损害的程度成了鸡蛋们论资排辈的筹码?

"哼,你们人类好讨厌!"之二次元文化的刻奇

"你们三次元的世界好复杂!"这句话必须不经意间说出才够傲娇。"三次元"即日语的"三维",三次元的世界就是现实世界和"不那么有趣的世界"。至于他们自己,当然是来自二次元的有趣、单纯、充满想象力的孩子。你不认同?哼,你们人类好讨厌,代表月亮消灭你们!

"别吃朋友"之素食的刻奇

周一吃素，别吃朋友，他们是站在道德双重金字塔尖的人。一个典型的劝人吃素故事是这样的："这是一只雄性小鸡在地球上的最后一刻。它下面是一个粉碎机，它将活生生掉下去，就因为孵出时是雄性，对蛋业是无用的。它只生存了一会儿，和 200 万只雄性小鸡一样，但它不是垃圾，它是生命。"那素食餐厅干吗要把素食做成肉味儿的呢？

放生之博爱的刻奇

如果有人居然能超越道德金字塔尖，非放生者莫属。鸽子、乌龟、大鲵……一切皆可放生。他们将 20 元的温室养殖动物认作价值千元的珍稀动物，不惜花钱购买而后放生。放生仪式也不能潦草，像放生乌龟，要在龟背刻字、龟脚系绳，再放归自然，而后他们被自己心中的博爱感动得无以复加。

"人肉出来剁死他！"之极端动保的刻奇

他们在用生命爱猫猫狗狗。如果有人胆敢对猫狗不利，他们一定奋起维权：拦下装载有大批猫狗的货车，人肉虐狗虐猫者。如果有人发出反对声，就将他的胳膊抓出血口。没错，猫狗是人类的好朋友，那么，人呢？乖，先把医药费和猫狗钱付掉好吗？

"这可是纯天然的"之迷信天然的刻奇

对一部分人来说，理想的生活是这样的：住在山间，喝山泉水，吃野果，粮食蔬菜最好是自家种植——总之，一切都要天然的！你竟然吃含有添加剂的食物，用含有化学成分的化妆品，你这工业时代的野蛮人。可是，有什么东西是不含化学成分的呢？另外，很多纯天然植物有毒素，你知道吗？

我不是装，我是刻奇

"这不科学！"之理中客的刻奇

千万不要和科学控辩论，他们能捉出你的每一个逻辑漏洞：相关就等于因果吗？你说的"最讨厌""比较讨厌"和"有时候讨厌"的程度间区别的 p-vaule 小于 0.05 吗？你能找到"定量数据"导致"讨厌"的生理机制或重复性吗？——这些术语为他们通体罩上一层理性中立客观的神圣光辉。

"科技毁掉生活"之反科技人群的刻奇

反科技群体总是忧心忡忡：电器辐射破坏健康，手机让人们疏于沟通，核电污染则关乎后世子孙——总之，科技就要把一切生活都毁了！事实上，他们自己的破坏性倒不容小觑：当初他们抵制 PX，你不知道 PX 是啥，你没说话；后来他们抵制核电，你用火电也行，你没说话；后来他们抵制变电站，很容易就没电用了，你想说话也上不了网了。

"吃的不是美食，是情怀"之人文关怀的刻奇

美食家在食物中吃到的不是蛋白质和风味，而是丛林的神秘、大海的情怀及天地的馈赠。他们为那些散发原生态气息的食品着迷，比如蕨根粑粑——殊不知，这些食物对都市人是猎奇，对当地人却是无奈的充饥品——如果有大米、白面、火腿肠，谁会吃这些"原生态美食"呢？

"听琴、焚香、品茶"之复兴传统的刻奇

他们为着共同的情怀聚到一起：复兴传统生活方式，让人的心灵找到真正的安居之所。他们脱下菲拉格慕、耐克或匡威，施施然步上木质楼梯，准备享受这些失落已久的传统生活方式：听琴、焚香、品茶……在古琴乐声及檀香气味中，他们轻启朱唇问主办方：这里有 Wi-Fi 吗？

"Rock" 之摇滚青年的反叛刻奇

不认识台上绝大多数乐队？没关系！只要你敢于碰撞、舍得号叫，不时进出一声"Rock！"和亮出金属礼手势就好了——食指与小拇指竖起，拇指压住弯下的中指和无名指。不过，朋克乐队演出时最好不要亮出金属手势。了解常识很重要！至少以后音乐节或摇滚演出现场，你能避免遇到更多山寨的"我爱你"、蜘蛛侠或"非常 6+1"。

"无冕之王" 之自我英雄化的刻奇

无—冕—之—王。这四个字是媒体从业者的生命之光，欲望之火。他们幻想以笔为枪针砭时弊，以被追打、被封杀、被列入"黑名单"为荣（毕竟，哪个真正的英雄不会遭遇个把挫折呢）——只是，有时对方列黑名单的原因只是对报道中的事实错误感到愤怒。

"来诵读吧" 之文艺青年的刻奇

在每一寸空气都流淌着文艺的空间，你可以读小说，读剧本，当然，最简便的还是读诗。读诗的人相信生活因为镀上一层诗意而更丰美，更相信刚刚诵读的诗与自己的生活有神秘的接轨，甚至那干脆是上帝把着作者的手为自己而写作的。不过出戏的人不免忧心：究竟谁会先开口问出第一句"去哪儿吃饭"呢？

"最好最坏时代" 之随时名人名言的刻奇

援引作家名言的阵地已经从中小学作文转移到了 SNS 网站。村上春树成诺奖热门，很多人开始背诵"站在鸡蛋一边"；结果得奖的是莫言，苦于莫言没有脍炙人口的名句，人们只好去其旧居拔萝卜；这次去世的是马尔克斯，刷屏时刻又到了……这年头，谁还不知道个把狄更斯的最好时代最坏时代、洛丽塔是生命之光欲念之火，以及，"多年以后"呢？

"肉夹馍也要 beta 版"之互联网思维创业的刻奇

这年头，如果你没有互联网思维，都不好意思从事餐饮业。最新蹿红的是"西少爷肉夹馍"，据说创业者经过各种调试，确定了肉夹馍的最佳直径为12cm。口感不重要，重要的是你的样品叫"beta1.0 版"，试吃叫"产品发布会"，你能脱口而出用户体验，要交互，要扁平，要封测、公测、找 bug……自由、洋气的互联网思维，囿于传统的你不懂。

"我的宝贝，宝贝……"之秀孩子的刻奇

在社交网站上，和心灵鸡汤一样可怕的是晒孩子，比心灵鸡汤更可怕的是发鸡汤还要配一张孩子照片。有的父母爱孩子到了如此地步：给刚出生的孩子注册微博，@ 自己的账号并称呼爸爸妈妈，然后登录自己的账号转发……孩子长大了，看着署名是自己的微博怎么想呢？更重要的是：这让友邻们怎么想？

标准化社交分子之社交的刻奇

他们是被礼仪书教导的标准模板：精确到露 8 颗牙的笑容，适当的目光交流，恰到好处控制与你的身体距离，说"咱们"拉近与你的心理距离……但总让你感觉假。他们每一句话或每一个动作，仿佛都带着目的，急切地望着你：看，我是不是很懂事儿，你是不是应该信任我？

"要懂得感恩"之心灵鸡汤的刻奇

这是被心灵鸡汤灌坏的一群人。鸡汤说，要懂感恩，于是他们经常感恩，而且将感恩晒出来：朋友帮忙修了电脑，感恩；朋友帮忙刷了墙，感恩；有安居之所，感恩；吃了美味的一餐饭，感恩；看着家里的猫狗其乐融融岁月静好，感恩……潜台词是：我是一个多么懂事儿、识大体、懂得感恩、心地良善的人啊，还不快来点赞。

"央视不敢报道的事实"之快餐帖的刻奇

除了"快餐帖",想不出还有什么词可以命名这类帖子:《男人看了会沉默,女人看了会流泪》《给父母的 89 种爱》《器官排毒时间,不看你就危险了!》……它们甚至算不上鸡汤,充其量是油炸食品,成功从十多年前的 BBS 迁移到微博和朋友圈。其共同点包括:押韵多、排比句多、感叹号多,在逻辑上常常经不起推敲。但就是有人无法自拔地转发之。

记录每一刻之刷存在感的刻奇

每一刻都是独一无二的:清晨醒来看到的第一束阳光、突然涌上的惆怅情绪、早餐吃的水果麦片下午的咖啡蛋糕……以及覆盖所有角度的自拍。我们要发微博、发朋友圈、发啪啪……几乎没有什么比"此时此刻"更紧要的了。当然,更紧要的是要收获"赞",这样我们才能真的确认:我们是处在他人关注视野内、有存在感地活着。

遛鸡、撒尿、做爱之行为艺术的刻奇

裸奔哥在望京街头发泄寂寞,在城乡接合部牵绳遛鸡,中年艺术家在杜尚的小便池里撒尿,艺术从业者聚众宋庄做爱……这年头,但凡搞出点怪动静,都能叫行为艺术。他们不是在胡闹,他们在搞艺术。他们为每个怪诞的行为附上一个玄而又玄的解释:离散、观念性、地缘政治、后 × × 时代……顶着"行为艺术家"的头衔,睡个懒觉都是身体在场,思想缺席。

"再不旅行就老了"之"在路上"的刻奇

人人都有一颗"在路上"的心。从"北漂"到"藏漂""大理漂",从"搭车去旅行"到"青旅义工",一次旅行能让他们找回久违的自己。洗礼后回到红尘中,他们一边做着公务员考试题,一边在朋友圈秀纳木错的静心之旅。不拧巴毋宁死。

我不是装,我是刻奇

森女、粗纹麻布、光脚穿球鞋之简约范儿的刻奇

光脚穿球鞋，喜欢粗布麻衣，只爱棉质长裙，这就是前些年时尚的安妮宝贝风。现在她们改叫"森女"了，森女们见不得仿制皮草，恨不得把树叶披挂在身上。她们的消费观是"花最少的钱，过有品质的生活"，和简约范儿女神在一起，你那扎眼的 LV、Gucci 还真不好意思拿出手！

"我最惨，请选我"之娱乐节目的刻奇

从倪萍阿姨开始，综艺娱乐节目不煽情就做不下去。纵观近几年的选秀节目，孤儿、残疾人、抗癌斗士比比皆是，最不济也要出身寒门。编导用心编故事，选手演得投入，观众也哭得稀里哗啦，台上台下沉浸在悲壮的气氛中，收视率和眼泪的流量成正比。

"因为有理想，所以我很穷"之秀清贫的刻奇

每场独立导演见面会都是从诉苦开始的。他们都觉得自己很穷，他们必须很穷。因为，如果一个独立导演很有钱，那就是向商业妥协了。因为有理想，所以我很穷；只要我很穷，就永远有理想。这个逻辑不仅适用于独立导演，也同样适用于艺术家、作家，以及所有漂泊在北上广的有理想又相对清贫的年轻人。

东西都是旧的好之媚古的刻奇

大方百货的回力鞋和雪花膏，悦宾饭店的肘子肉和溜白菜，月份牌和羽毛扇……平时只有大爷大妈光顾的老店里突然挤满了 Vintage 潮人。他们总能从老物件中找到心灵的慰藉，即便那物件是刚从义乌小作坊里新鲜出炉的。最近，一位据说是全北京最后一位修钢笔的手艺人大爷火了。复古爱好者们赶忙翻出小学后就没用过的钢笔，争先恐后地拿去修理。

我是抑郁症患者之妄想症的刻奇

时不时就听说谁谁谁得了抑郁症。其实不过是偶尔失眠，偶尔感时伤秋，但那架势，都像是拿到了安定医院的诊断证明。著名的抑郁症患者，远的有伍尔夫、尼采、海明威，近的有三毛、张国荣和崔永元。抑郁、失眠、神经衰弱不仅是富贵病，似乎也与才华有着剪不断理还乱的关系。所以，让我抑郁吧，这是走进高贵精神世界的便捷途径。

"向 ×× 致敬"之致敬的刻奇

把列侬的头像穿在身上就是向摇滚致敬，把随便哪个明星渲染成安迪·沃霍尔的玛丽莲·梦露风就是向波普致敬，瓶瓶罐罐间加上几个苹果就是致敬塞尚，每只画不圆的钟表都是献给大师达利的。致敬显得谦卑，也最不费脑力。致敬者心里一定觉得，自己和大师达成了某种不可言语的默契，只有他才最懂他。

老祖宗的东西吃得开之中国元素的刻奇

中国艺术家的作品再当代，也绕不开"中国元素"这个坎儿。有些人生来有中国情结，有些人因为老外有中国情结，所以也培养了自己的中国情结。不管是先天的还是后天的，艺术家谈到博大精深的中国文化时，都一脸陶醉。老祖宗的东西给了他们灵感，也供养了他们。

"再也不相信爱情了"之意淫名人爱情的刻奇

谢霆锋和张柏芝离了，王菲和李亚鹏离了，连文章都背着马司令约会小三儿了，又有一群人跑出来说"再也不相信爱情了"。这群人把名人的爱情捧上神坛，他们为爱神意淫出有细节有心理活动的爱情故事，男神女神的风吹草动都能撼动他们脆弱的爱情观。

手串、檀木、开光神器之宗教跟风的刻奇

走在街上，总能遇到浑身挂满大小物件的"修行人"。那些物件里，有从尼泊尔带回的檀木，从大昭寺请回的手串，从印度求来的开光宝物……除了洗澡都要戴着，出门前还得数一数，少戴了一串就整天心神不宁。他们相信，这些沾染了灵性的物件能带给自己平安、财气或者爱情。如果什么都没改变，那不是物件的错，只怪自己没照顾好它们。

繁体字、茶道之文化寻根的刻奇

他们热爱繁体字和古文课本，他们在东京领悟了茶道的精髓。在他们心中，他乡才是故乡，只有在中国台湾和日本才能找到纯正的中国文化。茶要喝日本的，减肥茶要喝台湾的，北海道的雪最洁白，台北的雨最多情……站在中国的土地上，他们的乡愁一波未平一波又起。

穿汉服写毛笔字之国学热的刻奇

《百家讲坛》火了，孔子学院遍地开花，连天后前夫都把地产做成了书院主题。见识了西方的自由主义，他们开始怀念孔孟之道。他们走进国学沙龙和各式小学堂，穿上汉服，脱掉皮鞋，坐在席子上读《论语》。当然，读什么并不重要，架势做足才是回归传统的关键所在。

"最美×××"之颁奖词的刻奇

汶川地震有"最美女教师"，车祸现场有"最美女导游"，旅行途中有"最美女护士"，还有"最美消防员""最美司机""最美富二代"等。从"感动中国"到校园评选，"最美"成了出现频率最高的两个字。和"标兵""榜样"相比，"最美"好像多了层含义：不仅肯定了品德，还表彰了外表。

"他叫 ×××" 体之意淫造神的刻奇

还记得这条微博吗？"念稿子的人获得掌声，阿谀奉承的人获得掌声，讲废话的人获得掌声，但有一个人讲完话，全场却鸦雀无声。没有人为他鼓掌，我们在微博为他鼓掌！他是崔永元。""他是 ×××" 这个句式依然流行。没有人不知道崔永元，但"他是崔永元"里的那个崔永元，大概已经不是我们知道的那个崔永元了。

"为祖国健康工作 50 年" 之口号的刻奇

"人人都锻炼，天天上操场，为祖国健康工作 50 年"这句著名的口号，是清华大学提出的。跑跑步、踢踢球都能和祖国扯上关系，清华学子的使命任重而道远。大到"为中华之崛起而读书"，小到"母校以我为荣"，中国式口号的精髓在于，让活在其中的人沉迷于自我膨胀中。

"我没文化" 之自嘲的刻奇

自嘲被认为是富有幽默感的表现。有些自我矮化源于自卑，有些自我矮化源于清高，多数人的自嘲不会戳自己的脊梁骨，自卑者少，清高者多。自嘲的同时，他们的内心升腾起一股隐秘的骄傲：说"我没文化"的潜台词其实是你们谁都没我有文化；说"我是傻 ×"，意思是除了我你们都是傻 ×。

"我这么努力，你造吗？" 之秀勤奋的刻奇

从前，大家喜欢秀聪明，为了显得天赋异禀，所有努力都藏着掖着。如今，大家改秀勤奋了。每个人的朋友圈里都有几个热衷于下半夜发状态的工作狂："狮子座没资格说累"，"从天津到北京，一路风雨兼程"……他们活在"我在努力做一项崇高的事业"的自我感动中。可是，等等，好像哪里不对：刷朋友圈的我们不是也在苦 × 加班吗！

海鸥双反、莱卡 M9 之胶片控的刻奇

当单反成为街机的时候，有些人开始迷恋胶片相机。莱卡是终极梦想，在这之前，他们从二手"古董机"玩起。他们背着老凤凰、老海鸥、尼康 FM2 去扫街，拍小咖啡馆和街边的大爷大妈。在他们心中，胶片是一种态度，拍什么不重要，快门的响声够清脆才重要。当然，这态度需要有钱有闲。

一天之计在于晨之秀早餐的刻奇

在地铁口买套煎饼果子，在麦当劳里点份外卖全餐，要么干脆不吃，这是多数上班族的早餐攻略。但有些人坚决反对。他们要煎蛋、煮面、烤面包，再配上几颗提子和樱桃，架势十足地吃一顿早餐。而且还要日复一日地拍照上传，秀早餐食谱和明媚的好心情。当然，还要附上一句话："最幸福的事是和爱人共进早餐"——对，他们就是社交网站上的生活家。

企业年会之归属感的刻奇

企业年会成为社会膜拜现象始于度娘在 T 台上的风骚，不过，真正让全体员工亢奋的年会却是马云在宣传退休时的一曲《朋友》。并不是每个人都以自己的企业为荣，但至少在年会的某一刻，你会拥有一次归属感爆棚的巅峰体验。即使没有被灌醉，你也会热泪盈眶地举起酒杯说：今夜我们都是华润人、三株人、三鹿人、巨人人……

要成功先发疯之成功学的刻奇

从卡耐基到拿破仑·希尔，从陈安之到曾仕强，每一个成功学大师都有一套刻奇理论。陈安之说："要成功，先发疯，头脑简单向前冲。"只要每天早上起来对着镜子里的你微笑，然后说：你是最好的！你永远是最好的！接下来，你将拥有打了鸡血般的一天。

"stay hungry，stay foolish" 之言必称乔布斯的刻奇

"乔布斯说过……""我们应该向乔布斯学习的是……"，乔布斯说"活着为了改变世界"，于是创业者们都觉得他们是在改变世界；乔布斯的"stay hungry,stay foolish"，他们常挂在嘴边。国内互联网圈现在依然言必称乔布斯，每当此时，神与乔布斯都与他们同在。

"民族品牌不能被外资收购！" 之民族企业的刻奇

宗庆后大喊民族企业不能被达能吞并，牛根生哭求企业家朋友拯救蒙牛这家民族企业于与摩根士丹利的对赌中……从民国流行至今的"民族企业"刻奇，越来越得不到人们的认可了。三水健力宝没有被外资收购就淡出主流了，所谓"no zuo no die"。

"小米走的是群众路线" 之营销的刻奇

雷军说，小米走的是人民英雄主义。陈年说，凡客走的是人民时尚路线，每个人都是平凡的过客。"人民"会使崇高感油然而生，会让一笔赚钱的生意变成理想的事业。只是，以人民为生意的代表，主席同意了吗？

"我是时代的英雄" 之 "被选中" 情结的刻奇

每当公司业绩不好，退休了的创始人就坐不住了，迈克尔·戴尔复出过，柳传志复出过。许知远说：我是这个时代的宗师。每当他想起自己还没有成为这个时代的英雄时，就会伤心得热泪盈眶。来自克利普顿星的超人，也有着拯救人类的任务。如果没有超人，地球将会怎样？

我们一起追过的女孩之怀旧的刻奇

电影《那些年，我们一起追的女孩》的热映制造了一个青春怀旧刻奇世界。

过去的总是美好的，过去追过的女生总比现在追到的女生要好。怀旧是一种很治愈的刻奇，可以跟战友同唱"我是一个兵，来自老百姓"，可以把儿子的头发剪得像年画里的小孩，也可以挎着"为人民服务"的绿布书包招摇过市……

"几乎每个景点都有一家龙门客栈"之附庸风雅的刻奇

附庸经典是件很文艺的事：园叫大观园，酒叫杏花村，而龙门客栈几乎存在于每一个旅游景点。有人按林冲的生平走了一遍，有人把大观园克隆到现实的庄园中。当然也有高雅些的，凑三人在桃树下结拜，吐了一口痰然后相约："但求同年同月同日死"。

"穿的不是 T 恤，是文艺"之文化衫的刻奇

即使穿的不是香奈尔，也可以让自己在衣服的包裹下显得很有 feel。印在 T 恤衫上的标语，使 29 元也能穿出各种文艺范。可以警告人"don't touch me"，可以表白"I want you"，也可以活在"只吃饭不洗碗"的幸福感中。刻奇也是可以穿的。

"我们在打破一切旧秩序"之互联网精神的刻奇

互联网精神往往被标签成自由主义及重构社会阶级的途径。在游戏中带领一群 70 后去打怪的可能是一个初中生，17 岁的高中女生做个线上毕业纪念册网站可以年入数百万美元，每一个屌丝创业者梦想着抡起锤子把大企业打败，就像当年的无产阶级要颠覆整个社会一样。

以人类的名义之公益的刻奇

微博大 V 喜欢活在一种公益与为民请命的臆想中：他们有人会拍下拥挤的公交车，以督促政府解决交通问题；也有人定时发布美国大使馆的 PM2.5 数据，捧着价值十多万的相机站在禁止停车的高速路口拍照，开着大排量的 SUV 监测被污染的空气质量。

"就像躺在沙滩上听潮"之灵修的刻奇

灵修有很多专业类课程，以深圳某灵修课程为例，他们曾组织学员到泰国学习"涅槃火焰炼金术"，还有像"灵气治疗宇宙能量的自然流动"这样的课程。冥想之前，录音会指导你想象自己在沙滩上听潮水的涨落声，或者飘浮在树林里听小鸟的叫声。哪怕你实在感受不到蓝天白云，你也不好当着同学和老师说你睡着了。

"我是有品牌设计的"之设计的刻奇

设计是一种刻奇消费，设计变成品牌以后，更成为刻奇的辐射源。当你用的是苹果的手机，穿的是无印良品内衣，背的是 EMOI 生活的休闲包时，你就拥有了三种设计汇聚的力量，设计感在血液中穿梭，让你感到自己从头到脚都被重新设计过一样。

"今天我与 8848 同高"之户外运动的刻奇

户外运动是一种神奇的精神自我感动行为。陈坤徒步穿越 20 公里的丛林，以显示行走的力量；翟墨用 10 个月单人驾驶无动力帆船漂越太平洋，以显示忍耐寂寞的力量；而攀登到 8848 米时，将自己公司的旗帜举起来留影简直是必选动作：王石、黄怒波、张朝阳……不过，登完珠峰后没多久，张朝阳就抑郁了。

"我们关注战争中的人性"之人性的刻奇

为《金陵十三钗》叫好的观众看到令人热血喷张的画面：坚毅的神枪手，充满正义感的外国人，善良崇高的妓女，单薄弱小的学生，以及永远没有人性的日本人。他们心情沉重，抹着眼泪，情感得到了彻底的洗礼——啊，原来人性竟如此伟大！他们在女主的感召下，幻想出了一种极其高尚的、精神升华的价值。

旅游景点买纪念品之搜集控的刻奇

关于刻奇有很多解释，其中之一是：从街头搜集垃圾。就像孩子喜欢在街上搜集一些石头、树枝，大人们喜欢搜集一些破烂，作为他们一生某一时刻的纪念。要为这种纪念找一种具体的参照物，非旅游景点纪念品莫属。不过，你在欧洲买的纪念品，很可能是 Made in China，都来自生产旅游景点纪念品的"圣地"——义乌。

毕业照一定要扔学位帽之成长仪式的刻奇

你一直为这一天的到来紧张不已。那一天，你会在灿烂的阳光下往云朵里扔学位帽。你会到女生楼下迎接幸福的泼水。你还会跟系里的女神表白。是的，你终于毕业了。事实却是：你的学位帽狠狠地砸到了挽着高富帅的女神，你被隔壁班的女生泼了一桶水，结果两个班的女生差点打起来。当然，你还是毕业了。

"观众朋友们，你们说是不是啊"之煽情的刻奇

"亲爱的观众朋友们，晚上好！（点头）欢迎收看马年的春节联欢晚会。"主持人那用力拖长尾音的语调从电视机里传来，语调铿锵、一张一弛，叫人紧张又兴奋。主持人还可能会讲起一个极具奉献精神的劳模故事，节奏恰到好处，声音低沉又突然高昂了起来，来一句"朋友们，你们说是不是啊"。台本上恨不能加上"此处会有掌声"。

反刻奇也是一种刻奇

看，我们是最清醒的一群人，我们看清了刻奇，窥破人性奥秘。如果你不认同，你一定是矫情的刻奇者。反刻奇也是一种刻奇，这一条即是完美自证。Q.E.D，证明终了。

南京大学教授景凯旋专访

值得警惕的是"刻奇的刻奇"

文 / 杨杨

"刻奇"的概念像一堆面目模糊、滑溜溜的鱼，光是词源都尚未达成定论，在不同的说法中，"kitsch"的可能来源包括：英语 sketch（素描）、维也纳俚语 verkitsch（使便宜）和德国慕尼黑方言 kitschen（从街头搜集垃圾，就像孩子们搜集石头和花瓣，大人们保存一些破烂作为他们一生某一时刻的纪念），而围绕着词源又衍生出无数观点。

但有两点是肯定的。首先，这个来自西方世界的概念是个贬义词——它甚至不是中性的，而是贬义的；此外，这些词源都包含了"滥情"的意味。南京大学海外教育学院教授景凯旋发现，提到这个词时，来自国外的学生会露出会心一笑，表示理解了其中那层"矫揉造作、过度抒情"的意味。

"只是大家对那层'贬义'的理解不一样。"这些年，景凯旋像一个兢兢业业的鱼贩，试图将这些鱼擦洗清楚，分类摆放：你要问的"刻奇"是哪一种？

"目前批评界有两种不同观念。一种来自美国的格林伯格，他从社会学角度出发，以'美的自律'为标准，认为刻奇体现了大众文化消费的特征。现在西方主流学派包括法兰克福学派等比较着力的学派，批判文化产业都是从这个角度出发：模仿。我们现在说的'刷存在感'和这个更接近，因为刷存在感本质是一种模仿的刻奇，模仿大众的东西，跟随大众的潮流。"

来自奥地利小说家布洛赫的观点被景凯旋认为更接近当下。"他的观点是从美学的角度出发，但标准主要是伦理价值。他认为刻奇是道德的贬值、世俗化过程的产物，没有道德的艺术、为艺术而艺术的作品就是刻奇：如果伦理衰落，就会造成艺术上的唯美主义。"

"昆德拉的观点也主要承继自布洛赫。"景凯旋如此梳理昆德拉对于"刻奇"的理念，"在《生命中不能承受之轻》中，昆德拉认为，'刻奇'就是'绝对认同生命存在的美学理想'——这种对生命的肯定会产生绝对的激情，比如对'生活在别处'和'不朽'的向往，从而获得存在的满足感。但当这种追求失去现实世界的内涵，只具备一种崇高的情感形式时，便成了'刻奇'，或者用昆德拉在《不朽》中的话说，就是'灵魂的虚肿症'。"

在景凯旋看来，昆德拉抓住的是权力引导下的刻奇和大众的刻奇。"他认为，世俗的东西属于生活的世界，那些在历史名义下的崇高的东西则会导致可怕的结局。"

景凯旋的专业是古代文学，对外国文学的兴趣是专业之外的事。"这种兴趣来自我对自己安身立命之本的思考过程。"他承认自己小时也是比较刻奇的人，总想问"一个人为什么活着"这样的问题。

1986年，景凯旋研究生毕业，从古代文学专业中暂时脱身，又对新时期当代文学作品感到困惑。"'文革'后读了很多'伤痕'小说，现在想来，这些小说也是刻奇的。当时'荒诞'的概念已经被介绍进中国，中国的作家也在批判、反思，但往往是简单地描写怎么受迫害、'四人帮'如何坏，总是感觉没有分量，和自己的感觉对不上。"

在这种情形下，景凯旋读到了昆德拉，并很快因为相似的经历被昆德拉吸引。第一本是美国学者朋友带来的《为了告别的聚会》，书中提到一位政治异议者，受过难，随身带着毒药以便掌握自己的生命，照顾整他的人的女儿并为此感到自豪——他扮演了一位高尚者的角色，但他的毒药却杀害了无辜的女护士。事后，他沉浸在对自己行为的思考中，感觉不到任何沉重，他怀着崇高的念头与过去告别，呈现出刻奇的姿态。

"昆德拉有点后现代的味道，去意义化。西方文化有种极端的东西，'要么一切，要么全无'（兰波语），而中国文化追求的是中庸的思想，'极高明而道中庸'。刻奇走向极端，就是藐视人的日常性，昆德拉的意义我觉得就在这里。"景凯旋将这本书翻译出来，此后又陆续翻译了《玩笑》和《生活在别处》。

"看到昆德拉的小说时，觉得亲切，里面描写的人和人之间的关系，就像发生在我们身边。很多细节，比如星期六共青团员在草坪围成圈跳舞、拉手风琴，就是我们当年社会主义国家的青年生活。《为了告别的聚会》里，人们的言行举止就有刻奇的感觉，大家并不是真的在跳舞，只是在舞台的聚光灯下努力表现个人。昆德拉是从社会的分析到存在的分析，就像我们现在的困境——但你不能去责备一般人有这个抒情的感觉，要追求某种生活意义，很多人其实缺少这个东西，过着很麻木的生活。要说不刻奇，阿Q是最不刻奇的了。"

晚期的昆德拉，不再吸引景凯旋。"他解构价值和崇高，到最后，实际上就让自己也陷入一个刻奇的悖论，作品就越来越枯燥了。他可以让我警惕海德格尔的诗意的栖居，所有伟大诗人的崇高的东西；但同时，如果完全相信昆德拉，最后你连自身也要怀疑，就要把自己耗尽了。就像我们都知道人生有一个尽头，但你不能每天想着这个尽头。东欧作家曾有过一次大讨论，站在昆德拉对立面的扎加耶夫斯基就有个完全不同的观点：我们要登上高山，但也要回到厨房——这解答了我一直思考的问题。"

在《为激情辩护》中，波兰诗人扎加耶夫斯基提到一个"在中间"的概念。"这个概念最早是柏拉图提出来的。扎加耶夫斯基也注意到，诗人在现代有过很多不光彩的表演，他自己是波兰诗人，生活在斯大林的体制下，是地下写作者，通过萨米亚特写作（注：当时的东欧国家盛行一种特殊的言论、思想表达方式，称之为"Samizdat Writings"，汉语音译为萨米亚特写作，意指"未经审查的不公开发行的出版物——地下出版物写作"）反抗压制。他非常明白西方文化对'终极意义'无穷无尽的追求，既产生了现代的诗歌，也产生了现代的极权。"

"你可以怀疑啊，怀疑到最后很可怕的呀，最后不就绝望了？所以，他用柏拉图的'在中间'来定义'存在'：人永远是在现实和超验之间的行走状态。"

显然，景凯旋现在更欣赏扎加耶夫斯基。"他有一段话特别好，我给你念一下：我们不可能一劳永逸地居于超验之所。我们甚至不可能完全懂得它的意义。狄奥提玛正确地敦促我们朝向美好，朝向更高的事物，但没有人会永远定居在阿尔卑斯山顶，我们将每天回到山下。经历了对事物真谛的顿悟，写下了一首诗歌之后，我们会去厨房，决定晚饭吃什么；然后我们会拆开附有电话账单的信封。我们将不断从灵感的柏拉图转到明智的亚里士多德，否则等在上面的会是疯狂，等在下面的会是厌倦。"

《新周刊》：你之前说，会和来自国外的学生谈到"刻奇"。是在什么样的情形下提到呢?

景凯旋：我讲古代文学时不太用西方的词汇，但谈到现代文学可以用。有的学者对古代经典的解读都是乱说，加了很多抒情的东西，所谓"心灵鸡汤"嘛，而在背后，其实有一种对现实的遮蔽或辩护，不让你正面现实。余秋雨也很明显的，他的散文就是改头换面的杨朔，找到古代一个地方，然后模式化地写三段，最后来一段对历史的对人生的感叹，但其实他对历史的看法非常浅俗。20 世纪 90 年代还有个诗人汪国真，当时红透半边天——我告诉你这些人，你就知道什么是刻奇了。那个写出"纵做鬼，也幸福"的山东作协的副主席就更不必说了。

《新周刊》：这几位像是统一了刻奇的不同阐释。

景凯旋：对，既有模仿、讨好大众，具备商业文化的因子，同时又有宣传方面的刻奇。

对知识分子的要求不应当和普通人一样。一般人出去旅游，照照相，看到一朵花就摘下夹在书里，就像"刻奇"的词源那样——虽然我不明白很多人特别喜欢刻奇的东西，但我知道，在《生活在别处》里，昆德拉已经讨论过这种现象，那些诗人的气质、性格、青春、爱情，等等，最后都会和革命结合在一起，当初投身革命的很多都是为了爱情，可能人都会经历这样一个阶段。

但在公共领域，尤其互联网的出现使得知识分子的影响力放大，甚至以前最多写个日记，而现在某个观点却会被很多人知道。你赞美这个盛世，享受这个盛世，但问题是，这个时代是不是就真的这么美好？如果是，也没什么话好说。但现实却是如此严峻，问题如山，矛盾重重，对知识分子来说，你只在这里写一些抒情的东西，至少是一种逃避吧，对自己是逃避，对别人就是麻醉。

我后来对刻奇这个概念感兴趣，也在于它的问题意识，这个概念可以串联起中国很多当下的情形。

事实上，有些刻奇并不可怕，年轻人追星、娱乐至死不可怕，但民族主义就很可怕，既煽动个人的情绪，又夹杂意识形态。前段时间有过打砸日系车的新闻，当事人以为在民族主义之下，自己就会得到保护，伤害了别人，也害了自己。

刻奇无法避免，但应当分清楚个人的刻奇和群体的刻奇，分清大众文化的刻奇和极权的刻奇。

《钢铁是怎样炼成的》的那段名言你知道吧，它其实是确立了核心的世界观和价值、意义。它把某种主观主义提倡的价值看成客观的东西，全人类普遍的东西，要人们为此而牺牲生活的日常性。

崇高是反世俗的一面，但这一面是我们无法避免的。有人能够大公无私，当然很完美，但实际上不可能，因此就很刻奇，人性中利己的、世俗的一面我们要承认，这恰恰是人之所以为人的本质的东西。要压制人性中对低俗东西的追求，你可以作为个人的理想，但不能作为社会统一的标准。

《新周刊》："80 后"一代的教材里也有那句名言的。

景凯旋：我们当时只有一种极权的刻奇，但你们现在会受到两种刻奇的影响：昆德拉的伦理过度的刻奇，还有模仿的刻奇——大众文化的刻奇。喜欢韩剧里的明星，会尖叫。

刻奇有一个特征：感受力是绝对的，不容忍怀疑和幽默，这本身就有一种专制性——当然，如果主体不是权力者，就没什么危害，但如果你是权力者，那就危险了。扎加耶夫斯基说"向高处的征程，应当在一种个人诚实的状态下"——个人性和真实性，比如追求诗意的栖居，应当是个人行为。

如果一个人很刻奇，也许意味着很有生活情调，也许可笑，但并不邪恶。但如果官方宣传刻奇，就可怕了，因为他可以强迫你，向你灌输他的观念，过于关注明天，把希望寄托在未来，事实上，我们应当先为今天的幸福而奋斗。

《新周刊》：如果彻底反刻奇，就像昆德拉那样，会不会也是一种刻奇？

景凯旋：彻底反刻奇本身就是一种刻奇，因为刻奇就意味着绝对化。汉德法官说"自由，就是对所谓正确不那么确定的精神"，精神和思想领域，应当坚持自己的价值观，也尊重别人的价值观。

只要你追求一种意义，不可能不滑入刻奇。但关键是要适度。刻奇应当具备个人性，而不是集体性。这很重要。你的个人情感可能很丰富，但你作为权力者，要求大家跟你有一样的情感，那就刻奇了——所以昆德拉在《生命中不能承受之轻》里那个关于奔跑的两滴泪的比喻很有意思：美国参议员看着自己的孩子在草地上奔跑，这使他在一个难民面前感到无比幸福和感动，第一滴泪说，瞧这草坪上奔跑的孩子们，真美啊！第二滴泪说，看到孩子们在草坪上奔跑，跟全人类一起被感动，真美啊！——第一滴泪是刻奇，第二滴则是刻奇的刻奇，第一滴泪无法避免，人类总要有感情，第二滴泪是永远想道：我是跟大家一样的——值得警惕的是后者，刻奇的刻奇，而如果刻奇的刻奇再与权力混在一起，就更可怕。

刻奇里的中国

文 / 林奇

在刻奇的法则里，感动重于一切。中国人从来没有把自己束缚在一张乏味的情感清单上。不同的人怀着对感动的不同理解，在不断的尝试中寻求着热泪盈眶的快感。

为了感动，我们虽然已经拥有了多种多样的模式手法，然而亲情和伦理、圣贤和英雄等等古老概念已经不足以在这个被时间冲刷经年的世道里触及人们的灵魂，在后工业化时代的今天，感动者们又发现了符合新时代特征的符号。

无论是环保党还是爱心人士，无论是理中客还是自干五，中国的键盘骑师都更偏爱群体的召唤。从祖国大陆最南端到最北端，从深居内地到远隔重洋，总有一些话题能让所有人获得情感的共鸣。

卖萌点赞接地气、人性关怀么么哒、今晚我们在一起、围观传播正能量，这些新时代的情感元素意外地让我们获得了"同时、共场"、情感贯通的感觉，这些二次炮制的手法影响着中国人的日常情感，仿佛代表着我们对于世道人心的某种特殊感触。

所有的美食专栏都在歌颂简单纯朴，每个城市成年人都在怀念"妈妈的味道"。所有的综艺节目都在"展示真实的自我"，明星们都有着一颗平常心。人人都在提醒我们包容多元，而媒体又发现了新的时代精神。阳光是在以最明亮最透彻的方式与我们交流，值得礼赞，而雾霾则可以是警示，以其独有的方式提醒着我们，进步的代价。

　　这是剧变的中国，任何事情都可以得到一个解释，然后归结为奋发向上的动力。所有这些充满想象力的转化，打造出的风味和对营养的升华令人叹为观止，并且形成了一种叫作文化的部分，得以传承。"中国的酱"，在人类历史上独树一帜，数千年间，它成就了中国人感情的基础。

2011 年，青岛，艺术家冠华与妻子在崂山一个村子里创建了"自给自足实验室"，自己盖房子、种菜、剥麻纺线自制衣物，回归原始生活。（图／李隽辉）

　　精致画面、虚化背景、核心家庭、向上的共同情感，是广告的共同特性，也是中国社会的共性。不同人的境遇千变万化，但中国人在品味他们各自不同的人生境遇时，却一直在寻找着一种共同的表达方式。在这种共同情感里，各种情绪最佳的存在方式，不是让情绪或个体显得格外突出，而是调和以及平衡，以至于面目模糊，这不仅是中医不断寻求的完美状态，也是中国人在为人处世甚至在治国经世上所追求的理想境界。

　　最简单的情感只留给（头脑）最简单的人们，这正是大自然的馈赠。

　　大规模人文关怀轰你至渣，是近几年流行的手法。以微妙手法建立受众对于日常生活的陌生化认识，再强行对普通事物进行价值提升，打造出情感共鸣的新境界，美国剧作家桑顿·怀尔德也自叹弗如。要达到这种让普通转化成高尚的境界，这当中要逾越障碍，要营造条件，要把握机缘，要经历挫败，从而酿造出中国人的大智慧——本文的摹本正是其中的翘楚。

和感动别人相比，感动自己往往需要更多的耐心。说服自己，相信自己比别人更有爱心、更有正义、更富有感情，要经历"发现、提升、回归"三次重要的飞跃。而在这一系列意境的追逐中，中国人个个都像心理大师，把催眠和自我催眠的技巧玩到炉火纯青的地步，这是五千年来的修炼。

从小有个音乐梦，辞职开间咖啡馆，说走就走去旅行，个个美女是吃货。把生活全部变成"糖水片"，毒、德味和 Instgram，晒、鸡汤和淡淡的忧伤。在没有个体情感的空间里，人们需要借助别人的评价来确立存在的意义。朋友圈里收集的点赞、微博上成群结队的转发，被赋予了强大的精神力量。点下一个赞、跟着大家一起 233，这如同一种宗教仪式，让个体的无意识凝聚为集体的有意识。人们相信，转发的力量可以直达天宇，而自己则成为站在正确的感情阵营里的一个激情的人。

不管是否情愿，事情就在这样发生。人们聚集、评论、模仿、感动，感动自己和感动别人，聚集在哪里，哪里就会燃起炽热的情感篝火。

这里，是刻奇的中国。

新周刊

NEW WEEKLY

2014 年度佳作

自拍、微约、广场舞

（插图／胡晓江）

自拍、微约、广场舞——代际断裂的社会病理分析

自拍、微约和广场舞，是当下中国最大众化的社交行为。

自拍呈现的，是修饰过的自我和未加修饰的自我期许。在数以亿计的年轻手机用户之间，自拍很社交很流行。

微约呈现的，是赤裸的性欲和隐晦的两性交往障碍。在中青年已婚和未婚群体之间，微约社交流行。

广场舞呈现的，是自娱自乐的健康需求和噪声扰民的人居冲突。在数以亿计的中老年之间，广场舞很社交很流行。

自拍者的家里，自爱与自恋是一人分饰的两角，自信与自卑都是其隐形室友；排解孤独是必要的事，但不接纳真实自我，可能面临自恋型人格障碍和晒自拍造成的微信"朋友圈暴力"。

微约者的心里，肉体的愉悦与感情的空虚如影随形，多吃多占的心理和印证魅力的需求并存；追求性爱是人之常情，但有性无爱的"用户体验"分离了亲密感和信任感，令两性关系更加异化和恶化。

舞者的广场上，有共同时代经历的人再次生命飞扬，惯性的集体意识和新鲜的舞曲水乳交融；老有所乐是社会之福，但对他人权利和感受的漠视，引发社区冲突，势必祸及自身。

各代际的中国人，都在尽情享受自己的社交，以各自的方式刷存在感，各有各的社交逻辑和病理，彼此谁看谁都有不顺眼的地方。但无论你属于哪个代际，精神层面的慰藉，一定来自真实和谦卑，来自温情和敬意。

自拍·微约·广场舞
每代人都有自己的玩法
文 / 陈艳涛

最廉价的自我娱乐项目是什么？自拍。

最廉价的两性娱乐项目是什么？微约。

最廉价的大众娱乐项目是什么？广场舞。

廉价，不只是价格上的，还是情感和价值判断上的。

自拍、微约和广场舞，构成了我们这个时代几代人的社会镜像。

近日，一个西班牙大叔将自拍这件事演绎得壮阔雄浑。他边奔跑边举起手机自拍的身影后，是亮出尖利牛角狂野追逐而来的奔牛们。冒着被刺伤、被踩死的危险留下倩影的这位自拍兄弟，得到的"奖赏"，是 3000 欧元的罚金，理由是他触犯了新的危险管制法案。

在自拍这项前仆后继的事业上，西班牙大叔绝不是最牛的。美国波士顿大学的某位在职教授从 1987 年开始在 27 年的时间里，每天早上都会为自己拍一张自拍照，并把所有照片都收集到了一起制作成了视频。英国的少年丹尼·鲍曼（Danny Bowman），每天要拍 200 多张自拍照片，还因为总是找不到一个完美的自拍而试图自杀，所幸及时得救。鲍曼忏悔说："人们没有意识到，他们的自拍照片数正在社交网络上疯狂上升，并且有失控的趋势。这个就像毒品、酒精或者赌博一样，会让人上瘾，也会毁掉你。"

自拍狂人丹尼·鲍曼其实患有强迫性精神障碍（OCD）以及躯体变形障碍（BDD）。而当一则"美国精神病学协会已将'自拍成瘾'认定为一种精神疾病，并宣称目前尚无药可治"的假新闻出来时，很多人立刻相信了。因为这太符合大众对自拍狂人的定义。

美图秀秀在中国有一个庞大的市场，号称拥有 7.4 亿用户和 4.2 亿移动端用户，其中将近 70% 的用户是女性。从原始的简单调光调色，到人像高级美容、美肤滤镜，再到后来的配图文字、直接上传到社交平台，美图随着中国自拍队伍的日益庞大而功能日益强大和复杂。

但让摄影师刘铮意想不到的是，当他向志愿者征集自拍照时，发给他的，可不全是 45 度角的甜美自拍，而是充斥了同性恋、异装癖或者受虐癖。那些极度真实的自拍照带给他的，是震撼的感觉。"事实上，我们每个人都是边缘的、孤独的。自拍给了我们出口。"

如果说社交网站上的各种自拍照是给孤独者、缺乏自信和关注者提供了平台，那么，各种社交平台则是给缺爱者提供了微约利器。无论他们缺乏的是上半身的爱，还是下半身的爱。

2014 年 2 月，网络上热热闹闹地爆出一则"微约惨案"，一对微约男女不小心有了孩子，却彼此在网上发帖互相讨伐。一个网名叫"红肚兜儿"的作者对此十分不屑："微约是把性和感情分开，分不开的别来蹚这浑水，否则就是有违职业操守。"她认为善始善终，该激情时激情，该冷静时冷静，才是微约的境界。

网页上充斥着各种微约神器排行榜、微约圣地、微约秘籍，90 后车模易夏"人间正道是微约"的宣言，也吸引一大片粉丝拥护，但当知乎上一个女孩怯生生问众人"有稳定的男朋友，可以因为好奇（微约的感觉）去约吗"时，她迎来的，不是一大拨探讨微约秘籍和圣地的同好，而是"遭到了道德机枪的密集扫射"。对于微约这件事，难道有道德的双重标准？

在后面的回答里，有人不客气地把这定义为"家里有个男友还想出去打牙祭的"，有人建议"劈腿（微约）之前分手，是美德"。

这大概就是遭到道德机枪密集扫射的原因了。对于微约这件事，不是人人都享有自由权。陈奕迅的歌里唱"得不到的永远在骚动，被偏爱的都有恃无恐"，仿佛是在给有爱无爱者微约这件事做总结。

有人总结微约的好处，说是具有减缓压力，减少焦虑感，提供更多社交选择性，获得更好的性体验，等等。本以为只是解决下半身问题的微约，其实还承担着种种社会难题。

作家刘瑜在她的一篇文章里提到一个女人，"她的问题仅仅是如何用他人的爱来遮蔽自己的平庸。她的风流不是风流，是恐惧"。从这个女人扩展开来，她说：也许任何人的风流都从来不是风流，是恐惧。

自从团体操项目被邻国朝鲜超越之后，中国舞蹈目前最有特色的、能出口全世界的，就是伟大的广场舞了。法国罗浮宫、俄罗斯红场、美国纽约布鲁克林、中国台湾、中国香港……广场舞占领世界每一个广场的伟大场面，指日可待。

只要有一块空地、一个便携音响，一群人就可以随时随地起舞，自娱自乐。据报道，全中国有近亿人参与到广场舞的活动之中，参与者主要是中年大妈，也有年轻人和乐在其中的大叔。在才扫过黄的广东东莞，富士康这样的企业宣称由于组织了广场舞，很多参与其中的年轻人的郁闷大大减少。广场舞拯救了富士康的年轻人，让他们不再想着排队去跳楼了。2014年，中国60岁以上的老人将超过2亿，这意味着广场舞的队伍还会增长。而且广场舞队伍也懂得与时俱进，近期就有一支进化成了暴走大队。

2013年家住北京昌平某小区的施某，对着一个广场舞队伍朝天鸣枪，放出藏獒。究竟是什么深仇大恨，让他冲向广场上的人群？其实不过是因广场舞音响动静过大影响了他休息。日日被噪声惊扰睡眠的人失去了理智。

高音炮、撒土、泼粪、鸣枪、放藏獒……为了对抗广场舞扰民，各地奇招频出。法国存在主义哲学家萨特在他的名剧《禁闭》中写道："他人即地狱。"描述了人与人之间不可避免的矛盾冲突。我们在人际交往中自发地对他人产生偏见，有时会引发不同目的的攻击行为，甚至导致双方的冲突。

美国著名心理学家戴维·迈尔斯在他的著作《他人即地狱？——人际冲突的源起与化解》里问道：为什么我们不喜欢甚至是鄙视彼此？我们在何时、为什么彼此伤害？

在美国纽约布鲁克林日落公园的一支华人舞蹈队，同样是噪声扰民，遭遇到了附近居民的报警。领队被美国警方戴上手铐，并开出传票，控罪理由为毫无理由地在公园里制造噪声。在台湾，也发生过同样的事情。

在美国和台湾，对待噪声扰民的态度要更为明确而有力。跳舞和噪声扰民被清晰地分割开来对待。快乐舞蹈开心健身，没有人会反对，但若是成为噪声扰民，就会有明确而有效的惩罚措施。

其实中国大陆各地也出台过与广场舞有关的各种管理办法。比如上海禁止使用带有外置扩音装置的音响器材。杭州有社区人员蹲点监控音量，或将跳舞居民汇集到学校礼堂、附近公园等地。长春聘请社区体育健身指导员，对广场舞噪声进行监控。湖南浏阳则是各方签订广场舞公约，规定时间和地点，若违反规定，执法部门可以罚款和没收工具。针对广场舞，各地都想了各种招数。

跳舞的大妈们也有自己的辩解："你有安静的权利，我有跳舞的自由。""如果实在是嫌吵，可以让孩子换个房间学习，或者自己装个隔音玻璃嘛。"

极度的自私和无视他人，是导致人际冲突的起因之一。但如何增加人们对他人的责任感，行为更加利他，却是个复杂的事情。

在这方面，简单直白的宣传倡导不会起到多大的作用。在戴维·迈尔斯看来，人们即使清楚他们的自私利己行为会带来对社会整体非常致命的影响，他们仍然不会改变自己的选择。1976年刚上台的美国总统卡特提出，面对严重的能源危机，美国人应当像对待战争一样重视节约能源。对他这番强烈号召的回应是：在接下来的一个夏天，美国人消费了比以往任何时候都要多的汽油。

同样的，在新世纪开始时，全世界的舆论都在忧心全球气候变暖，都在为此大做宣传。与此同时，购买更为耗油的运动型多用途汽车的数量达到了历史新高。人人都关心能源危机，都忧心全球气候，但大多数人觉得，这和我的日常生活无关。

广场舞大妈一般是五十岁往上的老人，这代人经历过国家困难时期，饿过肚皮，经历过"文革"、改革开放。他们当中很多人当过红卫兵、"知青"，上山下乡，到农村、到边疆，算是经历特殊的一代人。有人总结说这是几十年前在广场上跳交谊舞，不顾老年人感受的一代人，也是如今在广场上跳广场舞，不顾年轻人感受的一代人；是几十年前，打、砸、抢、烧，祸害了一帮老年人的一代人，也是如今碰瓷、讹人，自己摔倒坑人，祸害了一帮年轻人的人——不是老年人变坏了，而是，那拨坏人变老了。

近亿人的广场舞队伍，不可能都是变老了的坏人。他们也是将半辈子心血放在工作和家庭上感慨时间都去哪儿了的一群人，是想老有所乐消除孤独感的一群人，是退休后感觉被社会抛弃了的一群人，是埋怨子女不经常回家看看的一群人，是习惯了集体和组织至今仍在整齐划一的舞蹈动作中寻找集体认同感的一群人。

但"老有所乐"是怎么变成了"两代人的战争"的？

除了噪声扰民这个直接原因外，很多并未被广场舞搅扰过的年轻人，也是广场舞的坚定反对者。他们中的大多数，是站在品位的制高点上俯视广场舞，认为其至土至俗，只配得上无情戏谑。其实，这也只是娱乐方式不多的老年人为自己所做的一种选择而已。

但只有广场舞这一种方式吗？

日本作家渡边淳一说"年老，意味着更可以随心所欲地享受生活"，鼓励老人们开启"第二人生"。年老并不意味着生命的某种总结，也不意味着只有以整齐划一的舞蹈动作和大音量才能昭示存在感。对终于有闲、有精力还可以跳广场舞的老人来说，世界其实很大，第二人生才徐徐开启。

自拍、微约和广场舞人群，融合了 50 后、60 后、70 后、80 后、90 后，这个人群数量过于庞大，很难尽数，我们所讨论的，其实仅仅是这个人群里的这样一撮：

都是五行缺赞、百年喜乐由他人的人。

都是看似风流实则内心恐惧的人。

都是站在热闹的人群里找不到自己也找不到北的人。

如钱穆先生所言，保持一种"温情和敬意"，每代人的冲突世界，也可以暂时和谐地走下去。

Selfie 潮流中的中国人

文 / 库索

早在智能手机被发明出来以前，自拍就已经不是什么新鲜事了。只不过，那时它还只是一项流行在单反爱好者中的行为模式，至少你要先有一个三脚架，再多少学会一点 Photoshop 入门教程，绝对是一门逼格颇高的技术活。

多亏了 iPhone 的诞生和美图秀秀的横空出世，自拍才在中国变成一项零门槛的大众活动，不需要为 Facebook 和 Instagram 苦寻翻墙工具，陌陌和微信足以抚慰自拍爱好者的空虚——前者供你每天换着角度更新头像，后者能满足你 24 小时爆棚的刷屏欲。

今天，我们每个人都能在自己的微信朋友圈上，找到一个患上自拍强迫症的好友。他们的一天通常是这样的：早晨起床来一张，上班摸鱼来一张，朋友聚会来一张，深夜发吃来一张，健身房里来一张，KTV 包厢里来一张，出门旅游来一张，宅在家里来一张……正常人对他们的吐槽几乎是一致的："说今天身体不舒服，然后发好多张痛苦的表情，还戴了美瞳化了妆；说今天打球出了一身汗，然后发好多张躺在床上的姿势，每张都是不同风格的滤镜；或者嘤嘤哭着说自己老了长皱纹了，然后发好多张不同角度的大脸，磨皮磨成了充气娃娃。"他们是我们的亲戚、朋友或者同事。你在朋友圈里见到的和在现实中见到的他们，生活在平行世界的两端，根本不是同一个人。

技术推动人类进步，没创意的是，自拍发展了这么多年，他们依然没摆脱老三样：剪刀手、嘟嘟嘴和 45 度角仰望星空。美瞳大行其道，锥子脸成为标准范式，从某种程度来说，自拍党的流行趋势就是 90 后的美学理念。唯一不同的是，过去我们称他们"非主流"，今天他们说自己"萌萌哒"。

自拍这件事，其实是一项全球化运动。2013 年，"selfie"登上《牛津词典》年度热词的宝座，释义为："人为自己拍摄的照片，通常借助智能手机或网络摄像头，并在完成后上传至社交媒体网站。"《牛津词典》的编者表示：在过去的一年中，对"selfie"一词的使用，增长频率高达 1700%。而最近一项针对超过 3 万中国人进行的网络调查则显示：66.5% 的受访者有自拍习惯，其中 28.0% 的受访者经常自拍，31.1% 的受访者会将自己的自拍照发布到网上。受访者中，男性占 49.8%，女性占 50.2%；45.2% 是 90 后，30.5% 是 80 后。

作为自拍党的核心成员，90 后正在将他们的价值观变成审美主流。最好的案例出现在刚刚结束的世界杯上，90 后新晋男神内马尔，就是一个喜欢在 Instagram 上疯狂刷屏的自拍狂魔——超过 2000 张自拍照，为他换来了近千万粉丝。一点都不雷对不对？有人说：内马尔的出现，一举拯救了杀马特、洗剪吹和非主流。

90 后的自拍党，也正在成为技术界革新的希望。就在不久前，朵唯女性手机宣布打造"90 后自己的自拍神器"，定位清晰精准："要想俘获 90 后的心，除了硬件配置满足要求外，必然要在美颜功效上下功夫。"这并不是一个冒险的举动，毕竟有成功经验在先：从 2011 年开始就致力于自拍界的卡西欧，已经推出了第五代产品，360 度翻转屏，12 级可调的美颜模式，拍照修图、磨皮美白、Wi-Fi 上传一键完成，价格甚至一度炒至 6000 软妹币——卡片机卖出单反相机的价钱，这是只有自拍神器才能创造的奇迹。

不得不提自拍界的大佬，原本只是以 App 闻名江湖的图片处理软件商美图秀秀。它在推出了两代自拍软件"美颜相机"后，终于进军了手机界，推出美图手机 MeituKiss，据说首批 18888 台在 53 分钟内即被抢购一空。自拍神器的市场无限大，有数据为证：现在，美图注册用户约有 7.4 亿人，其中 4.2 亿来自移动终端，月活跃用户保持在大约 2358 万人。这就是为什么，你看到的那些自拍照全都是同一种风格："你这个磨皮的小妖精！"

90 后还未退场，00 后已经成为自拍狂潮的主角。最近微博上最火的自拍照来自一个 12 岁的小学生，以"5 岁起烫头""推荐一些白菜价护肤品""妈妈带我去做了冰点脱毛"等为题的大量成熟自拍吓傻了一众 80 后怪阿姨。当一代人还对着傻乎乎的影楼艺术照哀叹"毁童年"的时候，另一代人已经竭力在自拍照中展现她们的女性意识，开始逆袭了。

为什么爱自拍？《360° 零死角的绝美自拍法》，一本被自拍爱好者推上畅销书榜的教程中写道："我拍下所有美好，因为美丽如此脆弱，稍纵即逝。因为青春如此短暂，无可挽回。这一切都是为了证明：我，存在过。"不要觉得矫情，这就是自拍党的惯用语气，正如自恋是他们的惯用姿态一样。

自拍是一场自恋者的游戏。英国《卫报》称："在一些人看来，自拍已成为自恋时代的终极象征，其即时性让肤浅更加泛滥。它可能产生的一个副作用是：我们空前关心自己的外在表现，受此影响，社会接纳只表现为外部世界接纳我们看上去的样子，而不是认可我们实际所做的事，或者我们在相机之外的行为方式。"

社交网络时代，所有的自拍都是为了那个小小的"赞"而存在的。正因如此，有恩爱的秀恩爱，没恩爱的晒孩子，没孩子的晒宠物，没宠物的干脆晒自己，他们共同构成了微信上的"朋友圈暴力"。

自恋也是有流派的。从"发型自拍"到"化妆自拍"，从"醉后自拍"到"美食自拍"，从"旅游自拍"到"宜家自拍"……对了，还有一种叫"微约自拍"：女人专门瞄准事业线和美腿，尽管所有大腿看起来都像两根火腿肠；男人专门展示人鱼线和六块腹肌，尽管那腹肌只有他自己觉得很明显。

从《小时代》中走出来的 90 后演员姜潮，则创立了一种新的自拍流派：

"哭着自拍派"。2014年1月，他上传了一组九连拍哭照，配以文字："好久没有和妈妈聊天了，今天我哭得很伤心，对不起，妈妈，让你担心了，我真的好压抑，我好累，我好难受，没人懂，我知道，我是爷们，我不应该哭！我错了！我情商为0！"这条不仅情商为0，智商也为负的微博，不仅登上了十大热门话题，甚至引来6万网友跟风效仿。如果你觉得这已经很刻奇了，那你有没有听过另一种吐槽？"我有一个极品同事，他就连参加家人的葬礼，也在忙着自拍。"

所以，当那条假新闻——"经美国精神病协会认定，'自拍成瘾'是一种精神疾病"——被爆出后，地球人都相信了。

哪一代中国人能拥有正常的情爱关系？

采访／金雯

裴谕新　中山大学社会学与人类学学院副教授，硕士生导师，主要研究方向：性与社会工作、性别关系与女性研究。

微约与互联网的发展、智能手机的普及密切相关，在此之前，人与人之间相互认识都是在某个既定的社会关系中，陌生男女之间相遇是"邂逅"，有各种条件才能发展成为一种固定关系，而且属于日常生活的一部分，不会很快发生越轨的行为。但是，现在就很不同了，很多人使用社交工具就是直接冲着微约去的，技术帮助人类形成了一种新的关系模式：匿名的，仅仅只是性的关系。

"约吗？"能够这样开门见山的，基本都是20岁上下的年轻人。一般来说，微约对象都在附近，十几分钟之内就可以到达。在事前，他们之间不会聊很多，不需要看家里有多少资产，就是看长相，直觉上有眼缘就可以了，最多再看一下性格如何，不至于完事后给自己带来麻烦，如果性技巧很好就可以加分。大家只是想要一种快速满足的肉体快感，仅此而已。

在中年人那里，"微约"是偷情，他们的性会有更多利益牵扯，以往的经验也不允许他们进入一种看起来不可控的关系中，他们一般不太能接受直白而迅速的性。中年偷情有一种多吃多占的心理，还有一种代偿心理——年轻时的性压抑要趁能力尚存的时候尽量释放出来。同时他们也希望通过微约来寻找某种存在感，人到中年，人生的天花板已经显而易见，事业上升是困难的，但是恋爱是容易的。

2013 年 8 月 11 日，北京工体西路附近的酒吧，一对男女在亲昵交谈。
（图 / 蒋国清）

那些中年奋斗不成功的男人，升迁无望的政府官员，经营一般的小业主，那些难以获得的成就感，都可以从年轻女孩身上获得。因为时间差的关系，二十出头的男人普遍不会掌握那么多资源，中年大叔在竞争中就拥有了更多的优势和机会。但是，大叔成了香饽饽，也还是中年男人自己制造的幻觉。即便在一个男权社会，拿掉权势的光环，多数大叔除了啤酒肚，也真的乏善可陈。中国大叔的"用户体验"普遍较差，尤其在性方面，他们往往自私自大，自以为什么都懂，不屑于学习技术取悦女人，还总是以为女人一旦上了床，就臣服他了。以为"拥有"越多女人就越有价值，官方表述中生活腐化的官员便是这方面的代表。年轻一代已经慢慢出来了，在大众审美中，你看看流行偶像，那些小男生，可都是"小鲜肉"啊。

在国人的两性关系中，我们很少能看到公平，只能看到资源的相互争夺，两性关系是一场战斗，必须我制服你，让你臣服我，听从我。尤其对很多男人，女性的独立性并不算一种好品质，他们并不喜欢分享一种关系带来的个人成长。他们更愿意充当一种教化者的角色，他们喜欢女人听从、讨好他们，极为享受被崇拜感。

我们常常看到三五有话语权的老男人坐在一起指点江山，旁边有美少女崇拜的眼神。酒局是老男人的一个权力幻境，他们需要这种排场来表明自己的能量和一息尚存的雄性荷尔蒙。而这些年轻的女孩也是两性游戏规则的聪明应用者，她们知道老男人需要崇拜，那就满足他们吧。大家都从一个虚幻的假象中获得各自的需求。

在我们目前这个社会，男人貌似掌握了更多的性资源，其实这只是一种表象。男人如果需要性伴侣，他得用物质和其他各种利益去交换。女人如果要找性伴侣，只要有这个意愿，还是比男人容易。我们现在说的性资源还是传统意义上的婚恋市场。因为女性普遍不愿意找社会地位比自己低的男人建立一种稳定关系，这样让她们有自我贬损感，男人就没有这方面的顾虑。但是，如果只是单纯地寻找性伴侣，不考虑建立一种可以依靠的关系，女性显然更容易。

但是在微约这件事上，男女还是有一定差别。相对来说，在微约行为中，男性的满意度要高过女性，如果两人相处愉快，很多女性会尝试建立一种联系，但男人不会。很多女性在事后会感到失落。

微约也存在风险，是不安全的性行为——很多人不使用安全套。这当然与他们原有的行为习惯有关。但总体来说，这和微约的一个前提相关：如果你不对陌生人建立安全感，就很难去微约。

微约让性与亲密感分离了。在传统的两性关系中，上床是一种契约和仪式，上完床，你就得对我负责，或者，上床就意味着我把自己交给你了。只有非常亲密之后才能有性。这种文化设置导致了很多两性关系中的悲剧：因为发生了性关系而必须跟对方结婚，但是婚后又不幸福，还老想着自己亏了，想把缺失的情爱体验全部补回来，然后就有了很多婚外情、中年婚变。婚姻被视为合法、合理解决性问题的唯一途径，解决性必须结婚，不管你是否适合婚姻，也不管那段婚姻能否给你带来真正的幸福。

实际上，当我们破除亲密关系与性之间的联系，才能对性有更多重的理解，才会去学习性技巧，懂得去尊重对方、取悦对方。有了足够多的性体验，才不会有中年人在掌握权势之后穷凶极恶地填补年轻时的缺失。

在微约这个问题上，欧洲人相对比较开放，美国人相对保守一些，但是都不会把微约这件事拿出来炫耀，也不会因为微约而成为别人攻击的目标。在智能手机出现之前，他们就开始在酒吧约了。我也跟一些欧洲的女孩聊过，在她们 25 岁之前的背包旅行中，就是一边约一边游玩的。这是一个人生阶段的一种情爱体验，性并不必然导向婚姻或者某一种固定的关系。到了四五十岁，他们就很少再约，因为生命已经进入另外一个阶段，而之前该有的体验都有过了，他们需要另外一种情爱关系。

在哪一代人身上能够实现一种正常的情爱关系？目前最有可能的大概就是"90 后"，他们是网络时代的一代，与世界更加同步。但是，他们毕竟也是从我们这个文化脉络中成长出来的，他们能走多远，真的不知道。或许，"00后"可以？

外国银发族的"第二人生"
他们为什么不跳广场舞？

文 / 谭山山

就像《华尔街日报》创造了"Dama"（大妈）一词，《经济学人》杂志在报道中国广场舞现象时，率先用"guangchangwu"来指称广场舞——因为它们都不好翻译。以广场舞而言，如果按字眼意思翻译成"square dancing"，美国人可不会理解成"一种在广场上跳的舞",而会理解成方块舞,一种美国传统舞蹈。而且,美国人也不能理解,为什么要一大堆人在广场上跳舞,而且是天天跳、伴随着足以称为噪声的配乐跳。而在一些国家,比如新加坡和阿联酋,在公共场所跳舞是明令禁止的。在新加坡,违者将面临5000新元的罚款。

旅加学者陶短房根据自己长居加拿大的见闻,写了评论文章《国外为何没有"广场舞"》。在他看来,国外的许多公众娱乐活动,像温哥华每逢周末常常举办的街头或广场音乐会,其产生的噪声、声光电等效应不亚于广场舞,甚至远在广场舞之上。但这些在公共场合举行的活动,有着严格的约束和限制。在温哥华,什么样的场地允许举办什么类型的公众活动,是有严格限制的,离居民区较近的场所,噪声较大、聚集人数较多的活动,会被明确列入禁止范畴。

而且加拿大对居民区内的噪声或集会扰民,采取"零容忍"政策,即社区内固定业主只要有一户反对便禁止。陶短房家附近一个社区,就曾因一户业主以"噪声扰民"为由,"一票否决"了一座申办中的托儿所。所以,跳广场舞扰民这事,在加拿大是不可能发生的。

1939年美国大法官欧文·罗伯茨关于公民在公共场所的言行准则的论述,至今仍然适用:"(美国公民)使用街道、公园之权利并非绝对而系相对权利,须受公众之方便及舒畅之节制,并遵守和平及良好秩序;但官方亦不得假借法规而剥夺此等权利之行使。"也就是说,在公共场合唱歌、跳舞、发表演说、集会等都不成问题,但参与活动的人应该顾及他人的感受,把这些活动的负效应控制在大家能接受的程度。

华人大妈在纽约日落公园跳广场舞被控罪这事,就是没有控制负效应的例子。更何况,噪声扰民是可以入罪的。美国大多数城市或州都有噪声控制法规,以纽约为例,1963年颁布的《反噪声法规》及1997年通过的《噪声防治法》,对每种噪声都有具体认定标准,如在公园内播放音乐以及制造声音,必须低于35分贝(人日常说话的声音为40至60分贝)。而且,在纽约,如果想在公共场所使用收音机、电视机、音响、麦克风等扩音设备,必须事先从警方那里获得许可。声音许可证需在活动开始前五天内申请,申请费用为45美元。

其实,在我国也有防止噪声扰民的种种规定。但在跳广场舞的大妈大爷们看来,跳舞时音响不够大、不够劲,还不如不跳。因为在这种成本极低(是需要时间成本，但对老人来说最不缺的就是时间）、带着表演色彩的集体活动中，他们找到了久违的自我认同感。

日本老人则不然。首先，他们在心态上不服老。渡边淳一在《熟年革命》中说，"年老，意味着更可以随心所欲地享受生活"，所以他改称老年为"熟年"，鼓励老人们开启"第二人生"（也就是大前研一所说的"后五十岁的人生"），甚至鼓动他们去恋爱以保持热情——就像他自己那样。其次，他们是日本社会最有钱、最有闲的人群，有数据显示，他们拥有的财富占整个国家的 70%。他们有能力也有时间去做前半生想做而没有做成的事情，自我实现的渠道反而比前半生要多。

比如征服世界。2012 年 8 月，时年 106 岁的日本福冈教育大学名誉教授升地三郎创下"乘公共交通工具绕地球一周最年长者"的吉尼斯世界纪录；2013 年 5 月，80 岁的三浦雄一郎第三次登上珠峰，刷新了征服珠峰最年长者的纪录。

比如写作。2011 年，由推理小说作家岛田庄司发起，讲谈社开始实施"本格推理'老手新人'发掘计划"，应征作者的年龄限定为 60 岁以上。这些年过半百才开始创作活动的老文青被称为"迟开的新人"，其中年纪最长者是"诗歌奶奶"柴田丰，她 92 岁开始写诗，98 岁出版处女诗集《不要气馁》。

比如继续工作或创业。日本于 2006 年 4 月出台"改正高龄者雇用安定法"，明确要求企业继续雇用 60 岁以上人才。日本还有专为退休老人介绍工作的"银色人才中心"，三千余名会员中，六七十岁的占最大比重，年纪最大的是一位 95 岁的老人。对这些银发工作者来说，赚钱不是第一目的，他们享受的是自我价值实现的过程。

比如从政。日剧《结党！老人党》（2009）的主角是个退休老头，参加同学会发现小时候最讨厌的家伙当上了国会议员，老头儿不服，跟儿女们说："你爸我要当这个国家的首相！"这虽然是电视剧里才会出现的情节，但观众们尤其是老年观众看得十分过瘾，仿佛他们的梦想借由剧中主角实现了。

因应进入超老龄化社会的现实，日本社会也做出了相应调整，像商家就把目光投向了最有消费能力的这一人群。2011 年 12 月，茑屋书店东京代官山店开张。这是一家专门面向中老年顾客的书店，打出的口号是"期待与如今已迈入五六十岁的最初一代顾客再次相逢"。

茑屋书店 1983 年在大阪创立，后来发展为既卖书，也提供影碟、音乐

CD 出租业务的连锁综合书店。它最初提供的服务主要针对年轻人，店名也从汉字"茑屋"改为年轻人更能接受的"Tsutaya"。30 年过去，风水轮流转，书店的主事者认为，该是吸引熟年顾客的时候了。于是，代官山店开张，新店店名改回汉字，希望能唤起已经步入中老年的第一代顾客的回忆。为适应这一人群的生活习惯，茑屋书店代官山店每天早上 7 店开门。店里提供咖啡和面包，这样顾客就可以一边吃早餐，一边看书。

甚至书店的店员，也特意挑选较为年长的，让顾客有亲切感。旅行主题区的负责人是 65 岁的森本文史，他游历过世界一百多个国家，写过几十本旅行书。该区还设有 T-Travel 柜台，只要顾客有出行的想法，哪怕是多年前在小说中读到的某个场景，店员都会从推荐目的地、设计路线到订行程、机票一手包办。

目前我国还没有这样的提供生活方式的书店，现在的中国老人也还消费不起。等过个二三十年，现在 30 岁这一拨人变成熟年，应该就可以接受这样的书店了。有这样的生活方式提供商，谁还去跳广场舞啊？

2014 年 7 月 9 日，北京南馆艺术团的大妈除了跳"打鬼子舞"，演各种样式的民族歌舞小品，他们的文艺形式都是向春晚看齐的。（图—李伟 / 新周刊）

中国老人批判

文 / 山鸡哥

第一个批判中国老人的人是梁启超。他首先批判的是"握国权"的老朽之人,"造成今日之老大中国者,则中国老朽之冤业也"。1900 年,在同一篇《少年中国说》中,他还描摹了老年人消极的人生状态:"生平亲友,皆在墟墓;起居饮食,待命于人。今日且过,遑知他日? 今年且过,遑恤明年? 普天下灰心短气之事,未有甚于老大者。"他把一国之希望寄予少年。

百余年来,一代代少年为家国而奋斗,或抛头颅洒热血,或埋头实干,攒成白发。民族复兴与大国崛起,是迭代的努力,今日之老年人功不可没。

现在,每秒有 1 人退休,中国老年人已累积 2 亿以上,中国已是老龄人口总量和老龄化发展速度双世界第一的老龄化社会。幸运的是,即便问题不少,中国老人面临的依然是史上最有医疗保障和社会保障的时代;他们在年轻时也赶上了中国经济高歌猛进时的各种机遇,现在仍不乏下一代的实力供给,且有《老年人权益保障法》及配套法律和社会养老服务体系的佑护。不幸的是,贫困、疾病、失能、孤独是老年人难以摆脱的四大难关;他们已成定式的思维和行为赶不上社会转型,难免发生观念冲突和行为摩擦,其中干扰或伤及他人的行为,更激起社会中青年群体的共愤。

有人觉得中国老人不该被批评或批判,理由包括:谁都会老;人孰无过;不能以偏概全以点代面;不少老人自尊自爱自强,堪称人生榜样;他们年轻时为社会做出了贡献;他们老了还在为社会发挥余热;他们老了还在为下一代服务(提人生忠告、付房款首期、帮带孙辈);老有老的难处;年轻人的问题不比老人少;社会也有责任。

但为求一团和气而把中国老人目前存在的问题掩盖起来,并不能止息观

自拍、微约、广场舞

念冲突和行为摩擦,反倒剥夺了帮助老人们正视问题、解决问题的机会。中国人从未丧失敬老尊老助老的传统,倒是缺乏对老人一视同仁的观念。人孰无过,有则改之,无则加勉。

他们之中,有人在公交地铁的座位前貌似身体虚弱,在斑马线的红灯前居然脚步飞快。

他们之中,有人习惯在还剩最后三秒红灯转绿灯之前,就推着婴儿车上的孙子孙女过马路。

他们之中,有人以感情勒索的方式,粗暴干涉儿女的恋爱婚姻,只为自己人前显胜、早日抱孙,全然不顾儿女的人生节奏和自主选择。

他们之中,有人视子女婚姻为交易品,压榨未来女婿或儿媳,只为自己利益最大化。

他们之中,有人自恃阅历丰富和老谋深算,贪图高息回报,瞒着家人大额投资,屡屡上当受骗。(参阅新闻:2000 老人被骗 2 亿)

他们之中,有人不信银行不信警察不信报纸不信儿女,只信那通让他们把钱转出来的神秘电话。

他们之中,有人自恃长辈,以关心的名义,巨细无遗毫无分寸地查问晚辈的个人隐私,且动辄训斥之。

他们之中,有人不以情以理服人,对儿女时不时以老、以病、以死相胁。

他们之中,有人以帮儿女的名义,强行剥夺儿女照看和教育自己亲生儿女的权利。

他们之中,有人在儿女教育孙辈时溺爱后者,使儿女的教育效果大打折扣。

他们之中,有人在盛年时极恶劣地对待自己的父母,老了却要求子女加倍善待自己、回报自己。

他们之中,有人还在以自身为例,教儿女双面人格,阳奉阴违,迎上欺下,保全自己。

他们之中,有人代子女及孙辈择学择业,极尽趋炎附势、投机取巧、违法乱纪之能事,目无他人意愿,亦无法律规则。

他们之中,有人"以身作则"地为下一代做着贪官的榜样,置子女于耻辱之中。

他们之中,有人激励儿女为国效力——考公务员,然后心安理得地享受儿女滥用公权和贪污腐败的"成果"。

他们之中，有人并非因为爱，仅仅因为色欲未满，而对异性或幼女行苟且违法之事。

他们之中，有人年轻时没培养任何专长或爱好，老了倍感空虚。

他们之中，有人极度缺乏再学习能力，但依然事事好为人师。

他们之中，有人认为既然自己从职场退休了，那么大脑也该退休。

他们之中，有人认为既然自己从职场退休了，社会万事与我无关，当旁观者和受益人就好了。

他们之中，有人半辈子没处理好家庭关系、邻里关系、上下级关系，老了更迷信特权和关系。

他们之中，有人年轻时曾作恶而侥幸未受罚，老了依然心存侥幸地作恶。

他们之中，有人年轻时强势过，老了不惜以干扰他人的方式，继续在公众场合宣示存在感。

他们之中，有人认为到了自己什么都不用付出、所有人都应该对自己好的年纪。

他们之中，有人无视改革开放的成果，一味怀念强人政治时代的美好。

他们之中，有人极度怕死，无所不用其极地养生，每天测十次血压，抢购一切真真假假的保健品。木心说："中国的公园，许多人在那里弄气功，抱住树，晃头。那是怕死，没有别的意思，穷凶极恶地怕死。"罗素说："对于年轻人来说，害怕死亡倒可以理解。那些年轻人有理由害怕在战场上丧命，想到自己享受不到生命所赋予的种种美好事物会感到痛苦，这是无可非议的。但是对于一个已经饱尝过人生的欢乐与悲哀、已经完成了他力所能及和应做的工作的老年人来说，仍然贪生怕死，那未免显得有些怯懦和不够体面了。"

广场舞的江湖传说

文 / 朱炫

与其说老一代中国人喜欢跳舞，不如说他们喜欢组织，组织能让你无坚不摧，让你有归属，也有靠山，就要比单打独斗更有气势，更雄浑磅礴，这是组织的威力，也是组织的快感。

早年头有一个官方名词，叫"团结"，在一个强调集体胜于一切的时代里，我们了解到团结就是力量，知识是不是力量还不知道，但是团结肯定是。海报上的工人们手举铁扳手，有大腿粗的小臂，黝黑壮实的农村汉子与同样黝黑壮实的农村妇女，那种你一看就肃然起敬，就行注目礼，就不想睡，就想并肩作战的生产队姑娘，高举红旗，打倒一切可以打倒的异端，这就是力量，这就是团结，骨肉敦实、杀气腾腾、永垂不朽的团结。

团结了之后，就有了组织，国家是大组织，下面儿还有小组织，红旗钢厂是一个组织，东风纺织厂是另一个组织，组织与组织之间有联系，也有竞争，大家伙在组织里满足了扎堆的愿望，太好了，接下来可以名正言顺地扎堆斗，红旗手每年的归属，广播站的控制权，谁才是真正拥护领袖，这些都可以斗一斗。

组织到底是什么？进了组织，首先你得旗帜统一、整齐划一，在千人、万人的阵列中，你是我，我是你，都不过是微不足道的一颗螺丝钉，我们是组织的一部分，就像细胞之于肌肉，拱卫在毛细血管里、肱二头肌里，以及小肠内壁上，维持组织的运转，好让组织发出雷霆般的吼声，摧枯拉朽地扯下旧时代的棚顶，我们冲啊，前进啊，呼吸着新时代的蓝天红日，一派新生。

这个时代孕育出了忠字舞，上万人的规模，逶迤数里，一边儿跳舞，一边儿前进，好几个小时不事生产，就跳，就扭，就表忠心，宇航员从近地轨道上看下去，首先看到的不是长城，是绵延十数公里的忠字舞，红艳艳、热腾腾，气势磅礴、锣鼓喧天、人山人海，上九天揽月，下五洋捉鳖，大家跳着同一种舞蹈，"敬爱的毛主席，我们有多少知心的话儿要对您讲"。外星人来了，问外星人二号，说这是什么玩意儿，外星人二号说，快走，他们已经进化到了社会主义高级阶段，别扯犊子了，快走。

我奶奶说，那时候跳忠字舞，也要互相比，同志们属于不同的司令部，谁更忠心，谁更红火，你说了不算，我说了也不算，咱们得跳，得比，谁的胳膊直，谁的胸脯硬，谁的歌声更嘹亮，谁的舵手能航行，这是一股气，根植在脑壳儿里。

年轻的姑娘们手捧红宝书，全身回荡着朝圣的庄严感，千万颗红心献给您，她们聚集在广场上，拉着手风琴，挥手抬腿，目视前方，唱着《大海航行靠舵手》，这就是一个时代，而很多年以后，这些人风华不再，都成了老姑娘，又回到广场跳起了广场舞，这就是一个时代的循环，一个完整的圆。

当郭沫若说，我们民族历史上最灿烂的科学的春天到来了，老一代人才从一个浩大的、惊险的、狂热的梦中苏醒过来，大梦初醒，狂喜也失落。从组织里走出来，来到改革开放的新社会，气象万千，风云斗转，一时间无所适从。我奶奶说，看见广场上聚集了一帮二流子，二流子跳美国迪斯科，就想掏出武装带，裹上小图钉，把他们统统抽飞，我奶奶要不是年纪大了，技能冷却时间太长，没准儿就真抽了。

没有了单位也没有了组织，不知道跳什么舞，唱什么歌，广场那么大，我那么小。

蹦迪是 20 世纪 80 年代非常流行的一个词儿，走出组织的第一批年轻人，比如我爸，他就像膨胀的花朵，迎着光明雨露，疯狂又热切，我爸疯狂又热切的时候敢去泡工程兵学院的捷克女留学生，他是我们家族里第一个，很可能也是最后一个碰过洋妞的人，我叔叔说，你爸是流氓。

我爸就是那种拥抱时代的年轻人，吸收着新时代的恣意徜徉，成为他们那一代郊区的迪斯科舞王。我爸说，你奶奶早一百年，就是神助拳，红灯照，杀洋人，是红莲圣母，是封建主义老骨头，黄飞鸿看过没有，你爸我就是黄飞鸿，爱梁宽，爱十三姨，爱洋枪大炮，是新时代的人。

早年间迪斯科据说也是分派别的，我爸和我妈隐约地经历过集体主义，所以不自觉地在广场上扎堆儿，忠字舞是扎堆儿，迪斯科也可以扎堆儿，荷东迪斯科系列，那么多首歌，能跳百八十种舞，每一种都是一个堆儿，迈克尔·杰克逊是教主，詹姆斯·布朗难道就不是了吗？来吧，朋友，在广场上，在舞厅里，在光彩与炫目的节奏中，我们分高下。

如果说我奶奶这个阶段是集体主义的高峰，我爸就是集体主义破碎之后，乱流中的无数浪花之一，在一个遍布海子、顾城以及《芙蓉镇》的年代，有人读《三毛流浪记》，有人读三毛，有人诗朗诵，有人霹雳舞，很多很多年以后，我们崇拜勒布朗·詹姆斯，很多很多年以前，他们崇拜詹姆斯·布朗，那个将霹雳舞带进地球的传奇男子。

一无所有是这个时代的写照，蒙着一块儿红布，我问你往哪里走。

这是一个承上启下的年代，集体的魂魄不灭，形却散了，网络尚未兴起，人们在乱流中摸索，百花齐放，百屁齐放，摸着石头过河，黑猫白猫，都是好猫。

我的父母在这个时代相逢，以为可以改天换地，但是他们并不彻底，人们开始怀疑集体，也怀疑上个时代所遗留的大多数东西，他们想要发出自己的声音，可脱离了旧的集体，不自觉地又汇聚在一起，产生了新的集体。

老板们是一个组织，开汽车的是另一个组织，搞文化的是一个组织，搞文化挣钱的是另一个组织，组织与组织之间，扎堆儿也竞争，互相追捧也互相鄙视，尽管不需要再整齐划一，尽管谁都不愿意再做一颗螺丝钉，可一切只是循环，组织在骨子里，依附在胸腔肺腑之间，所谓突生变化，不过是形式不同，大家伙儿爱扎堆，爱找组织，这个秉性拉钩上吊一百年不许变。

没有了集体，我们就创造集体。

说到底，大概是我们都不知道怎么活得更像自己。

我这一代人，是网络下生机蓬勃的第一代，很多年以后我快死了的时候，可以告诉我的徒子徒孙们，这是你爷爷的微信号，里面所有的姑娘都老了，你一个也泡不了，但是请在我的尸体化好妆以后，拍照，要用美图秀秀，柔化，微调，发我的朋友圈，就说今天我死了，我在下面等你们。

但我的长辈们与我是不同的，不论是我奶奶所代表的集体时代，还是我父母所代表的后集体时代，他们本身作为单独个体的生活，类比于我们，都是闭塞的。

失去了忠字舞与迪斯科的这两代人，找不到自己的方向，我父母曾经要好一点，抓住了单位这最后的集体，退休以后，连最后一根稻草也折断了，他们走上社会，才发现真正的老无所依，没有忠字舞，也没有迪斯科，不用汇报也不用请示，终于可以为自己而活了，可活不出东西。

当我妈和我奶奶在广场上重温集体关怀的时候，我们这些人则选择躲在数据流的背后，与任何可能的社交保持距离。

信息太猛烈，像刀斧，劈头盖脸，明火执仗，我们的欲望在加速，可身子骨跟不上，索性不动弹，写封信也觉得累，拨弄手指，就算是交流，朋友圈还在更新，知道其他人还健在，就算是友谊。

我们与忠字舞本身都是两个时代的病灶，我们并不幸运。

我们不会再像老一辈那样投身热火朝天的集体运动，也不会扭着屁股在广场上寻找节奏，我们熟稔了数据的技巧，发现自个儿再也不用走出房门，就连做爱也变得简单，不需要面色桃红，也不管人情冷暖，我打开手机，每天发二百条"约吗？"，就跟电话诈骗似的，总有热情奔放无所事事的姑娘需要我的安抚，她们说约吧，世界这么大，我为你敞开双腿，谁占便宜还不一定。

我的朋友曾经有一番经验之谈，他说，如果你是姑娘，你需要在相册里放上美腿酥胸以及锥子脸，但是不可以太奔放，太奔放你就得标价格，就俗，所以妖而不腻，艳而不俗，就是女神与快餐姐儿的本质区别。

如果你不是姑娘，你得拍方向盘与车钥匙，没有你可以去借，去租，出门了你说喝酒不开车，开车肯定死，不显山不露水，横看成岭侧成峰，这是大师。你还可以拍些个旅游图片，我说拍密云和通县的行吗，我还有几张在北海公园的。

你怎么不拍保定石家庄壶口大瀑布？一定要横跨大洋，最近也得是泰国大马，要有棕榈有美国人民，有蓝天和高层建筑，当然了，如果这些你都没有，最好要有狗，狗是增进微约的好伙伴，可爱的狗，温驯的狗，逗逼的狗，狗为你打开女方的话匣子，狗是你的心灵导师，用前爪为你掰开女人的腿，狗嘴里吐不出象牙，可是能吐莲花，聊狗，聊温情，聊你孤独的心灵之旅，这样你们远隔五十公里，用指头聊一只具有三岁智力的金毛犬，聊它的成长与快乐，就好像你俩真的是为了狗而来。

然后火候到了，你就可以问：约吗？

说到底还是一回事儿，我跟朋友说，这样就不俗了吗？

当我们嘲笑广场舞的时候，我们本身也好不到哪里去，我们嘲笑那些在广场上找集体归属感的旧时代中老年妇女，而我们这些新时代的孽种，不过是在数据流里寻找着虚伪的认同。

百十年后，我们大抵是不会跳广场舞的，也不会跳忠字舞、迪斯科，我们应该会三五成群地在微信圈里问，老张你今天吃的什么，吃岔气了没；老李你的下肢还有感觉吗；小丽啊，你七十多了嗓子还这么好，你的大白腿虽然皱皮了，可我衰老的那话儿仍然为你勃起。

大家发发表情，看看谁死了，谁快死了，随便吐吐槽，攒钱给自个儿买镏金镀银的上好骨灰盒，搁进朋友圈儿随意显摆。

看，新家，我的。

我们跟集体告别得太快，时代的大潮也簇拥着我们，我们泛起白色的浪花，一闪即灭，涌上了巅峰也坠入谷底，每一天都是艳阳高照，每一天都是暴雨雷云，我们顺着时代的江河跌宕，不知来路，也不知去路，我们脱离了集体，可并没有找到更好的去处。

如果说忠字舞是开端，广场舞必然是结尾，构成一轮完满的圆，从集体里走出来的老同志们，从迪斯科舞厅里退出来的小同志们，迎来了 21 世纪的第一个十年，甚至即将迎来第二个十年，冬去春来，风起风灭，想明白了吗？没有。

小同志们又生下了我们这些小伙子、小姑娘们，我们想明白了吗？我们还来不及想。

曾经我的父母试图摆脱集体的约束，可并不成功，黑夜给了我黑色的眼睛，最终都用来寻找公积金。我的奶奶曾经一度陷入苦闷，这个时代不会有高音喇叭，也不会有排成长龙的舞队。

这大概才是他们跳舞的真正原因。

广场舞最初的接受者就是这些人，他们带着旧时代的温存，风雷霍霍地回来了，踏上广场的那一刹那，看见整齐的队形与统一的服装，这让他们格外得劲儿，就像黄河大合唱，风在吼，马在叫，黄河在咆哮，黄河在咆哮！

我舅妈在广场上跳舞，跳《小三》，"你终于做了别人的小三"，我舅舅回家浑身哆嗦，问她意欲何为，我舅妈说，没注意听词儿，就顾着踩节奏了，曲子好，提神。

我表哥说，这曲子太俗，你好歹也是个城市白领退役，怎么能跳这个？

舅妈说，对，我跳别的。

舅妈就跳了《老婆最大》，我舅说，你还是跳《小三》吧，《小三》是魔幻现实主义，跳的是子虚乌有，不影响家庭和谐，《老婆最大》就是革命现实主义，跳的是三大纪律八项注意，让男人听了胆寒。

我听闻有些地方，广场舞已经达到了千人乃至万人的规模，夜幕低垂，红霞烧天，大妈们迈着整齐的步伐占领了广场，志愿军占领了高地，三〇二或者九五七，洞妖洞妖，我们已经成功抵达胜利小区广场。敌人叫嚣着，白鹤亮翅的老头儿，跳健身操的小姑娘，溜旱冰的小朋友，他们不服气，还我广场，还我河山，热热闹闹，就斗吧，就比试吧。

你说她们真爱跳舞吗？她们只是想在新时代里，给自己找一个位置。

从忠字舞到广场舞，这是一个圆，曾经从集体出逃，又以另一种方式回到了新生的集体，这是旧时代留下的印记，有人说，这些人的子女没有经历过这个圆，这个狂热、严谨，同时无奈的圆，旧时代的印记戛然而止，往下，就是新时代的光辉。

可我们是否就逃出了这种找归属、找组织的怪圈？本质上我们是否真正具有成熟的思想，想着去做什么，又或者我们只是空着脑壳儿接受外星电波，噼里啪啦。

他们说什么就是什么，他们给什么就拿什么。

其实我们与跳舞的大妈，也许并无二致。

归根结底，我们都没有活得更像自己，我们的父母在广场上载歌载舞，而我们自己掏出手机发着微信，我们的父母跳舞，是因为他们超过五十公里，就会觉得远，人与人之间必须紧紧抱团，紧紧簇拥，紧紧归顺，听指挥，打节拍，回归集体。

我们不跳舞，是因为我们的距离太广，我们不单对集体毫无知觉，我们对于任何形式的亲密都浑不在意，信息太快，我们不需要相见，我们通过发表情、发语音，来完善一个人的存在，你发两百条"约吗？"，你的母亲跳两个小时的《最炫民族风》，本质上，你们都在跟着时代走，跟着时代亦步亦趋，活不出个南北东西。

这个时代允许我们做我们想做的事情，唯独没有教会我们怎么做自己。

你问我要去向何方，我指着大海的方向。

我们指着大海的方向，却裹足不前，身处广场，却也迷失在广场之上。

我们是如何沦为粗鄙一代的?

文/肖锋

今天众人都在热议"中国大妈",我却想起"革命女干部"。电影《芙蓉镇》里那个剥夺别人幸福自己也没有好结果的毫无人情味的女人,是那个时代可悲的代表。影视剧里充斥着这种一本正经的、干瘪的、灭绝师太式的女人。比照港台同样担任领导职务的女性,总觉得"女干部"们除女人味外还缺了点什么。是什么呢?或许是传承吧。

老一代的思维和情感源代码是"文革"写就的,新时代源代码则由全球化、互联网写就,两两不靠。因为断裂,所以口水不断,误解不断。你说我们是最没出息、最没责任感一代,我们就说你"不是老人变坏了,而是坏人变老了"。

杨绛在《一百岁感言》里写道:我得洗净这一百年沾染的污秽回家。钱氏夫妇皆为天下读书人的楷模,杨更代表民国以降那些绝版女人,上得厅堂、下得厨房还谈得思想。

大军阀吴佩孚是个廉洁标兵不说也罢,还写得一笔好字自不必说(吴所题"盛锡福"牌匾一直挂到今日),他值得一夸的是不跟知识分子斗气,一边听蔡元培大骂,一边给北大拨款。

蒋介石日记写着:不要跟文人过不去,他们会记仇的。是的,文人会写在历史上,写不了正史写野史,这是他们记仇的方式。老蒋枪杀了闻一多,但后来对令自己不爽的胡适和傅斯年却极其宽容,委任傅斯年做台湾大学的校长,胡适去世后写下挽联:新文化中旧道德的楷模,旧伦理中新思想的师表。老蒋这样做,是反省了在大陆的失败。

"道统!道统!"即便穷乡僻壤,也总有一位戴瓜皮帽的老爷子叫骂,乡绅子弟出来做官，也是受这样的道统约束的，毕竟念过四书五经，不会玩得这般粗鄙。兵荒马乱时代，民国风流人物大都气定神闲，收放自如。官人与文人决定着社会的气质，决定着是否尊卑有度，是否收放自如。

北大清华"文革"期间自杀或被自杀者不下五百人。早前中大的陈寅恪也是给斗到小便失禁，以至条件反射听到大喇叭响就尿裤子。三百年乃得一见的史学大师就此远去。知道什么叫斯文扫地了吧？

这一切就这么发生了，粗鄙的时代就这样开始了。《精英的覆灭》一书盘点了历次运动中从政治精英、知识精英到商业精英的陨落过程。今天"精英"早已是个贬义词。其实精英早已覆灭，无论多少房地产广告都唤不回。

远看以为斧头帮，近看原来是中国大妈。

中国大妈的广场舞，属于噪声污染自然扰民，可居然还用大刀、步枪等暴力道具打鬼子和反动派，被讽为神剧看多了。其实很好理解。"我们就爱唱个红歌、跳个集体舞！"一位大妈受访时称"一唱浑身热血沸腾"。

每座中国城市都有个类似人民广场的地方，在这里人们茶余饭后集体散步，唱歌跳舞，勾兑感情。久居石屎森林里的人们在这里找热闹，在这座不断刷新的城市中找到些许归属感。

丽江四方街原住民也有手拉手群舞叫"打跳"，往往感染游客一起"打跳"。起初是赞美神，不是崇拜某个人，后来是礼赞生活，人们心态平和喜乐，瞬间拉近距离。而广场舞跳起来真有点舍我其谁的劲头，一派革命的霸道，令人想起红卫兵，富有权力崇拜的象征，走火入魔。

自由其实是一种负担，你需要一个强大的自我。弗洛姆的《逃避自由》能很好地解释为何人需要一种归附心理，需要树立反动派，一个对立面，对立面更能激发"我们"之感。当个人从与母体联系中摆脱出来的时候，他对这个世界的恐惧感和不安全感也开始产生。这种感觉如此强烈以至于他必须建立一种新的纽带和世界重新发生联系。这种新的纽带便是宗教，抑或某个强权。于是希特勒产生了，"文革"产生了。

"很多人在牢里待久了就会害怕离开监狱的生活，很多人总在自己的体系思维牢笼里待久了，就不愿接受更为新鲜的东西，于是禁锢了思想。"

自由不但意味着责任，也意味着孤独，未必人人都愿意承受。群舞就是把自己交出，达到一种群 high。

今天，新世代都在追求实用主义和自我实现，不再对革命感兴趣。他们自然反对广场舞，反对盲目感动，反对群 high。全部新人类的共识，就是每个人按自己的意愿去生活，每个人实现自己向往的生活。那么准备承受自由与孤独吧——这是新世代法则。

想来中国大妈们不易，出生时刚解放，长身体时赶上自然灾害，青春期赶上上山下乡，改革开放赶上下岗，老来群乐乐却犯众怒。想当年"不爱红装爱武装，飒爽英姿五尺枪"，如今劲头仍在人已老。一个典型的 50 后，新生代的长辈，有着特殊时期写就的思维源代码，他们不可能也不愿与那套东西决裂。否定一个时代是痛苦的，那等于否定自己的前半生，于是只有美化，甚至礼赞。

而新生代并无历史负担，他们的源代码来自全球化和互联网，这些代码虽是混杂的、混搭的、跨界的、不成系统的，但更具现代性（modernity），更明白规则和利益的边界在哪里。

今天，人人"向上奔"的精神支撑着这个国家……人人有希望，个个没把握。所以有理由将希望寄托在 80 后、90 后，无论你看他们是如何不靠谱，如何不负责。

除民主法治之类的国家制度建设外，日常生活中的规则意识和礼让精神也是不可或缺的。在公共意识方面，日本人给我们树立了榜样，"不好意思，给您添麻烦啦！"之类的规矩和礼让，值得我们大大地学习。

暂不说理性、建设性，吵架都有吵架的规则，一个民族如果学不会吵架，就只配强权。因为只有强权才能摆平无规则、无休止、无结果、无节操的烂吵。

港台传媒无不穷尽明星八卦之能事。但合作过的人都说港台明星极靠谱，说人家一是敬业，二是态度谦卑。这个社会和古人比少了点什么呢？是谦卑，还有公民规则。

2014 年度佳作

不想过年

（图／新周刊图片库）

不想过年

春节正在向 13 亿中国人走来，34 亿人次正在向春节涌去。

什么都无法阻挡我们回家、回乡的步伐，除了——我们恐归的内心。

在功利的时代，中国人对生活的焦虑在过年时分集中爆发——不成功怎么衣锦还乡？怕催婚，怕被问工资，怕送礼……"过年 9 怕"在网络引爆了关于过年的集体恐慌。

当春节的团圆意义淡化，家庭成员价值观冲突，越来越多的"恐归族"想说：恐归，并非不想过年，"不归"也许是另一种过年方式，节日生活最重要的是快乐。

一过年，好青年就变成了问题青年。小众的"恐归"族，在我们的专题里成为主角，他们有他们的无可奈何、理直气壮和情有可原。我们盘点了中国人对 18 种中西节日的好恶，总结了不能过年的 10 种职业，采访了 7 类不同滋味的过年体验，调查了国人印象最深刻的各种过年经历。

让我们彼此包容、理解，回归节日的本来意义，祝大家春节——快乐！

"恐归族" 的价值宣言　马上逃离！

文 / 金雯

　　30 年前那些逗乐我们的相声段子已经不再好笑；除了在微博上被吐槽，春节联欢晚会已经乏善可陈；大鱼大肉、糖果零食都不太符合现在的健康标准；大扫除是没必要的，日常清洁已经让家里足够干净……过年可以做的那些事情都在逐渐失去意义。

　　过年必须做的那些事又令人烦恼。2013 年春运人数超过 34 亿人次，每年几十亿人口的大腾挪成为一个基本无解的社会问题。年货送来送去，领导、朋友、长辈，打点各方关系，联络多方感情，过年比上班还累。年前的突击加班常常让人对假期产生幻灭感：焦头烂额地忙完所有的工作，难道就为了过年那几天吃得脑满肠肥，对着电视发呆吗？

　　我们感慨年味淡薄，其实是人情淡了。但人类社会就是在由熟人社会向契约社会前进。我们有了更多的自我，不再依靠单一的价值标准来要求自己、评判别人，我们对于幸福的定义不再趋同。在不想过年的呼声中，十分具有代表性的理由是：为什么要按照别人的意愿来过年，我们只需要一个属于自己的舒心假期。

　　春节起源于殷商时期的祭神、祭祖。西周之后，过年加入了农业庆祝的活动。到汉朝形成了新春的礼仪。过年是绵延整个中华文明的传统。1928 年，国民政府曾经试图废除春节，折腾了几年后自动放弃。"文革"期间的"革命化春节"也响应寥寥。民间对于风俗习惯，特别是对好吃好喝的节日的眷恋是强大的，过年，在中国人的生活中一直很难被撼动。但是，从 20 世纪初开始，个体便已经开始精神上逃离这种传统。

　　鲁迅在《祝福》描摹了过年的场景，宣告了自己的逃离，《祝福》中的

"我"是这样一个人：一个读了点书、见了外面世界的小知识分子，他不再依靠惯性来生存，开始冷静审视这个"过年"的旧世界，并在其中看到残酷。

《祝福》中鲁镇旧历年底在天空中都能显出即将过年的气象，所有人都在忙着年终大典"祝福"，杀鸡宰鹅，买猪肉。但洗刷是女人们的事情，仪式是四叔这样的家长的事情。"我"这个无关的闲人，回到故乡鲁镇，却急着想要离开。那是一个充满了"寒暄"的世界，总是话不投机，有些你怜悯的可怜人，而你帮不了他们；有些势利心狠的人，你厌恶又不免有些交道。若干年后回顾起来，故乡已经很远了，过年便只是记忆中灰白色的天空，远近的鞭炮声和弥漫于空气中幽微的火药味。

1984年2月2日，北京，农历正月初一黄土岗公社刘甲村社员张占鳌一家在包饺子。除夕晚上及初一早上吃饺子的习俗在中国北方一直沿袭至今。（图／新华社）

我们会在某一瞬间怀念四世同堂的时代，全家欢天喜地过春节。但在理智层面，我们都明白，那不过是一个幻觉而已。家庭人口越多，关系就越复杂，大家庭内部从不缺钩心斗角，也像一个小江湖。一些据说饱尝了都市孤独症的人怀念记忆中的春节：现在想来跟兄弟抢一块糖都是开心的。他们已全然忘记当初没有吃到那块糖的愤懑与屈辱。在一些充满乡愁的脑海中，过去总是蒙着一块玫瑰色的面纱——那其实是脑补的结果。

现实没有给乡愁留下空间，城市化推平了记忆中的故乡，在"千城一面"之间，我们的家乡都是趋同的，几年之间迅速崛起的市镇只跟地产、政绩相关，与出生或生活于此的人没有多少关系，为了活得好一点，他们甚至都不能留在自己家乡。

对于世界工厂流水线上的 90 后来说，公益短片中那些千里走单骑、冒着风雪骑摩托回家的情感是陌生的，那是他们父辈的过年经验。对他们来说，过年开心的不一定是回乡，而是拿了工资去买一个新款智能手机。QQ 上认识的好友比儿时的玩伴亲密得多。故乡是丑陋的，他们对于中国乡村的凋敝体会至深，那是留守儿童时期的切身经历，在父辈打工赚来的二层小楼中，只有未粉刷的墙壁、祖父母力不从心的照料。

1985 年春节期间，湖北宜昌。对大多数 80 后、90 后来说，燃放烟花爆竹是小时候过春节最大的乐趣之一，遗憾的是如今很多城市都禁止或者限制燃放。（图／FOTOE）

虽然这个国家已经在一定程度上实现了与世界的同步，年轻的一代能够与全世界同龄人同步在苹果店排队抢购最新一代的 iPhone 了。但是上一代人还在另外一个时空：依然相信电视上所说的一切；对他们来说，网络的最大作用就是偷菜以及可以连续看完三十多集的"婆媳大战"连续剧；他们或许是广场舞大妈中的一员，或许是买金大妈中的一个。他们早早就已经放弃自己，而把全部的希望放在儿女身上：只要儿女好，他们便一切都好。在一个飞速发展的时代，他们也迅速放弃了自己的话语权：我搞不懂了。家长权威开始丧失，长辈对于家庭的凝聚力也越来越弱了。

对很多中国家长，特别是中国父亲来说，亲子沟通是一件困难而麻烦的事情。养育孩子的那几年恰好是事业上升的关键阶段，与同事在一起的时间超过陪孩子的时间，孩子的叛逆期又恰逢中年危机，出轨闹离婚各种焦头烂额。在2012年，中国的离婚率增幅就已经超过了结婚率增幅，连续8年攀升。

向孩子解释成年世界的各种困境实在太困难了，也太耗费时间了。情感上的亏欠很容易用礼物的方式来弥补。一个芭比娃娃、一套乐高玩具、一个包、一辆车、一套房……亲子关系变成了礼物模式。但是，养育一个孩子并不是驯养一个小动物，给它粮食，它就会向你摇尾巴。情感互动是一种经年累月练习的结果，不是你某天突然想修复时，就可以让对方按照指令回到原位。情感上的空洞会一直横亘在彼此之间，过年也无法让大家在一起假扮亲热。

年轻的一代多数是精致的利己主义分子，从小便享有家中最好的一切。花着父母的辛苦钱念完了大学，第一份工作的工资还不足以支付房租，在一个"拼爹"时代，当他们工作受挫时，还不时会暗暗抱怨：为什么自己不是富二代、官二代。

父母与孩子照例是最亲密的亲人，却有着最无法沟通的价值观，他们都被这个时代的功利主义牵动着，无法自省，也无法以恰当的方式爱人。父母依然还在付出，但是付出得越多，希望在儿女身上得到的回报就越多——不是希望儿女返还自己什么，只是希望在儿女身上兑现自己无法取得的现世成功。但是身为儿女，却并不是个个都能出人头地，那些厌恶过年的大多数无法面对自己现世奋斗的"失败"，败于过年聚会的各种"晒"：晒年终奖、晒过节福利、晒年会上的抽奖……三十而立没能立起来，四十不惑依然困惑，难以担当那些人生的责任；他们没能成为一个好的榜样，提供一个世俗层面的成功样本。

人是依靠优越感存活的动物。在北上广深，你可以看伍迪·艾伦的电影、用海淘购买一千美元的鞋子，然后假装生活在纽约。单身无孩，月月月光，除了生病时偶尔会觉得有点寂寞，总体依然觉得自己人生很牛，觉得自己是超越了琐碎生活的那群幸运儿。因为你就是在琐碎中长大的，上有老下有小，空间局促，没有隐私；从物质匮乏时期过来的父母，小心地计算着每月的开支，为节省了10块钱而雀跃不已。熟人社会有各种人情世故，斤斤计较，你是如此厌恶，大学毕业后便义无反顾地逃往大城市，以为远离了是非与琐碎。

但是年龄渐长，你会发现，自己还是难以逃脱被那些在你看来井底之蛙的眼界评判。春节其实是一个"成功人士表彰大会"，中国式幸福是如此单一而残酷，就是有票子有房子有车子有儿子。那些没有比较优势的人讪讪退回到亲情环节，长辈发了压岁钱，晚辈送完脑白金，大家开始看春晚包饺子。晚会歌手在唱"常回家看看"。你在心里却暗暗下决心：明年混不出个样子来就不回家过年了。所以，每年春节都会有那么几个缺席者，他们是家人口中隐晦的存在，"没回没回"，最后一声低得几乎听不到。

在家乡不要试图去推销那套雅痞的观念，喝什么红酒、穿什么质地的套头衫。在强大的现实主义逻辑之中，你就是一个不会过日子的废柴。由品味构成的大城市优越感可以瞬间被洞穿：言必称纽约，却一次没有去过纽约，其实只够钱去次泰国；每个月仍在还 15 万的奔驰 smart 车贷；过完年，房东就要涨房租，心里一直在挣扎要不要搬离电梯公寓；年终奖很少，过年这一次回家就全花光了；信用卡已经有了三笔分期，难道还要继续第四笔分期付款吗？

在家乡湿冷的冬天，凹造型穿着单薄的羊绒大衣冻得瑟瑟发抖，然后，那个微胖的妈递给你一件羽绒服，你挣扎了一下还是穿上了。你会发现，跑了很久，以为自己已经远离了你所否定和逃离的一切现实，但是，回家过年，一切都被打回原形。只是温暖和安全感是很受用的，虽然它们总是与现实的无聊、琐碎一起出现。

节日红黑榜

文 / 谭山山

红　榜

1　情人节

蜜运中的人对这个日子有多重视，还单着的人对它就有多抗拒：满大街的情侣、玫瑰都在告诉你——孤独的人是可耻的。评价的两极，说明这个引进也不过二十多年的西方节日的深入人心。源于日本的"白色情人节"就没有那么普及。

2 圣诞节

对于刚刚过去的圣诞节，有媒体的一份调查显示，48%的人感觉圣诞氛围变淡。彭博社认为，这跟中国持续推进反腐和反铺张浪费有关。其实这恰恰说明圣诞节在中国的深入人心，人们对它是有期待的，认为它就应该是热闹的。

3 中秋节

一个逃犯，为了回家跟妻子吃顿团圆饭，于中秋节投案自首。这是真事，2013年发生在邢台。人民网强国社区和北京美兰德信息公司联手进行"中国人节日观"调查，在"最喜爱的传统节日"选项中，有68.5%的人选中秋节。

4 国庆节

"五一"假期缩水，国庆长假于是成了大多数上班族最期待的假期，想出门旅行也就只有这个时候合适了。不过也正是因为这样，景区更堵了，要是碰上雾霾天，那简直是用生命在出游啊。有条件的话，还是选择出境游吧。

5 光棍节

"光棍节"演变为"双十一"购物节（之后又演变出"双十二"），除了商业的推动外，人们也亟须给败家的"血拼"赋予合理性，于是一个愿打，一个愿挨，大家一起把这个本不是节日的日子过成了中国（或许是全世界）最大的购物节。

6 儿童节

现在的儿童节，已经演变成小小孩和老小孩共同的节日。和一群小伙伴欢度儿童节，互赠儿时最喜欢的玩具，在 KTV 高唱"我有许多的秘密，就不告诉你～～"，这些"超龄儿童"比真正的儿童玩得还 high。

7 元旦

元旦是很重要的：很多人相信，新年第一天过得好，一整年都会好。这不是迷信，这是一种信念。和你一起倒数迎接新年的那个人也很重要，不管最后能不能在一起，都会是一段美好的记忆。元旦只放一天假，不过瘾。

8 万圣节

同为"鬼节"，我们的中元节显得鬼气森森、生人勿近，万圣节则欢乐、亲和多了，不就是一个变装大 party 吗？所以年轻人能接受万圣节，却始终没法接受中元节。有专家说，传统节日可以适当增加娱乐性，以吸引年轻人。

9 母亲节 / 父亲节

中国的人伦主题节日，除了一个重阳节，似乎就乏善可陈了。这也是来自西方的情人节、母亲节、父亲节乃至感恩节在中国受到欢迎的原因。我们需要有个机会，光明正大地表达对家人和爱人的感情。

黑 榜

1 春节

春节曾经是美好的，有新衣服穿，有好东西吃，而且，还有压岁钱！但当你开始发愁春节回去怎么跟父老乡亲交代，怎样才能躲过这一"节"（劫）的时候，春节就已经成了"鸡肋"：过得无趣，但不过又不行。

2 七夕

如果没有"中国情人节"这个名头，还有多少人能想起七夕这个传统节日？把它跟"情人节"扯上关系，其实是最大的误解，如果说是为了纪念牛郎织女或唐明皇杨贵妃的爱情，但这两对恰恰没有好结果啊。

3 愚人节

每次愚人节过后，就会传出媒体将恶搞的愚人节笑话当成真事儿的消息，就连央视也中过招。国人的幽默或者说搞笑基因确实堪忧啊。对了，别选在这一天表白或道歉，就像苹果首席执行官库克那样，没人信啊。

4 冬至

对冬至的重视程度，南北略有不同。南派以广东为代表，广东人相信"冬大过年"，冬至日单位会提前下班，讲究的是一家人齐齐整整吃顿饭，且必吃汤圆；北派没有那么郑重其事，吃顿饺子也就罢了。

5 元宵节

春节必须团聚，元宵节就不必了——根据现行放假制度，最迟年初七就得动身往回赶，不然赶不及开工（以及开工利是）。所以元宵节不像春节那样拉仇恨。吃元宵也不讨厌，而且每年都有人争论叫元宵还是汤圆，吃甜的还是吃咸的，多有喜感！

6 端午节

韩国率先申报端午节为该国文化遗产，中国民众表示很愤怒。但是，愤怒归愤怒，愤怒之后，我们还是照样不过端午节。相比之下，韩国更注重传统文化传承，而我们只剩下赛龙舟和吃粽子。

7 清明节

按照传统，清明节就应该出门走走看看：扫墓也好，踏青也好，宅在家里一个冬天，也该出去活动活动了。但现在很多人在外打拼，回去扫墓不现实（只放一天假）；至于踏青，还是算了吧，戴着口罩出去踏青很煞风景的。

8 感恩节

引进中国的洋节中，感恩节的接受度远不及情人节、圣诞节，也比不上母亲节、父亲节。人们争论到底该不该过感恩节，赞同者说我们需要通过这个节日学会感恩，反对者则说，我们要学会的是感恩，而不是过节！

9 劳动节

2008 年起劳动节假期从七天调整为三天，有关部门的考虑是减轻集中出游的压力，变集中度假为分时度假。但问题是，带薪休假不能落实，所谓"小长假"就很尴尬：只有三天，够干什么用的？总不能次次都去香港吧？

特立独行者的"拒绝"辞典

文 / 库索

拒绝结婚 我们能想到最好的婚姻关系，也不过是：相濡以沫、举案齐眉。但婚姻的真相却往往事与愿违，正如知乎上某个热门回答："选择一个结婚的人相当于选择一个愿意做你马桶的人，每天看你最真实的丑陋的邪恶的嘴脸也乐意，而你把你肮脏的垃圾扔给他之后，自己身体才可健康舒活。你每天需要这个马桶才可让你在人前光彩照人。"我们真的没必要把一切搞到如此不堪，结婚不是必修课，拒绝结婚，其实是拒绝妥协，拒绝以伪善绑架对方，拒绝将两个人的简单变成两家人的群殴。否则你的人生很容易沦入法国剧作家阿尔芒·萨拉克鲁的那个预言："人因缺乏判断力而结婚，因缺乏忍耐力而离婚，因缺乏记忆力而再婚。"

拒绝生小孩 你准备好要时差颠倒、对着垃圾桶把屎把尿了吗？你准备好迎接他们在机舱内惊声尖叫、在地铁里上蹿下跳，并且在一切公共场合为他们的失控承担责任了吗？你准备好换掉 QQ 空间和朋友圈的头像，以刷屏晒照片来自证过得很幸福了吗？你准备好要抢幼儿园学位、给中学老师送礼，提防着早恋念叨着志愿，并且开始更喜欢隔壁家小孩了吗？你准备好听他们抱怨"父母皆祸害"，甚至怒吼"没有一百万！生我出来干吗"了吗？含辛茹苦这种戏码，不是人人演得来，其实，我们也可以很喜欢小孩——如果只是坐在电视机前看《爸爸去哪儿》这种程度。

拒绝买房 "以今天的房价，普通人买房只有两种情况，一种是双方父母出钱资助，这种人基本上前途和发展被父母控股。第二种人是牺牲了太多的发展机会，典当梦想来成就一套房子。他们购买的，其实是自己内心深处的'安全感'。他们觉得，有一套房子，会让自己内心安全一点儿。但是安全感真的可以来自于一套房子吗？"这段话是新晋青年导师高晓松说的，他还说了："不买房，买梦想。"珍惜这种价值观吧，如今理想主义的人没几个了。

拒绝攒钱 我们实在是有太多趣味需要花钱了——每年要买几个名牌包，坚持只吃有机食品，刷完了 iPhone 5S 又要入 iPad Air，还有那么多动漫周边要囤起来；参加了一门外语课程，报名了海外马拉松比赛，有私人健身教练定制专属计划，还在钻研法国蓝带厨艺；考虑着给自己一个间隔年，打工游欧洲是个好选择，在印度做义工也不错……攒钱攒不来生活品质，何苦为了一个不确定的明天而省吃俭用呢？享乐主义者的人生信条从来都是：今朝有酒今朝醉。

拒绝瘦身 "瘦"已经成为现代式衣锦还乡的标准之一，不信你去看看，临近年关，电梯里都是狰狞的瘦身整容广告，微博上的营销账号比任何时候都大力推销着减肥药："过年了让亲戚朋友们都说你瘦了比去年漂亮了吧！"就连朋友圈里，也被《春节九种食物狂吃不胖》之类的攻略刷了屏。你真指望用瘦身来证明自己吗？去看看台湾女生李姮陵吧！美女再胖也是美女，别再给丑找借口，胖是无辜的。

拒绝稳定 王叔叔的儿子考上了公务员，成天抱怨薪水太少、同事钩心斗角，但是那有什么关系？他身处体制内，工作很稳定！李阿姨的女儿刚生了小孩，成天检查老公手机抓小三，但是那有什么关系？她至少没被剩下，家庭很稳定！生活三线城市就剩这点理直气壮了——稳定——就算他们的人生乐趣只剩下八点档和通宵麻将。但你真的愿意选择一眼就能看到底的人生吗？像某部日剧里说的——"最终走上那安全的轨道，然后偷偷羡慕着别人的任性或者潇洒？"更何况，根据能量守恒定律，这世间哪有什么永远的稳定？不过是蚕食斗志罢了。

拒绝同学会 有人炫富，有人炫官，有人指望重温旧情捡回个小三，有人非要靠抢着埋单才能找回存在感——这就是今时今日的同学会现状。把一群价值观毫无交集的人，用最百无聊赖的酒局串联在一起，假惺惺回忆起一些或许根本不存在的过去，真切地期待从每个人身上捞到点好处——哪怕只是满足"我过得比你好"的虚荣心。最终你只能独自在心底默念："那时我们有梦，关于文学，关于爱情，关于穿越世界的旅行。如今我们深夜饮酒，杯子碰到一起，都是梦破碎的声音"——根本不指望他们听得懂。

拒绝人脉 从前，人脉是大年初一的轰炸短信，现在，人脉是疯狂刷屏的拜年微群。总有那么几个陌生的号码（头像），言语亲昵可你死活想不起他是谁，总有那么一些人，复制粘贴着一模一样的文字内容，不小心连落款姓名也忘了改。圈子文化从线下转为线上，科技进步让虚伪的人际关系变得更便利，言不由衷也可以很简单，冷漠和功利轻易粉饰成温情与爱。当我们抗拒人脉的时候我们在抗拒些什么？借用@东东枪的一句话："友情是怎么消失的？是从被称作'人脉'的那一刻起消失的。"

拒绝热闹　年夜饭是要吃的，亲戚长辈轮番敬酒，再"咔嚓"一声拍张照，朋友圈里晒一晒："很热闹，很感动！"春晚是要看一看的，小品相声之间睡了几个回笼觉，挨到 12 点的新年钟声敲响，鞭炮和汽车报警器齐响："很热闹，很感动！"亲戚朋友是要走一走的，不过是客串物流，把 A 送来的年货再拎到 B 家，按惯例给熊孩子发压岁钱，假装很关心他们的成绩，再唠些每年都唠的嗑："很热闹，很感动！"大 high 之后必有大颓，伪装高潮之后只剩无尽空虚，我们不要热闹，只想吐槽。

　　2011 年 1 月 20 日，江西九江火车站，两位回抚州过年的农民工在冒雪赶车。2013 年，春运突破 34 亿人次大关，全球最大规模的人口流动潮再创新纪录。（图 / 东方 IC）

拒绝回到家乡　回到故乡这件事，有点类似于 PRG 游戏——在这种游戏中，玩家被赋予虚拟世界中的某种特定身份，在预设好的场景下，依照固定规则进行指定冒险。在回到家乡这场游戏中，我们是非真的，有时难免要扮演自己最讨厌的那类人；而故乡是陌生的，哪怕试图怀旧，最终却只能陷入一种老套而腐朽的价值评判体系中。又有一点是不同的：RPG 游戏能依靠完成目标而获得成长值，而家乡永远在那里，以不败的姿态，逼你乖乖承认：我是一个 loser。其实，如果过去我们以离开家乡作为追寻理想的目标，那今天为什么我们还要回到家乡？

从宗教纪念到全球狂欢

春节可以向圣诞节学什么？

文 / 肖锋

在英国，某房产商应小孩要求扩大烟囱迎圣诞老人，只因小孩担心烟囱太窄、圣诞老人爬不进来（圣诞老人的确太胖了）。在美国，某邻居因向小孩说了句"圣诞老人是人假扮的"即遭小孩家长起诉。

通常认为，西方的儿童从 9 岁开始才不再相信圣诞老人的真实性。想想在中国过春节的孩子们，一句"恭喜发财，红包拿来"，节后忙着攀比压岁钱，真是成熟（势利）得可以。孩子是社会最好的镜子。

从社会功能上讲，虽然圣诞与春节都是农闲时节的节日，都是凝聚亲友，都是承载对美好生活的祈盼与祝福，但圣诞注重敬神，强调在神面前人人平等，春节注重祭祖，在祖宗面前尊卑有序。遗憾的是，如今圣诞基本维持了神圣性，而春节越来越社会化甚至流俗，人们一直在抱怨年味寡淡。

圣诞和春节都有商业化的一面，只是圣诞在世界的时兴，不能单纯归为商业的炒作。商业的归商业，基督的归基督，西方人对于圣诞的那份敬畏、那份童心、那份简单的快乐还是保存了下来，并为其他人所效仿。

从基督徒最盛大的节日，到全球最盛大的节日——不只是因为全球 1/3 人口信奉基督教，也是因为基督教关于爱的教义取得了地球人价值观的最大公约数。借助神话、故事、书籍、音乐、表演以及电影演绎，圣诞的内容和内涵不断地沿着人们内心的需求被创新——难怪有人在微博上感慨，和尚都过平安夜了，这世界还有救吗？

的确，当大街小巷都被圣诞的符号装饰，随处可见的圣诞树闪烁着星星点点，Silent Night 歌声唱响，每一颗坚心都会被软化。每个人都期盼且应该拥有一个童心，一份礼物和祝福，一个创造爱的机会，一个社会和解的机会。这样的节日本应属于东西方共有。

2013 年 12 月，广州海珠广场街边的圣诞节一景。当大街小巷都被圣诞的符号装饰，随处可见的圣诞树闪烁着星星点点，Silent Night 歌声唱响，每一颗心都会被软化。（图—阿灿／新周刊）

再看看中国人如何过圣诞，便可对春节的问题可见一斑。商家"大胆"地将圣诞中国化，趁机大搞饥饿营销，上海恒隆广场里的火锅圣诞大餐，"没有预订的话，排队可能需要两个小时，要有心理准备"，圣诞树上挂着的不是小礼物，而是一个个红包。首先没有了神圣性，接着没有了仪式感，只剩下消费和交易，这样的节日怎能让人动情？

为何西方的节日能在全世界流行？因为它们饱含着人类共同的情感。比如感恩节，本是为了感谢上帝赐予丰收，举行三天的狂欢。到了现代，在美国这个流动社会，人们会在这一天从天南海北归来，一家人围坐在一起，大嚼火鸡，畅谈往事，让人倍感亲切温暖。中国今天也是个流动社会，且流动人口八成是 80 后、90 后，这或许正是感恩节人们狂发问候短信的由头。它触发了中国人心底最柔软的部分。

节日需要与现代生活相匹配，正如传统文化是与农耕文明匹配的。年轻人不想回家过年，除了春运、逼婚、红包经济之外，更主要的是与家乡人没了共同语言。不想回家过年的大都是 80 后、90 后，他们在心理上感觉回不去，又不得不回去，回去了也百般别扭，其实都是价值观上的冲突。除了春晚、吃喝、玩牌，就没什么可聊的——出门已久，价值观已然不同。

抽空了传统节日的精神与文化内涵，我们的节日正沦为商家的食品节、吃喝节。于是，那些富于人情味的洋节，如父亲节、母亲节、万圣节等便顺理成章地钻入了中国人的生活。

你不得不承认，中国社会正在转型。西方节日能放松平常绷得太紧的神经、宣泄压抑太久的情绪，更受年轻世代青睐的原因是背后宣扬的现代情感和价值观因素。这是个空间的世界，已非时间的世界，世界青年的生活方式日益接近、趋同，歌中唱的在洋装下依然跳动一颗"中国心"，这心已然变化。

你印象最深刻的一次过年经历

辑 / 何雄飞　文莉莎

@ 微调查

春节的节奏除了安定祥和，还有种种哀愁，大多数印象深刻的喜乐都与放鞭炮有关，美好和温暖的记忆几乎只存在于小时候。

乔子瞻：大年初一我家的大黄狗生了7只狗娃。

买炭翁爱堆雪人：一王姓某某，压岁钱丢了之后心拔凉拔凉的，一整天坚持把暖宝宝捂在心口处，之后脸通红通红的。

小茜茜1992：大年三十把全家人锁在了门外（我贴对联让大家来看，顺手就把门带上了）！关键都没带钥匙！

阿久快跑：小时候，四五年级吧，大年初一清早爬起床，走到院子玩鞭炮，嗖的一声，"老鼠"就飞到一个老太太的脸上，爆炸。我当时就被吓傻了。

小玲玲-L：七八岁的时候，吃了午饭，冲了凉穿上新衣服，拿上父母给的利是钱开开心心地跑去小卖店买糖吃，在小卖店门口蹲下来玩的时候，裤子裂开了。

LADY_LISA：大家在外面看春节晚会，我在里面看午夜凶铃。

彦弘-super：忘记哪一年啦，过年，趴在灶台前等着吃肉，把妈妈买的新衣服给烧了个大洞。

运筹学你一定要爱我：过年当着所有亲戚的面，我被我爸妈打了一顿。因为我把奶奶邻居家的菜给烧光了。

毛三的三：2011年的春节，整个晚上都和她在讲话，感觉不要睡就精神饱满。那种感觉一辈子难忘。人生也就这么一次吧。

WingLee微博：大年三十在飞机上看地面的烟花！

羊杯杯：大一时在游乐场当寒假工，年三十晚明明没游客来也不放假，免费蹭过山车，结果机器故障停在轨道最高点，等待救援的时候倒也没觉得害怕，只顾着看烟花了。然后技术人员修好了以后爬上来跟我们说这车要继续开，往下俯冲的时候又卡住了……这倒霉节奏根本停不下来啊！

cai谁偷走了谁的流年：8岁那年，凌晨出去拜年，看到两只狗在站起来打架，当时不知道是什么东西，就看见两只影子，就吓尿了，哭着就跑回家了。

小文潘潘：大概是上幼儿园的时候，大姐买了个大大的氢气球给我玩，我拿着氢气球缠着大姐夫问：你敢不敢抓爆它？然后，我就把它抓爆了……然后，我的眼睫毛没了，四姑的头发被冲出的火苗烧焦了，院门把手也被打歪了……然后我乖了，氢气球太霸气了！

请你不要吃我：家在乡下。有一年三十晚上，为了捉弄一个伙伴，大家躲进了一个砖头砌的茅房。因为人太多，且群情高涨，把茅房挤垮了。想想人家大年初一起来没厕所上，好心疼。

萨牙苑：那年跟着村里面的男生，想学男孩子酷酷地点鞭炮，看到一坨牛粪突发奇想把鞭炮插在牛粪上，以为自己反应速度应该蛮快的，点燃后……牛粪弹了一脸。

SAKURA 在唱歌：大年三十晚上那次竟然"中标"了！

9聪 –Iris：2010 年除夕夜，在 12 点全城响起鞭炮声、天空绽放烟花的时候，我给他打电话，大声地说：小唐，我喜欢你。他默默地回答：我知道。

正直者之死：1992 年除夕我把手烧伤了，1993 年除夕我把手烧伤了，1994 年除夕我坚决不玩爆竹，以为会没事，结果被别人拿爆竹给烧了。

木兰宿莽 _ 优铭：亲人倒在了团年宴桌上，再也没醒来。

不曾存在的故事集：2013，握着父亲的手在医院过完他 66 岁人生的最后一个春节。

akira 的光：发烧躺在床上还听到客厅的亲戚说我坏话。

Town–wang：2004 年我们全家靠着借来的 1000 块钱，过完了新年。

不要当芍的 OYZ：2010 年过年是情人节，冒大雪送德芙，夜里 9 点泥泞的路走了 40 分钟，结果还没见到她，又匆匆地走回家，喝了 2 瓶啤酒就睡了。

TigaKL：2004 年除夕，公司中午聚餐喝酒被放倒，被同事们扔到饭馆旁边的酒店，醒过来晚上 8 点，酒店服务员送了一盘饺子。没有人记得我，一个人在酒店里过的年。

Lorenzo_Tom：2008 年冰灾，大年二十九京港澳高速（那个时候叫京珠高速）湖南郴州段终于通车了，全家人开着 3 辆车用了将近 7 个小时走走停停到了省会长沙，停电停水 10 天后终于洗了一个终生难忘的热水澡！

– 黑桃先生 –：2007 年，三角债，好多工人坐在我家楼梯凳上堵着我家要工钱，这笔钱甲方至今没给我们家结清！

anniversary_zhy：大年初一，一大家子吵了起来。二十多年的积怨全部爆发。妈妈哭得不能自已。

凌晨 3 點：高三假期，过年前几天有个小学女同学结婚。那个年略略不乐。

恋木之易：一个人，看着对面楼里的人吃饭，听着楼下的鞭炮，看着天上的礼花，打电话说老公回来吧，得到的答案是再打两圈再说，那一刻太难忘了。

眼镜儿 Titor：父亲为了一个女人留我一人在家，那天大年三十，那年我13岁。

陈大黑人：大概是小学二年级过年的时候，我跟我妈两个人大眼瞪小眼，最后春节联欢晚会的时候，我妈说把你的烟拿出来抽一根。此生我再不愿让我的孩子是单亲家庭。

我嘿嘿：工作第一年，过年的时候一个人在国外加班，大年三十还工作了半天，初一爬起来接着忙。

CiciTva：第一年在美国交换，大年三十做完义工，国内家里打不通电话哭得稀里哗啦的。

叶子绿了又黄 – 我来了 – 你在哪：去年过年时在加州，除夕那晚韩国室友在看书，我吃完一个希腊炸鸡和意大利面后，望着三藩市的灯光，隐隐约约还有海面的倒影，想象着大洋彼岸的万家灯火。

离离 Audrey：应该是今年，还没到的春节，嫁人后要到老公家过的春节。好难过，不能陪爸妈，想到就心酸！不想过年！！可以不过年吗？

lady 析木：2012年除夕夜，第一次喝酒，第一次喝醉，趁着酒劲打电话给亲近的亲人朋友，傻傻地一直笑一直笑，告诉他们我醉了。那时的自己止不住地流泪，泪流满面，也第一次承认我是羡慕他们的。本以为自己已经习惯坚强，可还是没有勇气面对破碎的家，不完整的除夕夜。

临时围脖说两句：一年52周，除了过年这一周，每天都是早出晚归，当房奴当卡奴当孩奴，亚历山大。过年回到老家还不敢说，不能说，还要在亲戚朋友面前表现得过得好，未来会更好。呵呵。

洛龙王：七八岁在老家，光脚踩青石板路耍龙灯，藤条秋千一荡荡下几百米悬崖，竹笋皮剥来铺在斜坡上和小伙伴们唰啦一下滑下山，去糊纸人的亲戚家吵着要纸人，被我姐一脚踹沟里；凌晨四点亲戚杀年猪，四点半把冒着热气的生里脊往酱油盆里一摔，然后捞出来再往火上一瞭，咬下去都是满嘴的甜和香啊！

不嗲珠：2005年春节。高考只考上专科，顶着巨大压力没有复读。为了确保3月的专接本考试万无一失，和男朋友租住了一间阴暗潮湿没有暖气的地下室。至今记得那个除夕，那场大雪，上午我们还在这个陌生的城市的图书馆学习，下午去市场买米面肉馅……现在我们都已经硕士毕业，平凡但是很幸福。感谢生活。

蓝色鸢尾花的夏天：高中的某一年吧，过年时，家里正在看春晚，正是叛逆的年纪，我嫌吵，就回到自己房间里生闷气，不久之后我爸走进来，叫了我几下，我没出声，他以为我睡着了，就在我脸上亲了一下，摸摸我的头就出去了。当时我还觉得很不乐意，后来想想这就是父爱最直接的表达了吧。至今想起，还觉得很温暖呢！

kelly_mei983：记得很小的时候，一个大年三十，妈妈给了我五毛钱的压岁钱，我高兴得一宿没睡着。第二天天刚亮就跑去村里的小商店花了两毛钱买了一条橡皮筋！

白小昕：北京的胡同里，穿着红红的棉袄，在厚厚的雪地里提着纸灯笼，玩着窜天猴，与一堆小伙伴等待家长来叫吃饭，铺《北京晚报》给长辈磕头拿红包，相信妈妈说帮我攒着红包……吃完饭大人包饺子，我们踩欢乐球看春晚，争着吃出唯一的钢镚儿，守夜不睡。

张飞的连弩：二十多年前了吧，早上起床后，一大家人围坐在炕上，吃着自家蒸的热腾腾的大包子，电视里放着梁朝伟主演的《绝代双骄》，还是四集连播，那种满足感。

八五大军：1960 年，有个大口号叫"开门红"，那年春节，公社社员在田间地头过革命化年，男女老少拉排子车往地里送肥料，地头还有喊口号的宣传站，谁车子装得满就插一支红旗，实际很多车是虚的，弄虚作假。中午，由集体食堂把饭送到地头，难得地吃上了油条。在困难年头，过年吃油条，一辈子难忘。

叫我利芳：约莫十几岁，下了好大的一场雪，只记得那大雪使得天空特别亮，爸爸在大年初一的早上做了汤年糕，特别鲜。

陌路小天：2002 年是家里最穷的一年，家里连电视都没有，妈妈摆菜摊，爸爸骑人力车过活。除夕夜从舅舅家吃完饭回来，我和哥哥坚持不肯让舅舅骑车送我们，踏着冰雪走了好久到家，爸爸正在用收音机听最爱的赵本山的小品，又温馨又心酸。当时就暗暗地想，这辈子一定要让爸爸妈妈不再受这样的苦。

陈静爱菲炫：父母小时候吃了不少苦，后来不管他们多忙，春节必买新衣给我，10 岁那年个子蹿到 1 米 5，童装太小成人衣服又大了些，爸陪我逛了整整一天，累了就在路边蹲着吃最爱的烤红薯，没买到新衣，红薯也没了滋味。年三十早上醒来，枕边放着新衣服，爸一晚没睡用剩布照着我的旧衣做了一身新的，那个春节让我最难忘。

阿久快跑：大概是 2001 年，爸妈刚从广东回来，全家搬进县城。那个新年父亲还年轻，买了很多鞭炮和礼花，我们在县城租住的房子里和对面的人家对着放，把礼炮当机枪一样使。对面的一声炮响，我们家的房子中弹，全是火药味儿和烟气，却不生气，爸妈都笑着。

曲曲歌儿：小时候去爷爷家，门前有小河，院子里有山楂树、滑冰车，爬山再从山上跑下来，看杀猪，听驴叫，抓住那只猫的尾巴一顿摇，一大群小孩在年三十那天摸瞎子……之后，再没那样开心过。

追梦 040：2008 年，冰灾，家里停电，一家人坐在一起说说笑笑。没有电视没有手机，没有任何娱乐节目，却是和父母度过了最开心的一年。

春节变形记
一过年，好青年就变成了问题青年
文 / 于青

编者按：

1915 年，在《变形记》中，一个推销员一觉醒来变成了一只巨大的虫。卡夫卡对于异化的抗拒和批驳被讨论了将近一个世纪。在一个缺乏安全感的社会，对于世俗成功学的追逐，也令人异化，在过年这个传统节日中，出人头地的压力尤其巨大，那些传统意义上循规蹈矩的好孩子突然发现，原来他们也在遭遇一场残酷的变形记……

一天早晨，你从不安的睡梦中醒来，发现自己躺在床上变成了一只巨大的甲虫。

你睁开眼睛看看四周，有些陌生，又有些熟悉。你伸出那些细得可怜的腿，费劲地撑起苍穹似的棕色肚子，扛着坚硬得像铁甲一般的背，爬到墙边那座老式黑色书柜旁，睁着豆子似的眼睛仔细往里看——陈列其中的是十几年前的初高中教科书、数理化练习题集、新概念英语 1—3 册，以及被翻到烂的卡夫卡作品全集。

你知道这是梦。你强迫自己醒过来——当然，你并没有变成一只甲虫。

你只是在回家过年。

一

你听着窗外时不时响起几下鞭炮起床穿好衣服。你走到书柜旁边，看着包裹你高中生活的复习题集，以及一本藏身其中的《变形记》。

"'我们这一家子过得多么平静啊。'格里高尔自言自语道，他一动不动地瞪视着黑暗，心里感到很自豪，因为他能够让他的父母和妹妹在这样一套挺好的房间里过着满不错的日子。"

当然，如果你能够让你的父母在这样一套挺好的房间里过着满不错的日子，能像楼上阿姨的儿子在体制里混得还不错，像亲戚女儿年纪轻轻就嫁个土豪，你也就不用害怕过年了。

你平时跟父母话不多，不是因为离得远，也不是因为不愿说，而是聊不到一块去。你正想效仿看过的电影里，主人公们在圣诞节里跟父母谈谈人生谈谈理想，爸妈就开始催促你考公务员、找女朋友、结婚、买房、生孩子。

或者，父母会旧事重提。

上大学时爸妈会让你考一个有前途的专业。找工作时爸妈会让你找一个有前途的工作。找女朋友时爸妈会以周围各种合他们意的好媳妇给你做样板。至于抱到了孙子以后嘛，呵呵，那不就是照第二个你来养吗？

你喜欢什么，你是什么样的人，你想过什么样的生活，那不重要。重要的是，你要成为一个符合当下社会价值标准的人。你不能让人失望，才不至于让父母走出去觉得丢人。你要记住，在故乡，你可一直是个听话的好孩子。

你躲在自己房间里开小差时，爸妈会拿着锅铲喊你吃饭，并提醒今天是你每年噩梦成真的时刻：去外婆家重逢亲朋好友——被定义为 loser，并受众人评判。

所以你有点儿贱地开始想，如果能够不回到这间枯燥乏味的屋子里，你就能够宅在被书、电影和音乐包围的房间里，看很多平时没空看的书和片子。或者干脆避开春运大潮，去些平时没空去的地方。说不定还能邂逅几个姑娘——用不着担心年龄长相、家庭背景、工作种类、能否成家，标准只有一个：你喜欢。

但这也只能是想象，过年不回家？你对得起父母吗？

你出来坐在饭桌旁，家人就开始谈论起楼上阿姨的儿子："人家娶了教育局局长的女儿，现在孩子都两岁了。那天打麻将，她抱着她的小孙子，说跟我们这些没有孙辈的人都没有共同语言了。"

说完，爸妈一起笑，你沉默吃饭。

二

吃完饭，爸妈走在前面，你跟在后面。拉开车门，你很自觉地直接坐到驾驶座。一路上，后面的话题不过就是单位里谁家的女儿从北京回来，带了个女婿，摆了多少桌酒席。你不想加入这场谈话，于是开开小差，想想电影里跟你同病相怜的小伙子。一部名叫《群岛》的片子里，小伙子爱德华突然放弃了银行里的好差使，要跑去非洲做一年志愿者。在他出发前，跟母亲和姐姐共度了一个家庭假期——于是灾难降临了，她们认为他是在自毁前程。而爱德华呢，就像一个坐在被告席上被冤屈的犯人——一个最清楚事实真相的人，却从头到尾被强制沉默，无权发言。

扮演爱德华的演员汤姆承认，角色中有他自己。"在你很小的时候，总会在诸如圣诞节、生日派对、婚礼上扮演一个特定的角色：你是搞笑的那个，你是体贴的那个，你是懒散的那个，你是最晚起床的那个，或者你总是负责做饭，你总是负责刷盘子……所有这些角色特质都会加到你的个人形象中，拼贴出一幅更完整的家庭图景。但当你长大成人，想要重写剧本时，会发生什么呢？当你想告诉你的家人，'你以为我就是你想的那样吗？其实我不是那样的'，这个家庭又会有何种反应呢？"

在片子的结尾，"好孩子"爱德华这个不符合家庭愿景的选择给他带来了痛苦，同时让他解脱。他终于有勇气脱离与自己迥然不同的家庭——这是在重新出发之前，他必须与混沌过去所做的清算。

241

什么是懦弱？什么是非凡？你听着后座的双亲对话。你们来自同一个家庭，却拥有完全不同的教育背景、个人经历、生活方式、未来期许。你觉得你换了份自己喜欢的工作、赚点钱去了不少想去的地方、找不着看对眼的人就先单着——这都没什么大碍，但在父母看来就特别简单：你没钱，没房，没老婆。怎么长到了三十岁，你反而不如小时候懂事了？

你们就像一直坐在车的两端，而你的目的地，并不是他们希望到达的地方。

三

尽管掌握方向盘的是你，你也总还是要听从父母以及过年习俗之命，把自己一家人送到外婆家去。你时常想，外婆家不就像个大观园吗？只不过里面缺个林妹妹，王熙凤与赵姨娘又太多。姨、舅、姑、叔、哥、姐、弟、妹，挨个问候过一遍，然后对着那些你根本不认识的小孩子亲切摸头，微笑派压岁钱。老一辈开始第一万遍回忆你小时候是什么模样，并第一千次关心你的婚姻问题。同辈人开始给你派好烟，装作不经意地说起今年的大成就，再问你过得怎么样。孩子们在偌大的房间里尖叫着到处跑，时不时被家长拎过来比成绩，就像你小时候所经历的那样。

你一个人站在一边，跟多年没见的亲戚没有话说——这也是让你感觉奇怪的一件事。你们来自同一个地方，曾经共享一样的生活。但是现在，你们的价值观完全不同，话题相差千里。你发现，你来自这里，却不再认同这里的一切。

这些年你东跑西颠的，去过不少地方，见过不少完全不一样的人和事。在接受了更多样化的评判标准之后，你想要点儿不一样、更自由、更精致的生活。

而在回到故里，重新面临存在于现在的过去时，你必须做出选择。

你需要蜕掉的，究竟是哪一层坚硬的壳？

旁边的孩子吵得你头痛。一轮谈话过去了，你离开人群，从高处看着已然陌生的故乡。

你掏出手机，给正在暧昧中的姑娘发了条信息。对方回得挺快。两个人在相隔千里的大陆两端，都觉得过年回家挺无聊。

沉默的信息，在透过窗台传来的一片嘈杂中，让你觉得有点儿暖。你觉得你跟她成了同类人，好像在并肩战斗。你们不愿将自己的幸福、痛苦与收获告诉不相干的人，成为某种可以拿来相互对比的话题。眼下，你有一个决心——脱离曾经的"好孩子"枷锁。

它会让你痛苦，但"我们都很强壮"，你想起 E.M. 福斯特在《莫里斯》中写过的那段话。"我们都不是傻子。一旦了解其性质，任何境况你都能够正视。"

你知道，在父母心中，你早已从成绩总能名列前三的好孩子，变形为一只无用的甲虫——坚硬又冰冷的黑色壳下，隐藏着他们无法控制、无法理解、更无法定义的你。

你没有回过头去看那个嘈杂室内的亲朋好友们正在进行哪一项过年应有的程序。你朝前看，看着冬日里颇为清冷的晴空万里。

然后你想起了那本小说的结局。

"这个国家的空气和天空是属于他们的，却不属于好几百万个胆小鬼。那些人拥有空气混浊的小室，但从未有过自己的灵魂。"

（本文纯属虚构，如有雷同，恭喜成功变形）

没有春节的职业

文 / 库索

别人工作，他们也上班；忙了一年，别人回家过春节，他们还得工作。对于这些职业而言，春节意味着紧张、忙碌、提心吊胆。

春晚演员

在春节联欢晚会上露个脸就能红遍半边天？现在已经不是那样的时代了。能挤进春晚大名单，不再意味着风光无限，从前观众看春晚为了图个乐，现在打开电视是想要吐个槽，你的口误可能比创造流行语更受关注，一不留神就要为瞬间收视率承担责任。这就是为什么宋丹丹会患上春晚恐惧症："除非他们拘留我、给我判刑。"

急诊室医生

有一种病叫"春节综合征"，有吃年夜饭吃到急性肠胃炎的，有喝团圆酒喝到酒精中毒的，亦不乏熬夜搓麻将搓到脑出血的。据统计，2013 年春节期间，光是北京市急诊就诊人数就高达 45 万人次。人满为患的春节急诊室里，温饱基本靠盒饭，移动基本靠小跑。再没人比急诊室医生更有资格说这话了：这该死的春节！

导　游

据说男性择偶时最不喜欢伴侣从事的职业，除了记者，还有导游。她们被"嫌弃"的理由应该有这么一条：过年永远在路上。《纽约客》记者欧逸文曾写："好像身边的每一个中国人，都准备赶着春节长假飞往世界各地游玩。"对那些带领着"春节团"的导游来说，这可不是一场说走就走的旅行，只不过是把去过的景点、住过的酒店、背过的台词、吵过的架和维过的权，再重蹈覆辙。更关键的是：他们真的不太喜欢自己的旅伴。

环卫工人

在除夕晚上，一个二线城市的环卫工人的工作量基本是平时的两倍。他们也许是最想过年的群族。2012 年春节前，央视曾发起"过年回家，你最想说的话是什么"的街头调查，一位环卫工人说："我 9 年没回家过年了。"但他们也是最不想过年的群族，毕竟这是一个被低薪困扰的职业："没钱，回去没面子。"

餐馆服务员

年夜饭已经炒到了 30 万一桌的"高大上"，但中国从来最不缺的就是土豪，餐馆老板都指望靠着春节发一笔，想保住饭碗的服务员却只能接受"过年期间无权休假"的事实，狠下心辞职又怕拿不到工资，只是手忙脚乱之后拿到的那点利是——数字还不抵刚刚端上桌的那碗汤呢。

娱　记

为什么新闻民工怕过年？参见珍爱网发布的《2013 中国单身人群"单"点透视》报告：在单身职业调查中，媒体人士以 4.8% 的比例高居单身职业榜首。最怕过年的媒体从业人员又非娱记莫属，被逼婚之余还要被逼工——明星嘛，就喜欢在节假日制造些惊喜。还记得 2008 年春节期间引爆万千网友的艳照门事件吗？所以才有了娱记们的怨声载道："明星一时爽，娱记全上岗。"

列车乘务员

火车票一票难求，每天耗在火车上的日子也不好过。都说春运是铁路工作者最忙的时候，但铁路系统中也有三六九等，最底层的就是列车乘务员——待遇最低，任务最重。他们奔走在不堪入目的厕所和永远也处理不完的垃圾中，更棘手的是还要 24 小时安抚焦躁旅客的怨气，承受无端的挑剔和责骂。2012年春运期间，一位火车列车员在微博上说："我的工作，并不是看上去那么体面，很脏，很累，甚至连续几年不能在家里过年过节。我是列车员，但我首先是个人，我希望得到尊重。"——这真的是最难获得成就感的职业之一。

阿　宅

哪怕只是做专职网游代练员，阿宅也基本养得活自己，自觉还活得不错——只是一到过年，他们就很难向亲戚长辈解释清楚自己的工作了。如果要成立"春节去死团"，主力一定是阿宅，他们一定能干得很好，就像在"情侣去死去死团"中做的那样。理解阿宅对春节的憎恨吧，毕竟他们已经整整358 天都活在二次元的世界中了，偏偏要多出这 7 天，强迫他们患上社交恐惧症，还要防备着串门的"熊孩子"拆毁手办模型，撕烂漫画杂志。在阿宅的世界观设定里，是不该有"春节"这种 boss 存在的。

微博小秘书

微博小秘书永远在删帖，因为不删帖就意味着扣工资。微博小秘书没有春节，因为春节大家都在上网，平时潜水的、隐身的也闲得发慌要刷屏，平时顾不上吐槽的、掐架的、人身攻击的也纷纷浮出水面，动辄骂战升级投诉微博小秘书。删号、删帖、加密、禁言，还要抽空通知用户"让红包飞一会儿"……调戏微博小秘书吧，这已经是过年惯例了。

交 警

"春节到了，高速堵了，酒驾多了，交警们又纷纷上街搞创收了"——虽然不过是网友的一句玩笑话，却也道出了一线执勤者的辛酸。别再问"交警过年放几天假？"这种傻问题了，对他们来说，春节是比黄金周还凶猛的加班高峰期。除夕不放假，注定他们要和自驾族一起堵在高速公路的"囧途"上；过年七天乐，注定他们要天天夜巡查酒驾。对了，网络时代，他们还要处理微博举报。幸亏还有交警在，否则一年一度的"新春走基层"该找谁去呢？

新周刊
NEW WEEKLY
2014 年度佳作

谁的城市？

谁的城市？

　　每个人都是外来者，被一个更好的未来所打动，来到城市，工作、结婚、生子，无论是住着 5 平方米的劏房还是 4 尺豪宅，我们都很诚心地劝告自己：心之所在便是家。

　　雾霾依然在，交通依然堵，房价依然贵，压力依然在，城市生活依然算不上美好。但我们都知道："黑暗无法驱赶黑暗，唯光线可行。"

你的城市，它们的城市
野生动物是人类最好的邻居
文 / 谭山山

　　在美国定居的学者薛涌在波士顿郊区买了房子。之所以买下这所房子，是因为他被这里自然保护区般的环境震撼："鹿群不时在后院的林子里出没，猫头鹰叫声不绝，蛇在院子里大模大样地晒太阳，蜂鸟、主教鸟这些稀罕鸟类飞来飞去，火鸡偶尔路过，乌龟前来做窝，帝王蝶在夏天的树枝间翩然起舞，更不用说松鼠这些固定邻居了。"在 2012 年的一篇专栏文章中，薛涌这样写道。他引述了著有《自然战争：野生动物的回归如何使后院成为战场》一书的吉姆·斯特巴的说法：在这个星球上的任何一个时间和地点，都还没有出现过当今美东地区的盛况，这么多的人和这么多的动物这么接近！

　　这当然是好事。纵观城市发展史，就是城市不断扩张，野生动物的领地被侵占并最终在城市中消失的过程。日本导演高畑勋执导的动画电影《平成狸合战》就真实地反映了这个过程：昭和 42 年（1967）以来，东京都开始推行总面积约 3000 公顷、预计可以容纳 30 多万人口的多摩新市镇计划。山林被砍伐殆尽，山丘被铲平，挖掘机的铁手毫不留情地伸向一座座古老房舍，完全改变了多摩丘陵的原貌。狸猫们为了保卫领地，奋起反击。但是，即使是它们众志成城创造出的"妖怪大作战"，也不能阻止城市开发的进程。狸猫们悲叹：把山还给我！把原野还给我！把故乡还给我！

　　狸猫和狐狸消失了（据说它们当中会变身术的化身为人，在城市里混生活），兔子和鼬鼠消失了，萤火虫消失了，马匹也因马车被汽车取代而消失了，只有一些昆虫、鸟类和哺乳类动物（比如老鼠）留了下来。像狐狸和松鼠这样的啮齿类动物，遇到危急情况只会撒腿往前跑，一直跑到最近的一棵树为止，如果这样在城市里穿越马路，简直就是自杀。

我们是可以在动物园里看到动物，动物园在保护濒临灭绝的物种方面也确实做出了诸多努力，但是，把动物关在笼子里，这本身就是不道德的。摄影师丹尼尔斯·扎哈罗夫（Daniel Zakharov）在世界各地的动物园拍摄了一系列作品，让人印象深刻的是，照片中的动物大都神情呆滞，似乎闷闷不乐。对于动物来说，城市里的人类恐怕是最糟糕的邻居。

2012年10月22日，澳洲悉尼市街道上的黑长嘴鸟，路人都不会惊扰到它们觅食。（图/刘志涛）

好在，人们很快意识到，没有动物的城市是萧条的、寂静的，也是缺乏活力的。1987年，苏联城市生态学家亚尼科斯基（O.Yanitsky）首创"生态城市"概念，人与自然和谐共生逐渐成为现代城市规划与发展的重要目标。而城市野生动物的存在，无疑是体现生物多样性的重要环节和主要表现。以昆明为例，很多人都说，红嘴鸥的到来，是他们喜欢昆明的理由之一。

在《野猫调查报告》一书中，上海作家王科提出了一个有趣的设想：建造动物园地铁。把地铁线路设置为一个环线，沿途12个站，除去一个行政功能站，其余11个站都会出现动物。站台采取半开放式设计，让动物和人能够尽量接近，但又保持安全。比如水族站，设计在地面之上，像一个飘浮在空中的巨型鱼缸，而且是全世界第一个放得下鲸鱼的水族馆。试想，从很远的地方就能看到鲸鱼在空中游弋，那将多么美妙！

随着城市生态环境的改良，越来越多的野生动物回归城市。据加拿大广播公司（CBC）2012年10月的报道，先是狐狸、臭鼬和浣熊（多伦多现在已成为著名的"浣熊之都"），现在，越来越多的郊狼在北美的城市里"开业"。报道中援引学者斯坦·格里特的说法，在人口900万的大芝加哥地区，至少有2000头郊狼。格里特和同事们甚至发现，一群郊狼生活的地方，离世界上最繁忙的机场之一——奥黑尔国际机场只有8公里。而且，重要的是，很多市民对这些动物的回归表示欢迎。

广州则从 2009 年起实施"让野生动物进城"计划。进城项目选定的物种，以鸟类为主，包括雉鸡、红领绿鹦鹉、红头潜鸭、绿翅鸭、琵嘴鸭、斑嘴鸭、苍鹭、白鹭、夜鹭、鸠鹃类、雀鸟类等，也包括中小型兽类，如鼬类（黄鼠狼等）、赤麂（黄猄）、松鼠类、野兔等。投放则因地制宜，如在广州森林公园投放松鼠，在白云山和帽峰山投放野兔、赤麂，在广州大学城和地处闹市的流花湖公园投放野鸭、松鼠。

但争议也一直存在：野生动物进城是好事，还是坏事？比如，加拿大浣熊泛滥，不堪其滋扰的市民怎么办？ 2011 年，多伦多越裔男子阮东因棒打破坏自家花园的浣熊被捕，引起了极大争议，人们对此事看法两极分化。而中山大学生物博物馆副馆长王英永对"让野生动物进城"计划持坚决的否定态度，认为"在城市绿地中'增加'或'引入'野生动物，这种以人的意志让指定的动物进入某一环境而不是让野生动物自主地选择环境的做法，显然有悖于生态及动物保育的原则"。

香港在被遗忘的角落讨食
石屎森林中的动物存活秘诀
文 / 不欢

野生动物不仅生活在非洲大草原，或者其他什么遥远的地方，它们还生活在城市中，城市发展史的烙印同样刻在它们身上。这是出现在 2013 深圳香港城市 \ 建筑双城双年展上的"猎游深港项目"想要传达的信息。"我们要打破人们的惯性思维，让大家知道，城市和动物必须有一个相处的模式，鼓励大家在自己的城市里寻找野生动物，更加了解这座城市。"项目的导师、香港大学的建筑学教授杜鹃如是说。

　　参加"猎游深港项目"的体验者坐在穿梭于两个城市的地铁上，耳边是项目参与者录制的音频，将每一个站附近城市动物的故事娓娓道来：位于深圳罗宝线上的蛇口港，曾是白海豚的乐园，随着填海和疏浚工程，海豚渐渐失去自己的家；被建成戏水乐园的香蜜湖风光如画，但这里的罗非鱼却由于吞食水中的污染物，味道极其可怕；人气旺盛的香港旺角，由于花鸟市场的兴起，成了一个网罗世界鸟类的奇特生态区；建满了酒店的红磡有严重的热岛效应，形成的气流却意外变成麻鹰飞翔的好帮手。

　　2009 年，"猎游深港项目"由哥伦比亚大学景观实验室在美国纽约首办，随后发展至北京和巴西圣保罗，如今抵达深圳和香港，由杜鹃和她的学生们主办，参加了 2013 深圳香港城市 \ 建筑双城双年展。学生们寻找城市动物的踪迹，勾勒城市生态圈的图样，设计天马行空的规划方案，做出图像和音频指引，希望带领城市人沿着地铁路线完成一次自助游，寻找城市动物。杜鹃说，选择地铁沿线做研究，一方面是方便参与者坐地铁观察，更重要的原因是，一个城市的地铁沿线基本是人群密度最高的地方，人们一般不会想到也有动物生活在这里。

　　比如说，很少有人留意到：人声鼎沸的红磡区同样也是麻鹰的乐园。麻鹰是香港土生土长的动物，它悠扬的鸣叫，灰色翅膀划过鳞次栉比的楼房背景，是好几代香港人的共同回忆。用参与项目的学生的话说，这个城市的发展，"麻鹰由始至终都和香港人一起见证"。几十年前，红磡的维多利亚港还是个避风塘渔港，有大量渔船作业，渔民在港口遗留下很多死鱼，是食腐动物麻鹰的天然食物。后来经历一系列工程，维港面目全非，受此影响，麻鹰族群一度衰败。但这种适应力极强的动物，在高度城市化中找到了新的生存之道，近年来，在充斥着住宅和酒店的红磡区，麻鹰反而越来越多。

　　"其实已经有研究发现，城市的生态多样性比大自然还要强。因为城市会形成一个个小生态区，而在真正的自然环境里，这些生态区不会离得那么近，密度那么高。"杜鹃说。麻鹰的新生存秘诀，是城市的垃圾堆填区。香港是个垃圾日产量极高的城市，都市人每天生产的大量剩食和厨余，成了麻鹰的美餐。而密集高楼带来的高温，形成城市热岛效应，这一气候现象产生的大量气流，却恰好有助于滑翔动物的飞行。这些城市发展的副产品，无意中给麻鹰营造出独特的优异生活环境。"通过观察城市动物，你能看到城市中生活的人。不仅看到城市的现状，还能看到这个城市几十年的变化。"

人类社会的政治变迁无意中也会给动物的生活带来巨变。游走于深港最大的口岸罗湖站时，杜鹃和她的学生们连一只水獭都没有看见，仅能从当地农民的口中嗅得一丝那些年的影子。对于都市人，罗湖是重要海关口岸，每天有大量的旅客在这里过境；而对于水獭来说，深圳河河岸是这种半水栖濒危小兽在深圳境内唯一的原生栖息地，咸淡水交界的特点为它们提供了绝佳的捕食环境。如今罗湖两岸的农民对水獭聚居于此的时光仍历历在目，面对来访的师生他们滔滔不绝：动物穿梭于深港两地的农田，通过鱼塘中的暗河来去自如。"人类是有政治边界的，但动物们没有。"杜鹃说。

然而在1995年之后，动物有边界了。为了防洪、防偷渡、加强管理，港深政府开始启动"深圳河计划"，将河道加宽60米，加深2.7米，挖直河堤。为了严防偷渡者，两地的自然边界被改造为坚固的混凝土墙，暗河的洞口被罩上了铁丝网，一些鱼类无法通过，因此牵一发而动全身地影响了整个食物链。加之布吉河源源不断的污水排放，憨态可掬的水獭早已踪影难觅。

"对于环境的反应不仅作用在动物上，对人类也会是很大的生态威胁。"杜鹃说，"每天的生活起居总让我们忘记这一点，但实际上，我们——香港和深圳的居民，还有这里的动物们——都住在这个环境里，喝同样的水，呼吸同样的空气。生态是没有边界的。"

所幸的是，两地政府每年都有大量的拨款，用以协助保护动物生态；不幸的是，在杜鹃看来，城市规划设计者们，常以人类想当然的惯性思维去打造所谓的生态，往往造成目的和收效的落差。例如维港两岸的景观树。人类把水边的生物移走之后，又想当然地种上了美丽的景观植物。这些植物含有不少农药和杀虫剂，会杀死很多包括小鱼虾在内的生物，从而破坏整个海滨的食物链。"城市规划者设计一个漂亮的公园或生态园，这些其实并不是动物们所需要的。被规划的绿色城市，由混凝土和本不应该在这地区生长的景观植物构成，我们所谓的城市绿化，其实把这个城市更远地推离了自然。"

20世纪80年代，别名"雀仔街"的康乐街曾经拥有香港最大的雀鸟集市，更有着一个完全由自由市场制造的奇趣生态系统。雀鸟爱好者们从60年代初便爱在这里聚集喝茶聊天，吸引了卖雀鸟、鸟食和鸟笼的小贩，雀鸟市场就此兴起，后来甚至成为一大旅游景点。杜鹃在雀鸟市场录下一段鸟叫，作为项目指引资料的一部分。"如果把这段录音放给一个生物学家听，他应该会很惊异：他会听到全世界本来不应该在一起的鸟在互相对话。"笼中的鸟儿来自国内、越南、泰国、菲律宾，甚至非洲。更令人称奇的是，这里的气味、叫声、食物吸引了大量的本地野生鸟儿，它们在附近筑巢安家，形成一个巨大的雀鸟栖息区，使这里成为名副其实的雀鸟公园。

"无论是本地鸟还是外地鸟，当这些鸟来到这里时，已经成为这个城市的原料（material）。"杜鹃说，"当政府把旧的雀鸟市场拆掉，建立一个更漂亮的社区时，其实严重地影响了原来的社区。"1997 年，政府为了改善该区环境，实施旧区重建计划，将整个雀鸟公园连根拔起，搬迁到花墟道一带。康乐街不复存在，取代它的是一个集商场、酒店、办公大楼于一身的大型建筑项目，这座地标式的摩天大楼如今为当地人和赴港购物游客所熟悉，名为朗豪坊。

顾客每天搭乘着朗豪坊中全香港最长的扶手电梯，透过精致的玻璃外墙，欣赏旺角街景。然而对于原本居住在这里的鸟儿来说，这些透明的玻璃墙却十分致命，有不少鸟都在这里撞死。搬迁后的雀鸟市场，生意不如从前，但每天有很多老人前去听鸟叫，追忆旧日时光；被迫迁移的鸟儿则重新在附近安家，在冷气机槽、屋檐、电线杆上筑巢。在录音资料的最后，学生们说，由于近年禽流感的肆虐，雀鸟市场生意萧条，或将被其他政府项目取代，届时附近居住的鸟儿又将何去何从，又是个未知之数。

为每一个区域设计一套将动物考虑在内的城市规划方案，杜鹃称之为"另类的思考"："这些不是一般考虑城市规划的思考，不是开发商、业主会做的。"

2013 深圳香港城市\建筑双城双年展在香港的展览开始不久，便已有专业人士对"猎游深港项目"的研究成果表现出兴趣。杜鹃说现在就谈项目的影响为时过早，但她希望至少不管是学生还是建筑师，了解这个活动之后，都能重新去认识自己身处的城市，思考人与动物的关系，重新考虑城市设计的过程。

奈良：动物是城市的"天然纪念物"

人与鹿的共存之道

文 / 库索

　　"春日大社的鹿，现在仍被视为保护动物，非常珍贵，古时候更被视为伟大的神鹿。很久以前，连官员遇到神鹿时，都要下车趴在地上迎接。杀死鹿是滔天大罪，凶手当然免不了死罪，因为鹿是神的使者，比人类伟大多了。"

　　但凡对古都奈良稍有了解的人，都知道这座城市的三大景观：寺庙、大佛和鹿。2007 年，被誉为"京大双璧"之一的作家万城目学，专门写了部小说《鹿男》，字里行间充满着对奈良鹿的妄想：前往奈良女子学校做老师的男主角，在春日大社前遇到了会开口说话的"鹿神"，它从 1800 年前开始就一直守护着人类——如果没有鹿的存在，日本早就灭亡了。

　　也许鹿真的会开口说话哦，奈良人丝毫不怀疑这一点。在这座城市，鹿的地位比人类更高，它们被视作"神差"，早在公元 1234 年（镰仓时代）的《古社记》就记载着这样的传说：公元 767 年（奈良时代），位于东京东北方鹿岛神宫的武瓮槌大神骑着白鹿沿东海道来到奈良，建立了春日大社，从此鹿就成了神的使者——不许捕杀，不容侵犯。

　　1300 多年来，鹿和人类一同生活在奈良，让这座城市成为人与动物共存的最好例证。奈良人尊敬鹿，还它们自由生存的权利，不把它们当宠物，也从未将它们圈养在栅栏内，任它们自由生长在奈良公园一带。若你初来乍到，定会大吃一惊：随处可见的鹿群，或懒散地躺在县政府前的草地上，或优哉地沿着柏油马路闲庭漫步，俨然是一副主人姿态。

　　1957 年，奈良鹿被日本政府指定为"天然纪念物"，奈良人也自发成立了"奈良鹿爱护会"，不做饲养员，而是像保姆般事无巨细地照顾它们的生活起居。最新数据表明：2013年，生活在奈良的野生鹿已有1393头——精确到个位。

　　生活在城市中心的鹿群，长久以来对奈良人生活方式的耳濡目染，让它们自觉成长为世界上最有修养的野生鹿。很多野生鹿甚至学会了"红灯停绿灯行"的道理，乖乖和行人一起站在马路边，遵守着交通信号灯的规则。尽管如此，由于是全开放式放养，奈良鹿平均每年还是会遭遇150起左右交通事故，其中2012年7月到2013年7月期间，共有100头鹿因此丧命。为了确保鹿群的安全出行，"奈良鹿爱护会"专门制作了一张交通地图，标注出鹿群交通事故多发地带，提醒驾驶员小心慢行，并在公园的马路边，立起一个个"减速"标志牌。

　　奈良作为古老的文化城市，拥有众多古寺、神社和历史文物，享有"社寺之都"的称号，被日本国民视为"精神故乡"，奈良的鹿则被称为"神鹿"。（图／新华社）

　　其实奈良公园内也立着牌子，提醒游客小心鹿咬人、踢人、顶人、冲撞人的情况。但正如鹿群从不随意闯进人类的商店和餐厅那样，奈良人也达成了共识：决不驯化鹿。只有一个从江户初期沿袭下来的习俗是必须遵守的：为了保护游客安全、避免树木遭受破坏，每逢秋季发情期，便要将刚成年的雄鹿集中起来，举行"锯鹿角"仪式——300多年来，被"神官"切下的鹿角，全都被供奉在神台前。

若要为奈良挑选城市代言人，非野生鹿莫属。政府也真的这么做了：2010年4月，为迎接平成京迁都1300年祭，奈良县的城市吉祥物せんとくん横空出世，雕刻家籔内佐斗司担纲设计师。这个名字谐音"迁都君"的男童，上半身创意来自奈良鹿，下半身则取材自奈良大佛——不过也有人抗议："丑化了鹿。"

在奈良，你能见识到鹿的"凶残"——它们会成群结队朝你手中的鹿仙贝冲来，逼得你落荒而逃。在奈良，你也能见识鹿的绅士风度——享用食物前，它们会先在半米开外站定，郑重向喂食者鞠躬行礼后，再优雅享受美食。

"第一次看到鹿行礼时，我大吃一惊。外国观光客的小孩，在呆若木鸡的我面前，边给鹿回礼，边用稚嫩的声音说'Please'。为什么鹿会让他说出'Please'呢？这令我惊讶不已，就像昆虫把自己的身体拟态化，变成树叶或枯枝般那么不可思议。也就是说，它们很清楚人们是如何看待它们的行为。"万城目学在《鹿男》中说，鹿的举止让他大为惊叹，"鹿岛神宫也有很多被围在栅栏里的鹿，但是我没看过会那样行礼的鹿。在这个地方，连小鹿都会向拿着鹿仙贝的人行礼……全世界只有奈良的鹿会这么做。"

是什么造就了奈良鹿的绅士风度？奈良人不认为这是自己的功劳，他们更喜欢向外来者津津乐道另一个传说："平安京时代，藤原氏贵族参拜春日大社时，遇到神鹿便走下牛车行礼致敬——如今的鹿之鞠躬行为，便是那时模仿来的贵族礼仪。"奈良鹿的礼仪学中还有另一项：从不擅自偷吃小摊上尚未出售的鹿仙贝，只是乖乖守在摊位附近，等待买家光顾。

所有贩卖鹿仙贝的小摊，都是由"奈良鹿爱护会"设立的，摊主多是些当地的老人，销售的利润也用作照顾鹿的经费。150日元（约合人民币9元）一捆的10枚鹿仙贝，每枚直径9厘米，重4克。即便是鹿的食物，也必须精致可口，山口大准教授细井荣嗣还专门对鹿仙贝做了成分分析：原材料是米糠和面粉，含纤维质38%、碳水化合物25%、蛋白质15%——"无添加剂健康食品，人类亦可食用。"

为奈良鹿特供食物的厂商，只此一家——1917年开业的"武田俊男商店"，从江户时代起便专为奈良鹿制造点心，店主武田丰视此项事业为骄傲："只为了鹿而烧制仙贝，这只有在奈良才会有吧。"

荷兰：打狗要看警察的脸色

要不要"动物警察"来保护动物？

文 / 谭山山

　　流浪猫丽丽被人斩去后腿，义工为此报警，当班警察的回应是"一只猫而已"。此事促使一群香港市民打出"香港是虐畜之都"的标语，于 2013 年 9 月中走上街头示威。他们除了希望警方严肃跟进虐畜案件，还强烈要求政府设立专门调查动物案件的"动物警察"。

　　2007 年起，香港已经有民间团体建议设立动物警察，近两三年来，设立动物警察的呼吁越发强烈。2013 年多宗虐畜案件发生后，香港民建联发起了有 935 人参与的调查，当中逾七成人赞同设立动物警察。而香港设立动物警察的想法，借鉴自欧美国家，尤其是荷兰，它是世界上唯一一个拥有成规模动物警察队的国家。

　　荷兰动物党（The Party for the Animals）党魁玛丽安娜·提姆表示，荷兰设立动物警察的理念来自《动物星球》频道的一档真人秀节目——《动物警察》。在节目中，美国拯救动物团队在动物受苦受难时及时出现，俨然正义和爱心的化身。

　　不过，设立动物警察的动议在 2010 年得以通过，不是动物党的功劳——它在荷兰议会中只占有两个席位，还不足以影响政局——而要归功于基尔特·威尔德斯领导的自由党（PVV）。PVV 认为动物也有各种权益，这些权益应该得到维护，因此，在新的执政协议中特设了有关动物的一节，规定将任命至少 500 名警员充当专职动物警察。

　　玛丽安娜·提姆表示，作为一个专门为动物谋福利的政党（这在欧洲乃至全世界也不多见），动物党乐于支持任何有利于动物的政策。但她也担心，动物警察可能会更关心宠物的权益，而不是习惯被漠视的家畜。"如果你开车经过一个猪被习惯性地关在过于狭窄的空间里的养猪场，你会拨打那个紧急电话吗？"PVV发言人迪永·格劳斯否认了这一批评。他说，动物特警的工作范围，也包括"生物产业、野生动物和马戏团动物"。

批评者则认为，这一政策只是表面功夫，荷兰政治家并没有那么热爱动物并真心为动物谋福利。哲学家、动物权益活动家保罗·克里特尔认为，这个问题要从两个方面去看：这可能会引起公众的反对，并高呼政府应该把钱花在追捕罪犯上；但无论如何，该政策得以通过，说明荷兰人越来越重视动物权益。"在某种程度上，动物福利是一个奢侈的问题……爱斯基摩人不可能允许自己去反对吃海狗肉。但在荷兰政界思想分歧极大之时，选民会去寻找一个具有明确道德立场的避难所，而动物权利就是一个例子。荷兰人是很有道德观的——至少在成本不高的情况下。"

最激烈的反对意见来自阿姆斯特丹警察总长贝纳德·韦尔滕，他声称看不到设立动物警察的举措有多少价值。"我开玩笑地称他们为'仓鼠警察'。这些警力得从我们已经备受压力的现有人员配备中抽调出去。"他的盟友、芬洛市长也对此表示质疑，并表示："对不起，在芬洛我们还有更重要事情要做。"

设立专职动物警察之前，在荷兰，救助动物的工作主要由荷兰保护动物协会进行。该协会成立于1865年，有超过20万名会员，14名专职调查人员在150名志愿者的协助下，完成监管荷兰全境动物的任务。他们每年会接到8000个求助电话。

事实上，其他国家或地区也是这样运作的。在纽约，14名隶属于美国反虐待动物协会（ASPCA）的执法人员监管着全纽约的500万只动物，每年处理的案子在5000起左右；在洛杉矶，2005年成立了第一支反虐待动物项目小组，即"洛杉矶市动物执法队"（Los Angeles Animals Cruelty Task Force），同样隶属于ASPCA。台湾新北市则于2011年委派34名警员担任动物保护警官，协助渔业局处理案件，这算是兼职的"动物警察"。

ASPCA的动物执法人员身着与警服颜色、款式相近的制服，并配备手铐、手枪、警灯等专用设备，还可以依法行使逮捕权，所以，他们也被称为"动物警察"。他们承受的工作量也大得惊人，以纽约为例，在交通高峰时段，一只从屠宰场溜出来的羊在公路上乱窜，他们要去追；一匹马倒毙街头，他们要赴现场调查取证；一房主在地下室非法饲养了一条鳄鱼当宠物，他们要把它救出来送到动物园，并对房主进行教育……卢卡斯女士干这行 7 年，遇到了不少奇葩，其中有个人暴打自家养的狗，打到腿骨、肋骨断裂，卢卡斯准备逮捕他时，此人振振有词：自己对狗就像对女儿一样，打是亲骂是爱。此人最后被判入狱一年半，且终生不得接触动物。

　　至于设不设立专职动物警察，一直有争议。香港动物权益活动者柳俊江认为："动物警察看似是解决虐待动物的快捷方式，可是了解越多就越清楚：改善落后的法例、要求市民更主动协助举报调查、管制动物买卖和过度繁殖，等等，更复杂、更难'口号化'的问题，才是更好的答案。"

中国式控烟

先掐了领导的烟头

文 / 金雯

　　在北上广这样的一线城市，现在已经很少出现敬烟、劝烟的行为，那被认为是一种乡村式的礼仪，"控烟"已经成为一种文明的潮流。全世界的大多数烟民会在公众场合配合这样一种政治正确：对禁烟表示支持，尽管烟瘾实在难熬。作曲家郭文景说，他经常会推掉一些大使馆的活动和家庭聚会，因为在这种场合他不能抽烟。不让别人吸二手烟是文明社会的规范，就像随地吐痰是粗鲁的行为，但中国大街上依然痰迹斑斑一样，针对一个成瘾的个人行为，控烟在中国显然困难重重。没有严厉的法令，也缺乏有力的执行力，但是，"中国式控烟"在 2013 年年底却推出了一项重要举措，让领导干部带头控烟——在公共场所不得吞云吐雾。

　　那些摆放在领导面前的"天价"香烟一度是腐败的标志，但是，从今年开始，香烟将会从政府的会议桌上消失。2013 年 12 月，中共中央办公厅、国务院办公厅印发《关于领导干部带头在公共场所禁烟有关事项的通知》，很多领导干部得开始戒烟了，甚至开始引发一些老烟民的恐慌，他们害怕一下子戒烟身体容易内分泌失调。当然，也有积极响应者，比如，河北沧州的"烟民干部"试图通过自身戒烟来提高空气质量，为治理 PM2.5 做贡献。

2010 年，广州市人大常委会在审议《广州市公共场所控制吸烟条例》的时候，把办公场所排除在禁烟范围外。而这部控烟条例的用心良苦之处便在于：假设一个单位的领导是烟民，这样是不是增加了禁烟推行的阻力呢？

抽烟通常是男性社会的一种默契仪式，构成办公室政治的一部分，非烟民总是显得有些格格不入，一些职场女性常常会抱怨吸烟造成了某种隐形不公。找领导讨论一个问题，如果双方都是烟民，拿包烟去吸烟室慢慢聊，烟民之间很容易造成一种放松的气氛，在吞云吐雾之间就能够把问题迅速解决掉。

中国的控烟"话语权"在某种程度上是来自烟民的。来自中国控烟协会的调查数据显示，中国男性公务员吸烟率高达 61%，而且，多数是老烟枪。52.7% 吸烟的公务员表示从未戒烟，仅有 37.3% 表示近期有戒烟愿望。在中国的政府办公场所，判断一个地方是否能够吸烟，并不是看是否有"禁止吸烟"的标志，而是在于最大的领导有没有拿出烟来抽，如果领导开始抽了，下面就开始放松地吞云吐雾了。为此，上海的浦东新区还出了这样一条解决办法，想要不抽二手烟，请联系妇联。如果女公务员不便直接向领导提出禁烟建议，可向与禁烟工作合作的妇联寻求帮助。

2008 年 10 月 1 日，在上海南京路步行街上吸烟的男人，很多中国烟民认为户外吸烟是理所当然的，他们不会认为二手烟也是对他人的一种侵扰。（图—阿灿／新周刊）

将领导干部推到控烟前线，除了切合净化官员风气，树立廉洁形象之外，让那些对烟草政策拥有话语权的人不抽烟或者少抽烟，或许也可以缓解一下控烟的严峻形势。中国签署世界卫生组织《烟草控制框架公约》已经 11 年，有 157 个中国城市对"控烟"进行了立法，但是，各地的"禁烟条例"似乎都属于观赏性立法。没有严厉的惩戒制度，更不用说实质性的执行力度了。中国二手烟暴露率最严重的三个场所依次是公共场所 72%，家庭 67.3%，工作场所 63%。公共场所是尼古丁污染的重灾区。

一般而言，对于在公共场所的吸烟人士只能劝阻，如果遭遇蛮不讲理的烟民，参与控烟的卫生局等单位没有强制执行的权力，只能无奈摊手。很少有像不丹这样的国家，控烟直接动用警力，警察一旦发现房间内有人吸烟，可以像飞虎队一样直接破门而入——掐灭对方烟头。在控烟严厉的香港，在街头抽烟可能会被罚款 1500 港元，还曾因此发生过烟民袭击禁烟督察的事件，为此，香港的 104 名禁烟督查学习了防卫术，随身携带驱狗器等设备。对于特别困难的区域，控烟人员还有反黑组警员协助执法。

执法需要有法可依，以香港为例，最早的禁烟法例在 1982 年颁布，1998年、2007 年两度扩充，饭店、写字楼、医院、公园、公厕等都开始禁止吸烟。2007 年 7 月 1 日前，作为资深烟民，香港的文化学者梁文道与马家辉还曾相约到一家尚未禁烟的餐厅进行"最后一抽"。到 2009 年 7 月 1 日，连娱乐场所都开始禁烟。香港的禁烟条例在细节上也充分体现了严谨性，比如规定："有帐篷、太阳伞或天花板的户外茶座，如果四周的围封程度超过各边面积的一半，则仍然属于室内，不可吸烟。"

现在，世界上的很多城市都禁止户外吸烟，比如东京、中国香港，不能抽"走烟"，烟民判断是否能抽烟的依据就是：带有金属烟缸的垃圾桶。往往是几人围着，抽完才能走。烟民在城市中的境遇看起来是越来越弱势了。但是，严格的法令再加上严格的执法必然是有回报的，经过将近 30 年的努力，香港 15 岁以上吸烟人口减少了将近一半。而在 20 世纪 80 年代，甚至有医生会一边看病一边抽烟。

在中国内地，除了顽强的吸烟文化、困难的禁烟执法，控烟还要遭遇强大的烟草利益集团的牵制，比如，中国的烟盒上除了"吸烟有害健康"的字样以外，仍然看不到吸烟危害健康的图片警示。中国的烟草包装是由烟草公司发文件来修改的，最近几年，他们在烟盒上的控烟努力只是把"吸烟有害健康"的字号放大了。到目前为止，中国还没有一部全国性的控烟法令。

没有阳台，但是有劏房、笼屋、阁仔、天台屋、板间房
15 平方米的香港

文 / 不欢

人均居住面积只有 15 平方米，香港人发明了五花八门的特殊居所，如劏房、笼屋、阁仔、天台屋、板间房、棺材房等，都是"不适切居所"，但住在里面的人处处节省，又注重健康，还是把生活打理得井井有条。

香港这个 1014 平方公里的弹丸之地，承载着 700 万人口。每天，无数游客从深圳关口排着队进入这个小城市，他们在摩肩接踵的旺角、尖沙咀、铜锣湾等购物区感受香港惊人的人口密度。倘若有谁在步履匆忙的购物中有空抬起头，看一看旅游点以外的民居香港，或许会被密密麻麻的居民楼中更直观的香港密度所震撼。在这些墙身褪色的高楼的脸上，窗户如同麻子一般星罗棋布，足以让密集恐惧症患者浑身难受，每一扇窗下都横放着一根竹竿，上面挂满了衣服，以示每扇窗里都是有住户的。这些整齐密布的高楼，墙身没有任何凸出建筑，都缺少一件内地司空见惯的东西——阳台。

在现代人的居所中，阳台是常规建筑，用以流通空气，美化家居，提高生活质量；而在香港，由于居住空间狭小，阳台却成了高档居所才有的奢侈品。香港地少人多，房屋短缺，目前人均居住面积为 15 平方米，远小于内地城镇的 35.4 平方米。在这样的居室中，连摆放生活必需品都需要精心思量，自然不能指望有个阳台。

笔者来港求学，蜗居 15 平方米都不到的劏房后，最为思念的东西，无非是家乡的阳台了。每天走进阳台，迎面是温暖的阳光，清爽的东风扑面，架子上种满了绿色植物，引来鸟啼不绝——这一切在香港统统是奢侈品。当你的衣柜冰箱都不知摆放在何处时，房间里不可能有花花草草的一席之地，甚

至连衣服晾在哪里，都成了问题。

也学着香港人，在窗外架了一根竹竿，每天趴在窗沿，探出半个身子，将换洗的衣服晾出去。在香港，因晾衣服不慎坠亡的事件，每年都有两三宗。晾衣的地方属于室外，居民要购买特制大夹子，将衣架固定在竹竿上，以防衣服飘走。即便如此，遇上大风天气，还是常有损失：两年多内，随风而去的包括一件内衣、一件短裙和一条牛仔裤。而笔者拜访过的一些朋友，有些买了室内衣架把衣服晾在客厅，即便使用抽湿机也难以去除衣服那股看不见阳光的怪味；有些则干脆不买洗衣机，把衣服都拿到洗衣店。香港的洗衣店很多，当衣服多到狭小的家里放不下时，有些女士甚至会将部分衣服长期"寄存"在洗衣店。

居住面积不是香港房屋面临的唯一问题：目前港府以拍卖及投标方式高价出售土地，再加上发展商大量囤积土地，房价和租金不断飞涨，成为香港居所的拦路虎。去年 7 月有媒体报道，香港 100 平方米的房屋已达 140 万美元，房价居全球之首，要买下这套房子，平均需要每个香港人工作 40 年。如此寸土寸金，也无怪乎香港的房屋设计者从很早之前就把阳台这种不划算的东西从建筑里去掉了。以笔者现居的劏房为例，目前每月房租水电共约 4000 元港币，而这一价格，在与不少租房者比较之后，相信已很是划算。

为解决房屋问题，港府推出了公屋政策。公屋由政府或志愿团体兴建，出租给低收入居民，但其供应远远不足以覆盖需求，目前全港正在排队申请公屋的人数已达 24 万。1 月 15 日，特首梁振英发表他的第二份施政报告，香港大学在此前进行一次民意调查，请受访市民列出他们认为最重要的问题，结果显示，71% 的市民认为香港最需要处理的是房屋问题，位居榜首。

为应对低收入群体的需求，香港人发明了五花八门的特殊居所，由于环境恶劣，基本都被房屋事务委员会归入"不适切居所"。界定"不适切居所"的情况包括但不限于"房屋位于永久性抑或临时性的结构内""是否与其他住户共用该单位""是否一个独立单位""是否位于非住宅大厦内"。

劏房中的"劏"字，粤语中有切开、解剖之意，劏房是指把建筑物图则上的一个楼宇单位，切分成多个独立房间。这个词听上去有些杀气腾腾，但事实上，它已是所有不适切居所中相对舒适的一种。除此之外，还有在一间房内用铁笼做成双层或三层床位的"笼屋"、在天花板下用木板加建一层形成的"阁仔"、用铁皮在大厦楼顶违章搭建的"天台屋"、把一个单位用木板分隔成 4 个或以上的"板间房"；甚至在板间房内再分成 6 间只有棺材大小的"棺材房"……这样的房间自然勿论阳台，甚至连基本的安全、卫生都无法保障，居住者的身心健康都面临极大问题。

房屋事务委员会的文件中如是说："在评估长远房屋需求时，我们的基本看法是，香港的每一个住户，都应当有适切的居所。"这显然是一个动人的伟大理想。然而对于那些在不适的居所中奋力生存着的人来说，这样的理想过于遥远，他们早已不奢望宜居宜室，但求有瓦遮头，因而住处内所有的面目可憎，也只有尽量去忍受。因此，每次推开劏房的窗户，不情不愿地收完衣服后，回望一眼窗外的密集楼房，都会让人陷入迷思：对于那么多香港青年来说，在从小就没有阳台的世界里，他们能否从家中眺望到无尽的湛蓝天空？

"黑暗无法驱赶黑暗，唯光线可行"
香港诗歌电车行
文 / 丁晓洁

在香港生活了 6 年，直至 2013 年的秋天，64 岁的北岛才第一次尝试在这个城市搭乘电车，他挺喜欢那感觉，因为"很怀旧"。

这次电车之旅是北岛为"香港国际诗歌之夜 2013"、与英国文化协会合办的"诗歌电车行"活动而做的实地考察工作。几天后，他带着叙利亚诗人阿多尼斯、英国诗人曼娜·埃尔芬、西班牙诗人奥尔维多·加西亚·巴尔德斯、美国诗人杨君磊和中国诗人蓝蓝坐上了从屈地街电车厂开出的复古电车，从上环到铜锣湾，行至跑马地和中环银行街，诗人们在电车上高声朗诵着自己的诗歌，兴致盎然。第一次来到香港的奥尔维多·加西亚·巴尔德斯打量着窗外："我感觉这里犹如巴西圣保罗，或是美国纽约，但绝对不是我想象中的亚洲。"

与此同时，港岛 29 辆新型"叮叮车"的车厢内，已经装饰了 10 首中英文对照的诗歌海报，从 11 月到次年 1 月，面向市民进行两个月的限定展出。

"诗歌基本上很难进入商业社会的生活，所以我们一直在考虑：除了在封闭的多媒体剧场做诗歌朗诵以外，还有什么空间是可以与大众互动的？"北岛说，6 年前他开始筹办香港国际诗歌节，倡导一种"诗意的栖居"，现在他显然想到了一个好方式：让我们在缓慢的电车里读一首诗吧！

北岛推荐给香港市民的 10 首诗歌中，其中一首是威尔士女诗人曼娜·埃尔芬专门为此次活动创作的《明亮》，北岛将它翻译成了中文版："'黑暗无法驱赶黑暗，唯光线可行。'让我们的旅伴被光辉祝福；每一杯子闪烁的暗示穿过我们，夜或昼。我们落下来，蹑手蹑脚，灿烂，让我们圣洁展开奇路。"

2013 年 11 月 20 日，电车从屈地街电车厂开出，行至跑马地和中环银行街，北岛在车上高声朗诵诗歌。（图 / 库索）

曼娜·埃尔芬在一趟英国短途旅行的火车上写下了这首诗。"当我获委托写一首将要贴在电车里的诗时，我想到的是人们一起去旅行的场景。头两句的灵感来自马丁·路德·金，他说过，黑暗不能赶走黑暗，只有光明才可行，我思考'光'和'光明'这两个词，这是一种祝福，希望人们在他们的国度安全地旅行，而且是生命的一种比喻——我们怀着希望经历人生，安全的、灿烂的、光芒四射的。"

谷川俊太郎的《大海》、阿多尼斯的《在意义丛林旅行的向导》、威廉·布莱克的《天真的启示》、杨君磊的《海带》、蓝蓝的《风》、菲利普·拉金的《日子》、伊夫·博纳富瓦的《夏夜》……北岛也将这些诗歌带上了香港电车。他并不将主题局限在"旅途",而是更考虑大众的接受度:"一是音乐性,二是可感性,三是简短而韵味悠长……在拥挤的空间与短暂的时间交错辉映,为香港留下诗意的感受和生长的想象。"

和北岛一起挑选诗歌的,还有香港出版人林道群——他推荐的是香港诗人也斯的《城市风景》,并将也斯拍摄的一张香港照片作为海报配图。林道群还记得,也斯曾经写过一篇《电车的旅程》,当地产商把这个城市变得越来越陌生之时,也斯还能通过电车瞥见旧时的痕迹:"电车依循它的老轨迹,继续摇摇晃晃地前进。它经过消失了的旧邮局,经过消防局的旧址,经过开了门的中环街市、整过容的万宜大厦,正在向上环和西环的旧区驶去,在那儿,你还可以看到一些唐楼:那些高四五层、楼下是店铺楼上是住家的旧楼,仍然带着战前上海与广州的风格,宣示了它与过去的联系。"

香港电车自 1904 年投入服务,刚刚迎来 110 岁生日,平均每日接载 22 万人次的乘客,是全球现存唯一全数采用双层电车的电车系统。在林道群看来:"香港电车的缓慢和保守,早已成了这个瞬息万变的国际都市的强烈反差物,渐渐变成了一种怀旧的消遣。从港岛东的筲箕湾到西边的坚尼地城屈地街,半个小时的汽车车程,电车要走上一个半钟头。然而缓慢和保守,北岛他们好像正是在这种反差之中,找到了自己的角色和意义。"

或许只有电车的"古老"才能跟得上诗歌的"古老",或许是诗人的"慢"暗合了电车的"慢"。北岛希望借由电车让人们明白:诗歌不是高不可攀的东西。而在英国文化协会艺术和创意工业主管何美婧看来,这是一个很好的理念:把一个很短小、看似精英化的东西,带到每个人都要用到的寻常的交通工具中去。

"它是香港历史最悠久的交通工具,也是香港最平民、最便宜的交通工具,却恰恰穿过这个城市商业最繁华、地价最贵的空间。"在何美婧的想象中,也许一个打工仔会在电车上与一个银行家擦肩而过,读到同一首诗:"银行家可能会记起关于诗歌的梦想,而打工仔也许曾经想要做诗人。"

"其实在电车上做诗歌展示,也不是什么特别新的概念,在伦敦早有 Poems on the Underground(诗歌地铁行),纽约、旧金山、巴黎……很多国际化大都市都做过类似的尝试,借由公共空间展示诗歌予公众欣赏。"何美婧说,始于 1986 年的 Poems on the Underground 项目,创立人 Judith Chernaik 希望把诗歌带到一个更广阔的空间，他们将 3000 多张诗歌海报张贴在伦敦的铁路车厢里，每年会更换三次。

对于这种形式，林道群也有考据："每年从 10 月中开始，连续 8 个星期，伦敦'诗歌地铁行'总是按时为川流不息的乘客准备好这道一年一度的地铁诗歌'甜点'。"2013 年，伦敦地铁庆祝开通 150 周年，更郑重其事地把过去 25 年"诗歌地铁行"的 500 首诗，编选成近 300 页的诗集 Poems on the Underground，还把 2013 年的"诗歌地铁行"8 万张海报送给乘客。

北岛就更熟悉了，如今他的书房里就挂着一张 Poems on the Underground 海报，上面是他写给女儿甜甜的那首《画》——20 世纪 80 年代，曾经在伦敦地铁的车厢里挂了两个月。"其实还有另外一首诗，叫作《冬之旅》的，也在伦敦地铁里展示过。"北岛还记得，那已经相隔十几年了。

如果要说"诗歌电车行"有什么地方是与众不同的，那应该是北岛假想中的受众。电车还未开出，他已经找到了香港教育局，通过他们向全港 400 多间学校推荐"诗歌电车行"项目。后来，北岛写了一封感谢函，一位官员给他回了信："北岛老师，正如你所引用的诗句：'没有谁是一座孤岛，自成一体；每个人都是大陆的一小块，是大陆的一部分。'"

2014 年度佳作

去创业吧，万一成功了呢？

去创业吧，万一成功了呢？

2014 年 10 月 27 日，福布斯中国富豪榜发布。中国亿万富豪的人数，从一年前的 168 人增至今年的 242 人，前三甲分别是马云、李彦宏和马化腾。这一年，马云创了两个纪录：9 月，阿里在美国纽交所上市创造了美股历史上最大的 IPO；双十一，阿里交易额达 571 亿元人民币，刷新全球网上零售纪录。

相应地，以阿里、百度和腾讯为代表的 TMT 行业也成为这一年并购的热点。对用户生活的渗透到达购物娱乐、出行导航、沟通与信息获取、不动产以及健康等领域。三家圈地意识激烈，又你中有我，我中有你。一方面，理论上互联网行业几乎不可能再有任何机会，另一方面，创业的气氛在中国社会尤其是年轻人之中空前高涨。

被马云从首富位置替换下来的王健林，其所代表的地产行业在 2014 年由于反腐和调控的加强，终于走向了下行的趋势。国家统计局纳入监控的 70 个大中城市的房价从年初的上涨缓慢到 10 月终于出现了全部下跌。

另一个好趋势来自 A 股，隐忍了差不多一整年后，随着央行的降息大盘从 2000 点一路奔上 3000 点，有分析师建议"如果你有多余的房子，赶快把房子抛掉买股票"。

比 EMBA 更靠谱的人脉学
游学社交圈
文 / 文莉莎

在《色·戒》上映之后，关于汤唯的行踪曾有多个版本，她自己的版本是：只是在英国雷丁大学上了个暑期班，不是留学。在她的记忆里，那是一段特别简单而宁静的日子："某天，因为排练场不够，老师就带领我们走出学校，一拐弯进了一座墓园。每个人各自找一块地方，席地而坐，开始完成作业——那天的任务是用英文写十四行诗。当时，我连念英文都没念顺溜，更别提写诗了，但也得硬着头皮上。大家都写完后，便围成一圈，逐一朗读自己的作品。这就是我们上课的方式。"

当年汤唯上的暑期班如今有了个特别时髦的名字——游学，而雷丁大学面向中国学生的宣传册上则会特别注明：知名校友——汤唯。

2013 年 7 月底，作为新上任的英孚教育海外游学留学市场部副总裁，梁钰鸣飞抵英国曼彻斯特，体验英孚在当地的语言学校。那是一座位于大学城中翻新过的维多利亚式建筑，四层的老房子既保留了原来的设计风格，也针对教学进行了些许功能性的改造，比如，每层楼的走廊拐角都布置成了"学习角"。校长艾玛曾在成都工作过一年多，喜欢吃火锅，且非常了解中国人学英语的热情和存在的问题。

在全世界，英孚共有 40—50 个这样的语言学校，它们或是英孚自己的物业，或是英孚占有股份的当地教育培训机构，除了英语，还开设了很多小语种课程。"英孚不做中介，"梁钰鸣强调，"每家学校都有自己的特色。例如，曼城的成人班分为两类，一类是普通的语言课程，一类是面向专业人士的语言培训，所以，我在那儿遇见了不少律师、医生、工程师。"

虽然都是学语言，游学，尤其成人游学与留学相比，更注重社交和实践。学校要求学生每天早上 8 点到，但到了之后，不会立刻上课，而是任由学生之间自由交流。每天下午都有集体活动，通常是看画展，参观博物馆，游览当地名胜。梁钰鸣则赶上与公益组织一起举办旧书义卖。

作为舶来品，2007 年前游学在中国还相当小众。最初开拓游学市场的是旅行社，针对中国家长的口味，以"名校游"为噱头，召集学生团。随后，留学中介、教育机构陆续进入。近两年，两类白领爆发出新的需求，一类是大学毕业不久，工作经历不长，因为跳槽或者工作需要想在短期内突破外语关的；一类是工作多年后突然遭遇职场瓶颈的。如今，以广之旅、鸿鹄旅游为代表的旅行社所占的市场份额约为 50%；以新东方、英孚为代表的教育培训机构则占 35%—40%；另有一些新来者，比如号称要做留学市场淘宝网的决胜网，去年自称已有 4000 万营收，游学亦是其咬住不放的项目之一。

近几年，中国每年有 20 万—30 万人参加海外游学，他们中有真正的学生，也有遇到职场天花板的白领，在他们之上，还有以游学之名结交人脉，寻找商机的企业老总。（图／新周刊图片库）

新东方国际游学提供的数据显示，近几年中国每年有 20 万—30 万人参加海外游学，其中约 80% 由教育局或学校组织；约 20% 是散客，由留学中介、培训学校和出境旅行机构等主办。EF英孚教育在线游学调查亦显示，28岁以下的年轻人是海外游学的主力军，占出国游学总人数的61%。职场白领则是这个市场里新兴而强劲的增长点。

为何各类机构都爱做游学？除了市场潜力大，还因为来钱快，风险小。作为市场中的两支主要力量，旅行社做游学，其实是做个性化、升级版的旅游产品，客源主要通过做渠道来；教育培训机构做游学，相当于做快餐式的语言培训衍生品，客源主要由内部学员转化而来。因此，二者的操作模式也大不相同：旅行社是外包式，由各类机构、学校组织学生参加，活动全程外包给有资质的旅行社，双方分成，机构、学校占大头；教育培训机构是一站式，从组织人员到出入境手续再到游与学的课程设计和执行，全程自己做。

对于旅行社而言，相比机票＋酒店的自助游产品，以游学为卖点的旅行团利润高得多。以美加团为例，报价基本是3万元人民币，行程一般是15—20天，每团20人左右，配两个导游。游学期间，大多数团只安排一两天时间与某所大学或者中学做交流——行程单上罗列的其他学校往往都只是象征性地"路过"和"围观"，更多的时间以观光为主。而在美国和加拿大，很多景点都是免费的。租一辆大巴的费用约为每天500美元，全程加上给司机的小费不会超过1万美元，即人均不到500美元。住宿标准一般都是每天不到100美元的经济型酒店和当地友好家庭。一个团下来，每人的实际花销不会超过1.5万元人民币。

另据海外导游爆料，虽为学生团，却一定会在最后一天安排购物，因此，还有部分零售商给的回扣收入。而最让作为竞争对手的教育培训机构"鄙视"的是，"说是与国际学生进行交流，有时就是在当地租个教室，找个老外，把全团的孩子关在里面上两天口语课，这与在国内上课有什么区别？谁知道那个老外是不是从中国带出去的？"——这种说法或许有些夸张，但可以证实的是，近三年每年从中国去加拿大游学的人数均超过10万。因恰逢游学旺季，每年夏天加拿大发放签证的时间都在成倍延长。全加拿大能外借的教室几乎都借出去了，过去为游学团上课的是院校的老师，现在不得不外约当地的大学生来代课，还得四处跑场子。

新东方是教育培训机构中最早涉足游学的公司之一。早在2005年暑假就第一次带领30名学生去了趟美国，2006年寒假又组织了一个15人、18天去澳大利亚的团。虽然从教育行业的角度出发，游学是一个对青少年非常有意义和有价值的产品，但经过两次尝试，项目都是亏损的。当时，新东方正酝酿在美国上市，集团董事会对旗下所有项目进行盘点，逐一举手表决是否撤项——游学就是被表决的对象之一。据说，在董事会上俞敏洪以个人为游学担保，再给该项目一年时间，如果仍然亏损，就用个人资产填补亏损部分。

如今看来，他当时的冒险明智且有远见。投身游学市场的教育培训机构和留学服务中介都承认，因为全程自己做，利润率肯定与旅行社比不了，但留学和移民市场的竞争越来越激烈，且受各国相关政策的影响很大，一单生意很可能跟进了半年甚至一年，到最后还是白忙活。游学就不一样了，除了前期推广外，一个团的周期最多 20 天，几乎不存在退款的风险。虽然学生团的淡旺季明显——几乎都集中在暑假和寒假，但白领游学不存在"团"的概念，一个人就可以走，随时可以走，每周都开课。

借助先机优势，从 2005 年至今新东方已带领超过 3 万名学生出国游学，2006 年暑假即实现盈利，并始终在青少年市场中保持着行业首位。他们策略清晰——要搞定学生，先搞定家长。一方面不断提醒家长注意，目前国内对于游学行业既没有资质审核，也没有监管，整个市场良莠不齐，各类宣传五花八门，报价和品质均相差很大；另一方面则反复强调，身为教育者的责任和良心，"游学线路的设计应以'学'为主，应注意孩子在不同成长阶段的性格特点、中式家庭的教育特点和家长的期许"，可谓句句话都说在了埋单者的心坎上。

2013 年 7 月，在一个名为"中国企业家全球游学计划"的项目中再次出现了俞敏洪的名字。这是一个名副其实的高大上的项目。首发美国波士顿，游学时间为期三周，课程由哈佛商学院、哈佛大学费正清中国研究中心、哈佛大学肯尼迪政治学院和麻省理工学院斯隆商学院联合定制，仅设 30 个名额，目标学员为年收入 10 亿元人民币以上的企业董事长或总裁，学费为 8.18 万美元。

这个项目很容易让人联想到上一轮企业家游学潮。当时，游学被包装为商学院的课程之一，最典型的案例即 2009 年，赵本山花了 55 万元在长江商学院上 CEO 课程班，学制半年，真正上课的时间加起来只有 18 天，上课的地点却分散于香港中文大学、伦敦商学院、哥伦比亚商学院和瑞士国际管理发展学院。当时，除了国外名校的毕业证书，企业家们看重的还包括有机会到 IBM、GE、英特尔、纽交所、拉斯维加斯剧场等地实地考察，所以，游学一度成为国内各大商学院招生的利器。

时隔 5 年，企业家的境界高了一层，求学的态度也有所改变。在哈佛和牛津苦读之后，王石以过来人的姿态和商界领袖们分享："学习是一个全方位体验和参与的过程，不能浅尝辄止，而应该沉淀到一个地方，了解透彻。"这自然是最好的代言人和广告语。尽管学费高昂，那个被称为"美国班"的游学团仍然顺利地卖出去了 20 多个席位，成行的名单相当重磅，王石和柳传志担任辅导员，俞敏洪、朱新礼、胡葆森担任轮值班长。

诚然，没有人能否认企业家游学的意义，更何况是真刀真枪地去学，但明眼人也都了然于心，该计划的野心与意义成正比——毫无疑问，MBA 和 EMBA 又过时了，要进这个圈子、要能与这个圈子里的人对话、要在这个圈子里有话语权就得放下生意，投入精力去游学。

"闪购"造就的 100 亿美元
一只妖股的炼成史

文 / 文莉莎

两个温州人，在 2008 年金融危机时跑来中国最大的服装批发市场——广州，做服装生意。他们不做批发，做零售；不开实体店，开网店；不卖正价，搞限时特卖。4 年后，他们的公司在美国上市，一年多后，市值接近 100 亿美元，被外界称为"妖股"，简单来说，这就是唯品会的故事。

世人都难免势利。唯品会第一次引起外界的关注是 2012 年宣布上市时。当时，一批中概股因财务造假和管理漏洞刚刚在美国资本市场经历过一场集体信任危机，而另一批中国企业仍在积极地准备赴美 IPO，唯品会就是其中之一。对此，国内互联网界和资本市场均不看好，当当网 CEO 李国庆甚至在唯品会登陆纽交所前一天公开拆台，称"唯品会在香港路演时遇冷，无人下订单"。

除了大环境，当时，唯品会的模式亦被认为"无惊喜"——无非是又一个照搬国外既有网站的案例。创始人沈亚和洪晓波均没有与互联网相关的教育背景和从业经历，但有超过 10 年的交情，先一起做通信器材的外贸生意，后一起在长江商学院读书。偶然的机会，他们中的一个发现太太热衷于在国外的闪购网站上买奢侈品，便与另一个商量，一拍即合，决定复制到中国，于是，拉了个 25 人的团队，租下 1200 平方米的办公室，轮流飞欧洲采购打折的奢侈品。

刚上线时，的确红火过一阵子。广州的土豪太太们一出手就过万，可这个群体的规模毕竟有限；且即便是她们，也不可能隔三岔五地买奢侈品。此时，金融危机对服装行业的影响开始显现，尤其奥运会之后，以耐克和阿迪达斯为代表的各大运动品牌都积累了大量的库存。逐渐地，唯品会上出现了一些二三线品牌的服装，它们的共同特点是：一、名字洋气，但是土生土长的中国品牌；二、价格诱人，限时抢购，卖完即止。仅仅一个月，情况就有了改善，订单量从每天几个上升至几百个，客单价平均为 300 元，销售额和现金流迅速丰沛。

唯品会在天津、佛山、昆山、简阳建立了 4 个大规模仓储中心，分别服务于华北、华南、华东、西南的顾客。（图／新周刊图片库）

从此，唯品会进入精耕细作的阶段，沈亚和洪晓波越来越少地出现于公众视野，取而代之的是唐倚智和杨东浩。前者是负责仓储物流的高级副总裁，后者担任 CFO。加入唯品会之前，唐倚智曾在华润、当当及物流公司任职，兼具传统零售、电商和物流体系的经验。正是他为唯品会设计了"干线＋物流"模式，即将同一地区的订单打包交由一家物流公司配送至中心城市，再由当地物流公司进行二次配送至消费者手上。

去创业吧，万一成功了呢？

杨东浩是 2011 年 8 月 30 日来唯品会的。之所以记得这么清楚，是因为他到的第二天，唯品会就向美国 SEC 秘密递交了 IPO 材料。据他回忆，那是一段令人心酸的日子。当时，唯品会最大的竞争对手是凡客，凡客也在计划上市，所以，"我和沈亚一见投行和基金就问，你们觉得凡客值多少钱？你们觉得唯品会在凡客的基础上打几折合适？"杨东浩说，当时，外界传凡客已经私募了 30 亿人民币，IPO 不可能比私募低，建议他们在 40 亿—50 亿美元上打个 3—4 折，而他们自己的判断是应该更保守些，在 8 亿—10 亿美元。

2012 年 3 月 23 日，唯品会在纽交所挂牌上市，创始人沈亚（前排左六）和洪晓波（前排左七）让它成为中国华南地区首家在美国上市的电商公司。（图 / 新周刊图片库）

路演时，从香港到伦敦再到纽约，他们一路自我感觉良好，订单却少得可怜。大机构也有跟风的毛病，同行没人买，就不买；同行有人买，就开始抢。幸亏投资过唯品会的红杉和 DCM 仗义，各自掏了 1000 万美元捧人场，为同行开头。杨东浩称，至今记得那个周四下午，"我和沈亚以及两家 VC 的代表坐在纽约四季酒店的大堂，心情忐忑，等待'判决'，此前我已有两个晚上没合眼。4 点，负责承销的高盛的人跑来，说有戏了，6.5 美元做不做？"这意味着唯品会的估值只有 3 亿美元。

5 分钟之内他们便有了决定，这个决定在之后很长一段时间被描述为"流血上市""太过着急""不明智"。为何会做出这个决定？故事有两个版本。不那么严肃的场合，杨东浩会说："当时，我们高管、高管的亲戚、亲戚的朋友都到了纽约，都等着晚上庆功，庆功会的饭店都定了，订金都交了，如果不做，怎么跟人家解释？反正只要上市了，别人也搞不清楚 6 块 5 和 8 块 5 有什么区别。"

其实，他们真实的考虑是，需要借此拥有战略优势。在唯品会准备上市前夕，国内以"闪购"为模式的网站又有了魅力惠、聚尚网、佳品网等，且天猫和当当也分别推出了品牌特卖频道和网上奥特莱斯。每个竞争对手的背后都有强大的 VC/PE 支撑，彼此之间的差距很小，比的就是谁比谁长一口气。"虽然只拿到 7000 多万美元，现在这可能不算一个大数字，但在当时只要你比别人多活一个月，也许就是生与死的区别。"杨东浩感慨。

事实证明，上市对于唯品会确实很关键。上市的当年——2012 年，唯品会全年营收高达 43.6 亿元，同比增长 204.7%，与他们合作的品牌商有 2759个，上线的品牌数约 5800 个，全年推出特卖会 29207 场，平均单次特卖会的成交额约为 15 万元，年吞吐库存远远超过许多大型的综合类 B2C 商城。

通过财报可以看出，在放弃了高大上的奢侈品路线之后，唯品会对自己的定位日益清晰：即面向二三四线城市，为服装企业消化、处理过季的库存。在中国，什么是名牌？二三四线城市的消费者与一线城市的认识和理解并不一样——这是现实。2013 年，中国服装零售市场规模达 2 万亿。参考服装行业发达的美国，尾货市场占整个行业的 20%，保守估计中国服装库存规模约有 4000 亿——这也是现实。唯品会所做的就是，在庞大的库存中，寻找并销售仍可能受欢迎的产品。

外界的一种说法是，与唯品会合作的门槛并不高，只要在二三线城市有专柜或者有实体店就可以入选。唯品会与合作方签订年度合作框架，确定一年之内合作的次数。如 2012 年，2759 个品牌商平均每个在唯品会推出 10.6场特卖会，单个品牌年均上线 5 次。

"我们有一个专业的买手团队，目前已经发展到 600 多人。他们会根据销售数据、流行趋势和自己的专业判断，在供应商的仓库里挑，可能 10 万件挑出 1 万件，也可能只挑出 5000 件。"杨东浩强调。

如今唯品会已把"闪购"玩得得心应手。每天早上 10 点和晚上 8 点合共推出 50 场左右不同品牌的特卖会，每场持续 5 天。结束后，用户的退货和未售完的产品由合作对象拉回去。既最大限度地刺激了消费者的热情，又避免了因长期打折对品牌形象的伤害，且采取"寄卖"而非"买断"的方式，无须占用唯品会自己的现金流。

另一个高招是不设搜索。唯品会将其称为"不明确购物"。他们认为，一个消费者一年之中可能只有 60 天有明确的需求，而在剩下的 300 天里，消费者的典型心理是：快过年了，想买一件大衣，上街逛逛，恰巧有个牌子在打折，款式颜色都不错，就买了，其实与品牌关系不大。他们要抓住的就是这部分需求。更重要的是，不设搜索，流量成本很低，用户黏性很高——2013 年第四季度的数据显示，超过 70% 的回头客贡献了 90.6% 的订单量。

时至 2013 年，多家跟随唯品会起步的"闪购"类垂直网站已不见踪影，天猫和当当的打折频道起色不大，再没有人提及"流血上市"，倒有不少人一边称赞唯品会抢占了先机，一边企图对其抽丝剥茧。有媒体报道称，1 号店负责人的原话是"要一模一样地照搬唯品会，包括标点符号"。

对于同行而言，类似的模式下拼的就是提利润，降成本。从 2009 年至今，唯品会的毛利润从 8.2% 上升至 24.5%，参考美国成熟折扣渠道的毛利润 26%—28%，尚有提升空间。降成本的重任之一在物流。

在唯品会的销售额中，北上广深四城约占 13%，省会和地级市占 60%，县级市和乡镇约占 20%。围绕这三级，他们在天津、佛山、昆山、简阳建立了 4 个大规模仓储中心，分别服务于华北、华南、华东、西南的顾客，相应地，他们建立了 4 个分站，每天不同分站上线不同的品牌，合作对象的产品在哪儿，就从哪儿就近入仓，就近上线。如此，便不会出现从北京仓往广州仓调货的情况。

过去，唯品会坚持租用仓库，统一发货。因为一张订单里往往包含位于不同地区的品牌商，若由他们直接发货，无法合单，快递费用太高，所以，"我们要求品牌商都把产品先入仓，这部分使用卡车运输，上万件衣服摊薄下来，平均每件只有几毛钱成本，发给用户时再合单，使用快递。"唐倚智说，维系唯品会整个物流体系的是 10 条卡车干线和 80 多家落地配送快递公司。

今年，唯品会先后在武汉和肇庆拿了 1500 亩和 800 亩地，计划未来两年最低投入 2 亿美元来自建物流。同时，改革了分拣流程，由串联拣货升级为并联拣货。即之前是一个拣货员收到订单，负责所有订单商品区域，现在改为多人分拣同一批次订单，各自负责一个货架区域，每人只拣自己所在区域的商品，然后汇合至集货区打包。"不要小看这个变化，现在 5 个人可以负责 6 个人的工作量，不但提高了效率，还降低了人力成本。"唐倚智说，当各大电商都不计重金投入基础设施，谁能够把工作分解成最小的颗粒，谁能够把每个颗粒做到极致，谁便胜出。

离开的只是搜索
潜水者谷歌在中国还能做什么？

文 / 邝新华

2010 年谷歌把服务器搬到香港以后，便渐渐淡出中国公众舆论，用户和行业观察者都随着"QQ 大战 360"和"支付宝大战微信"等事件追星而去。转眼 4 年，在北京清华科技园，没有追随李开复离开的谷歌人仍然坚守在谷歌大厦。元宵节，他们会挂灯笼猜谜语，复活节他们会开 party 玩涂鸦，除此之外，他们要向人证明，中国市场还有谷歌的一席之地。

2004 年 10 月一个凌晨，乔景亮"折腾了半天"终于在网上找到了谷歌的广告入口，但"进去之后还是英文页面"，而且要注册很多资料，"E-mail、企业简介、产品信息"，这把刚刚大学毕业在郑州一家民营企业工作的乔景亮吓回去了。深夜一点钟，乔景亮给他在银行工作的同学打了个电话："什么是 VISA 卡号？"第二天，乔景亮跑到当年唯一能办国际信用卡的中国银行："交了 5000 块钱人民币，人家授权我 500 美元。我把卡号输进去，提交，我们的广告就出现了。"

这一年的中国搜索市场份额，百度占 33.1%，谷歌占 22.4%。10 年后，百度一家独大，乔景亮也成为黎明工业集团 CEO。靠着谷歌在全球的广告推广，当初总销售额只有 2000 多万元的黎明重工，2013 年海外电子商务销售额达 12.8 亿元，占总销售额的 88.6%。这一年，黎明重工在谷歌投入的广告

去创业吧，万一成功了呢？

费高达 2200 万元。

在中国，谷歌最大的用户群已经变成外贸电商。去年年底上任的谷歌大中华区总裁石博盟说："中国是世界上最大的消费市场与第二大线上广告市场，因而，中国市场对谷歌的发展起到至关重要的作用。"

给中国制造业提供全球广告，是谷歌在内地最重要的业务之一，他们称为出口业务。

4月2日，香港暴雨，机场几近瘫痪，石博盟的航班延误了4个小时，当他抵达郑州时，已经是次日凌晨5点。正在香港休假的石博盟后来调侃自己在中国的无奈："听说在中国，如果周五是法定假日，人们为了制造黄金周就得在星期天上班。这对欧洲人来说很奇怪。在西班牙，如果星期二和星期四是公众假日，人们就会自动把星期一和星期五也当作假期来放。那么，空下来的星期三怎么办？只上一天班没有意义吧，那还是放假吧！"

这天早上，石博盟要会见河南省政府领导，然后参加由省政府主办的外贸电商论坛，并发表演讲。自从郑州引入30万人规模的富士康以后，河南继承广东成为中国制造基地的野心越发明显。黎明重工也是这次论坛的重要合作方。乔景亮打趣地说，几乎把所有员工都派到论坛现场当义工，还把现场的所有赠水换成谷歌的标签。这一次，河南省政府希望树黎明重工为典型，鼓励大家利用谷歌渠道向全球输出中国制造。他们都需要谷歌。

每当谷歌大客户业务部行业总经理邓辉向他的客户讲起黎明重工时，都会引发对方的惊讶："黎明重工在国外的网站，有10种语言，把产品卖到世界上130多个国家和

失去了在中国搜索市场上的份额后，谷歌把更多精力投在了为中国企业进行海外推广上。谷歌大中华区总裁石博盟认为，谷歌从未退出中国。（图／新周刊图片库）

地区。"这后面接着要讲的，便是谷歌的翻译工具。

邓辉负责谷歌的出口业务很长时间，他还清楚地记得，2006 年，谷歌在中国成立不到一年，把中国各地重要的客户邀请到北京交流，当时黎明重工电子商务经理宁改革到北京讲利用谷歌关键字广告的经验。不久后，谷歌便有专门的客户经理到郑州提供更多服务。

在中国互联网界，出口业务是谷歌最有特色的，在这个业务上，最大的竞争对手是以阿里巴巴为代表的 B2B 平台。2008 年以后，乔景亮发现 B2B 平台不适合生产型企业："询盘量很多，成交率特别低，耽误大量时间和精力。我们工厂受伤太深了。"

"国内做百度，国外做谷歌"，这是乔景亮的基本判断。当他 2004 年在谷歌做广告获得 800 万外贸单子的时候，谷歌还没有正式进入中国。很多同行托关系打听他们是怎么在谷歌上做广告的，乔景亮却不告诉他们，直到河南省政府要大力发展工业外贸电商，并树黎明重工为典型。"只要做外贸的，就基本上是谷歌的客户。"邓辉说。

位于郑州的黎明重工 2013 年的海外电子商务销售额达 12.8 亿元，这得益于它在谷歌上做的广告推广。（图 / 新周刊图片库）

"全球有无数用户每天使用谷歌，这是阿里巴巴不能实现的。如果你需要一个销售平台，阿里巴巴可以帮你，但低成本的精准营销，谷歌是很好的选择。"去年全家搬到上海定居的石博盟很快就适应了中国的环境，虽然"在上海穿越马路非常危险"，但他已经学会了紧跟本地人"凑够一拨再走"的潜规则。

这一次，河南省希望谷歌能帮助当地制造业"凑一拨出口"。邓辉总结了通过谷歌出口的四大行业："第一，B2C 外贸电商，最典型的像北京的兰亭集势，黎明重工卖机械设备，都做到一年卖十几个亿。第二，海外游戏行业，去年收入增长超过 200%。第三，电子消费品，如华为、中兴等要把手机卖到欧洲去。第四，旅游行业，针对希望到中国来旅游的外国人。"

旅游也是谷歌重要的业务领域。早在 2008 年汶川地震后，成都旅游局便想到要借助谷歌重塑其海外形象，"这是中国第一个旅游客户"，谷歌大中华区大客户部客户总监陈晶说："后来雅安地震，入境游人数锐减，谷歌上很多人搜索'四川旅游是否安全'。在半个月之内，四川旅游局买下了亚太地区的 5 个主要客源地——中国台湾、香港、韩国、日本、新加坡的 YouTube 首页广告，展示四川的美景。"2013 年 1 月，山东旅游局也开始在谷歌上做广告，并发现"日本人想要去山东喝啤酒，美国人更关注山东文化"。有数据显示，山东旅游局在谷歌上的平均点击成本 4.60 元 / 次。

在中国，谷歌有两大业务部门，一个是以上所述的销售部门，另一个是数百人规模的工程师。去年七夕 Doodle 的主要开发者便是中国工程师袁烽，他花了几个月时间，从代码开发到用户测试，而他却不是全职做 Doodle 的。"他 80% 的工作与国际化输入法相关，"中国区的 Doodle 技术研发团队负责人王咏刚说，"每年全球 300 多个 Doodle，其中 10% 是动态 Doodle，大概有 20%—30% 是中国团队参与的。"

2005 年 7 月，谷歌正式进入中国，不久后发布中文名称。随后积极在中国市场布局，始料未及的是，2010 年 3 月，情势陡然生变。谷歌将搜索服务由中国内地转至香港。人们在北京清华科技园谷歌大楼前献花以示怀念。此后，随着 BAT 的崛起，以及媒体和公众注意力淹没在各种"QQ 大战 360"中，谷歌渐渐淡出人们的视野。

2013 年，谷歌在中国仍然保有不到 5% 的市场份额。乔景亮也曾经抱怨，他的员工在处理谷歌的后台数据时，"上网维护速度比较慢"，但他也知道，"慢也没办法，即使慢也得做"。

石博盟并不讳言这个问题，在数个月的时间里，他经常被人问起，"谷歌不是已经退出中国了吗？"每当他被问起这个问题时，都会有点沮丧。在伦敦，当石博盟说起他在谷歌工作时，"大家会纷纷表达他们对谷歌的认可和喜爱，还让我说出谷歌所有的产品名称"，但中国却正好相反。"我理解大家为什么这么想。但我希望纠正人们认为谷歌已经不在中国的误解。"在郑州，面对记者，石博盟说，"谷歌 is still here。"

劳动致富从来就是个谎言？
悲观的《21世纪资本论》

文 / 胡尧熙

"占领华尔街"运动已经过去了两年多，这场"99%的穷人对1%的富人"的抗争没有起到任何实质性的作用就草草收场，但在很多人心中形成了一个共识：1%的富人拥有这个世界上绝大部分的财富。这个论点最早的提出人不是示威者，而是法国经济学家托马斯·皮凯蒂，在新书《21世纪资本论》发布后，他被称作全世界最悲观的经济学家。

子女的社会经济地位很大程度上取决于父母的社会经济地位，全世界都处于"拼爹经济"的年代。

《21世纪资本论》在经济学界引起轩然大波，它的核心观点足以让99%的人绝望，皮凯蒂认为，贫富差距持续恶化在人类历史上是一种常态，穷人越穷，富人越富的故事已经一再上演，这种状况看起来没有任何改善的余地。

至少在美国，《21世纪资本论》是2014年迄今为止卖得最好的一本书，5万册在亚马逊上迅速脱销，在贝索斯的催促下，出版商紧急加印了8万册才重新恢复供货。众多经济学家都卷入这本书引发的论战中，诺贝经济学奖得主克鲁格曼在《纽约时报》上连发三篇书评，盛赞皮凯蒂发现了资本主义制度中的不正当性，而一向立场保守，偏向大财团的《华尔街日报》和《国家评论》则搬出美国企业研究所的詹姆斯·佩特库奇斯打对台，他认为皮凯蒂的错误观点必须被纠正，否则就会在知识界传播，重塑政治和经济观念，而未来所有的政策论战都会在错误的基础上展开。

和大多数经济学畅销书不同，《21世纪资本论》并非只有理论，而是盘点了历史上的大量经济学数据导出结论。通过分析人类各个历史时期的资本回报率、工资收入和经济成长率之间的关系，皮凯蒂得出一个让人沮丧的观点：从人类有经济行为起，大部分时间里，投资回报的增长率都远远超出经济增长率，而工资收入的增长率却通常低于经济增长率。唯一的例外是"二战"后的一段时间。他认为，战争破坏了私人资本的积累，而战后的人口和经济急速增长，导致了贫富差距的缩小。经过短短几十年后，经济规律又回到了传统的模式。现在，金融风暴使全球经济增长率放缓，贫富差距就急速拉大了。

《21世纪资本论》的作者皮凯蒂认为，只有在"二战"刚结束的那段时期，人类的贫富差距是缩小的，在其余时间段，贫富差距都处于恶化状态。（图/新周刊图片库）

皮凯蒂在书中创造了一个新名词：遗产性资本主义，他认为，子女的社会经济地位很大程度上取决于父母的社会经济地位，全世界都处于"拼爹经济"

的年代。这在现实世界中一直有迹可循，人们从来不缺少白手起家的励志榜样，但有人列出了《福布斯》梳理的各国富豪榜，其中超过 60% 的上榜者都是通过继承遗产而获得财富，扎克伯格和贝索斯式的人物只是少数派，还有一些白手起家者身份存疑，他们和权贵的关系错综复杂，第一桶金都或多或少带有原罪。

克鲁格曼在评论中表示，皮凯蒂的著作指出了一个最让人难以直面的事实，富人的财富并非通过劳动获得。华尔街上的高管们年薪动辄过千万美元，所有回报都来自资本市场，即便资本市场疲软，公司亏损，他们的收入也无非是减少一个零头，和贡献不成正比。在一些被认为是正面效应的领域，这种情况也在不断上演，一些互联网公司还没有创造出可观的盈利，甚至没有任何盈利，但它们一旦被资本盯上，就立刻坐上了通往金矿的列车。互联网从业人员的薪酬固然客观，但一个公司如果群体性地诞生百万富翁，多半不是因为工作创造了财富，而是因为大家手里掌握了股票期权。这部分人的财富受国家经济增长率的影响极小，而一个普通的劳动者，收入增长率永远赶不上国家经济增长率，而后者一旦放缓，他的收入还将大大缩水。

整本《21 世纪资本论》中引用的图表多达几十张，数据背后映射出的意思是，劳动致富在人类历史上似乎是个谎言。皮凯蒂还悲观地表示，资本持有者的收入中只会有小部分用于消费，普通人的收入则大部分都用于维生，两者的贫富差距只增不减，这种情况还将持续到未来。

由于书中的数据考证极为详尽和全面，《21 世纪资本论》受到大批经济学家的认同，美国著名经济学家米拉诺维奇盛赞它是"经济思想的分水岭"。对于书中的种种悲观论调，皮凯蒂在接受采访时认为，要改变贫富差距恶化的最好方法是政府干预，重新制定出财富再分配的方法，最直观有效的举措就是修改税收政策，向富人征收更高的所得税，税金不交给效率低下的政府机构，而是直接分配给资本较少的人。这一想法的前半部分在一些国家已经实现，法国影帝德帕迪约被高达 70% 的个人所得税逼得改换国籍，投奔到了俄罗斯。

《21 世纪资本论》的反对者则认为，"劫富济贫"的税收政策是饮鸩止渴，一旦执行不力，它将会引发大规模的社会暴力事件，资本主义制度的合理性就此丧失。

去创业吧，万一成功了呢？

马克符　消除贫富差距没有万能药

马克符：美国企业研究所数据分析师

马克符。（图/新周刊图片库）

《21世纪资本论》走红的一部分原因是它迎合了美国目前的政治氛围。走自由派经济路线的奥巴马政府这些年来一直在加强政府对经济的干预，包括金融监管、全民医保，以及最近如火如荼的提高最低工资。皮凯蒂的观点是自由派经济路线的强力佐证，很容易被拿来说事，它火起来不仅有学术因素，也有政治因素。

这本书最有价值的地方是它提出了一个对于现实的犀利观察，我们或许知道金融行业很赚钱，资本回报率很高，但却没有像皮凯蒂这样深入剖析这个现象，与其他经济数据进行对比。并且以此来诠释社会的经济发展规律。

皮凯蒂在书中提出的讨论主要是从西方的历史和现状出发，而非针对中国。西方国家运行资本主义已经逾百年，对它的利弊都比我们有更深的体会。中国目前处于经济转型期，政府在经济行为中扮演非常复杂的角色，书中的论点在中国应当会有不同的诠释。不过要特别指出，皮凯蒂分析资本持有者和普通劳动者的收入，虽然用的都是税收收入数据，但还不全面，他没有把社会保险、各种救济金、政府对中小企业的补助等因素考虑在内。如果加上这些因素，你会发现，美国的贫富差距和30年前没有明显变化，谈不上恶化。最近密歇根大学发布了一项报告，指出中国的贫富差距超过美国，这份报告的作者好像是两名中国学者。

至于怎样消除贫富差距，皮凯蒂的支持者和反对者都有道理。自由派认为要加强政府干预，保守派认为不需要修改税收政策、提高最低工资，只要保证每个人有平等机会，避免市场失灵即可。不过，谁都不能保证这些举措有效。所以，这本书的确带有很大的悲观效应。

石齐平　机会公平未必能消除贫富差距

石齐平：台湾《商业周刊》主笔、凤凰卫视《石评大财经》主持人

皮凯蒂最了不起的一点是，他花了整整
15 年的时间去搜集和考证书中出现的数据，
最后写出了这本被高度评价的书。他自己也
说，如果当年马克思能够在数据考证下花更
多力气，《资本论》会是一本更有价值和说服
力的书。皮凯蒂很担心，如果任由贫富差距
恶化，最终会伤害每个国家的政治体制和社
会公平性。

这就衍生出一个问题，有经济学家认为，
不公平的结果是可以接受的，只要我给你公
平的机会，那事情发展成什么样就什么样，
政府不该插手干预结果。那么我们看，公平
的机会包含哪些呢？教育公平绝对是其中最
重要的一条，但教育救贫现在也受到很大

石齐平。（图／新周刊图片库）

质疑。在全球经济一体化、工业自动化之后，很多发达国家的项目被外包
了，包给发展中国家没有受过良好教育的人去做。这个结果是，受过高等
教育的人失业了，教育救贫被泼了冷水。如果说项目外包只减少了西方国
家很小一部分工作机会，那么还有一些例子。《亚洲时报》做过一个报道，
中国高级劳动力的工资已经不低于南欧大学毕业生的起薪。近几年来，西
方国家不仅教育层次低的劳动者失业率高，大学生的就业率也每况愈下，
这种情况在中国同样非常严重。那保证教育公平是否就能真正消除贫富差
距？皮凯蒂就是看到这些举措的无力，所以呼吁政府强力干预。但政府一
旦强力干预，就会引起企业和财团的反弹，因为它伤害了自由市场，动摇
了整个经济制度。

现在的情况就是，《21 世纪资本论》认为，现行的资本主义制度是不公平

去创业吧，万一成功了呢？

的，必须改变。但是不是为了公平，就要改变整个制度，有没有其他方法？这是保守派和自由派争论的焦点。

如何讨好全球最大的粉丝群体？
硅谷大佬的中国打怪升级之路
文/邝新华

"大家好，谢谢（shie shie）你们，到这里……我（↓）的（↓）中文很糟糕，但是我天（↑）天（↑）用（↑）中（↓）文。"10月22日，清华大学经济管理学院顾问委员会2014年会议现场，Facebook创始人马克·扎克伯格半小时的全中文演讲不仅让现场的清华师生为之惊愕，视频流出后，更是占领了当天诸多科技媒体的头条。

硅谷科技大佬的卖萌"严重"地讨好了中国网民的傲娇心态。"更严重"的是，这一次，来的不仅仅是马克，还有库克。

"中国将成为苹果收入贡献最大的国家，这只是一个时间问题。"第二天，苹果CEO蒂姆·库克在北京CBD惯住的酒店里重复了这句话，很多来自硅谷的CEO也都说过类似的话。

在粉丝经济时代，唯一坚持走高冷路线而又获得众多崇拜的只有乔布斯。他的继任者库克被中国传媒评价为"温和友好""能记得记者的名字""愿意回答一切问题"。但其实，库克的"默认"表情向来是"眉头紧锁"，其内部管理风格也以冷酷著称。

加盟苹果早期，库克曾在生产、销售和供应环节面临重大麻烦。一次会议上，讨论到亚洲某个问题，库克对与会人员说："情况确实很糟糕，有人应该在中国处理这件事。"半个小时后，他抬头看到负责当地运营的高管还在会场，立刻面无表情地责问："你怎么还在这儿？"听闻此言，该高管立即起身走出会议室，驱车赶赴旧金山机场，连衣服都没来得及带，就买了一张飞往中国的机票。

这是所有硅谷CEO都要面临的难题：统一全球市场，必须打通中国局域网关卡。除了朝鲜，这是整个游戏的最后一关。那么问题来了，科技大佬们登上这片大陆后，要具备哪些技能，完成哪些任务才能搞定这些讲普通话的"大Boss"们呢？

一份来自中国品牌研究中心的最新调查显示，在影响力和用户忠诚度方面三星电子常年在中国的"第一"已经被苹果取代。（图/新周刊图片库）

做任务，刷副本

任务一　拜码头，与北京"大BOSS"合影

在这个上头有人好说话的年代，与领导的合照就是政治正确的代名词。

马克与库克都是有政治觉悟的。他们都在同一天见到了不同的副总理。24日，一直以休闲T恤仔裤示人的马克穿上了西服与副总理王岐山欢快握手的照片在中国官媒发布出来，这可以成为Facebook明年在北京开设办事处时会议室的重要挂图。库克会见的则是副总理马凯，他们有更实际的谈话内容，"就加强信息通信领域合作、保护用户信息安全等问题交换了意见"（新华社）。

不是每一个硅谷大佬都有机会与副总理合影，但每一个硅谷大佬都需要拜两大码头。一个是主管部门工信部，一个是业务所在地的当地政府，比如著名的中关村科技园管理委员会。

那一天，库克还会见了科技口的最高领导工信部部长苗圩。今年 iPhone 6 没能在中国市场实现全球同时首发，让卖肾也要买苹果的中国人很是伤心，这也严重影响了苹果最新发布的财报数据。

早在 8 月份，苹果为了 iPhone 6 能正常在华首发，已经把 App Store 及 iTunes 的服务器搬到大陆，并把大陆用户的 iCloud 数据存储在中国，但工信部的审核仍发现"iPhone 6 确实存在个人信息泄露的可能性"，要到解决了该部在检测中发现的隐私担忧之后，才能给苹果的新 iPhone 核发进网许可证。

无独有偶，微软新任 CEO 纳德拉的到访正好在中国国家工商总局公开对微软反垄断调查后的一个月。微软涉嫌 Windows 和 Office 软件相关信息公开不完全。新任 CEO 再不来就要出事了。

在郑州，苹果主要的生产地，库克也拜会了河南省委书记郭庚茂。库克说："我和郭书记也是多年的朋友了。之前也见过几次，谈得很好。"

任务二　送礼送到位

金元外交是千年来不变的规则，招商也是为了引资，远来的客不能不懂礼仪之邦的潜规则。这方面的佼佼者当属上一代科技寡头微软。

2006 年 5 月 22 日，时任微软 CEO 的鲍尔默来到北京，与当时的信息产业部副部长娄勤俭签署合作备忘录，承诺巨额对华投资。微软当时与国家发改委签署的协议有着更详细的描述：未来 5 年，微软将投入 1 亿美元与中国的软件企业进行合资及合作；5 年之内，微软向中国软件企业提供 1 亿美元的软件技术支持、软件开发和软件测试服务订单；5 年之内，微软每年向中国厂商提供 7 亿美元的硬件产品出口订单，总计 35 亿美元。

付出必有回报。所以，微软是众多硅谷大佬中最有中关村地位的——中关村科技园管委会把中关村一核心地块送给微软盖了大楼。那些退出中国者，那些靠脸靠谱者，那些水果崇拜者，统统弱爆。

任务三　参观深圳华强北路或者郑州富士康

做一次深入的调研是必要的。在中国制造的大本营深圳，完整的山寨产业链是个很好的学术课题。纳德拉 9 月份来访中国时，被拍到私下参观深圳华强北路的照片，身后就是华为体验店与三星维修店。这个 OEM、ODM 云集、移动终端出货量巨大的地方，会给 Windows Phone、Windows Pad 带来起死回生的希望吗？

如果富士康没有搬到郑州，一个月后库克也会来到深圳。早在 20 世纪 90 年代，库克第一次来中国，就是为了苹果的生产链。这个金秋十月，新苹果首发前，库克亲自督战富士康郑州园区，这里承担一半 iPhone6 和全部 iPhone6 Plus 的产能。网上流出库克和女工亲切交谈的照片，库克谦虚地说："我觉得这个女工的英文比我都要好。"

任务四　见马云或者见雷军

硅谷大佬来华，总会约见很多中关村大佬。但只有马云和雷军的约见会在朋友圈里被扩大。不同的大佬会约见业态互补的小弟。比如说库克就不会去约见雷军。

约见雷军的是马克。第二天，扎克伯格在清华对小米做出"他们很创新，他们很便宜"的评价。一个月前，纳德拉也私下会见了雷军，这会是小米推出 Windows Phone 的开端吗？

库克约见的是马云，Apple Pay 与 Alipay 的合作让人浮想联翩，没几天马云就出现在美国苹果总部，还在看球时拿出 iPhone 6 Plus 拍照。人们说，这是库克送给马云的"定情信物"，如果非要加上一个时间定语，那就是库克宣布出柜的第二天。库克说："中国的竞争对手，我不是特别了解。"

任务五　到清华大学演讲

为什么不是北大，不是复旦，而是清华？因为清华大学经济管理学院有一种特殊技能，可以让游戏者绕过无关情节直接接触到游戏规则的制定者。在大陆有诸多公关公司也提供这类时空之门攻略。当硅谷大佬们熟悉了大陆产学官一体化规则以后，纷纷参与清华大学经济管理学院顾问委员会。之后，到清华大学做一个演讲就是顺便了。

库克在清华经管学院与院长钱颖对话，大谈乔布斯。他告诫清华的同学们："他（乔布斯）不在乎金钱，他的判断不会受到金钱的影响。我希望同学们能做到这一点。"

这不是反经济理性的宣教吗？不为钱实现什么中国梦？纳德拉就不一样，不仅谈信仰，还谈微软云计算。刚招了20个中国学生的马克也宣传Facebook明年的招聘计划，希望更多清华学霸进入碗来。

添装备，放大招

大招一　出柜

出台是必需的，扎克伯格从一个公开说话就会脸红的科技宅变成一个用外语在外国人面前谈笑风生的淡定生，少不了一次又一次的自我蜕变。但出柜就是必杀了。库克一离开中国就向全球宣布自己出柜，匆匆的一走，带来无数乌云装扮者。

库克的同性恋身份在硅谷已是公开的秘密，但在保守的中国，即使时尚圈的大佬们也不会公开表白。为了与时尚圈更为亲近，让苹果iwatch更有设计感与非主流气息，库克不惜牺牲小我，"为身为同性恋者感到很自豪"。这一刻，还会有人认为库克不如乔帮主吗？

大招二 取中国名，说中国话

硅谷大佬中国话谁最强？马克认了第二没有人敢认第一。清华大学半小时的中文对答，使大部分没有用过 Facebook 的中国人对这本有脸的书留下中国好女婿的印象。有一天马克问老婆："为什么我的中文听力这么差？"老婆说："你的英文听力也很差。""普通话很难，但我喜欢挑战"，这是一个大学辍学者之所以能震慑学养有素的清华大学的精神力量所在。

去年才上任的 Google 大中华区总裁 Scott 也在努力地学中文，从年初的只会"谢谢你"，半年后就能对着注音念出一篇中文发言稿，让在场的老外和中国人都惊讶不已。在他还没有学会说中文时，就已经取了一个比孔二狗和张发财优雅许多的名字：石博盟。那一年春天，石总还在上海街头学会了凑一拨再走的中国式过马路。

会说话，会起名都算小巫。对中国语言理解最深的，莫过于纳德拉的同人们。在微软高端云客户峰会上，现场打出的"中国云 中国梦"标语，才是深有内涵的中国话。

大招三 娶中国老婆或是攀中国亲戚

要说一口流利的中国话，不一定要有一个中国老婆，但有一个中国老婆，就很容易说一口流利的中国话。马克·扎克伯格的中国老婆是在爬梯上排队等厕所时认识的。当然马克当时还没有预见到这段婚姻对他日后事业上的战略意义。清华一役，这一家人中知名度最高的却是那位马克要跟她说话、她只说中文的奶奶。老婆和奶奶一起搬出来，这个近乎套得贴到脸上去了。相对而言，去天津看霍元甲故居的近乎就套得比较隔靴搔痒了。

面对马克这一超强大招，一向看重个人隐私的库克也在接受采访时透露自己的弟妹是华人，还曾经把侄子送回中国跟姥姥过暑假。可以预见，姥姥也只说中文。

去创业吧，万一成功了呢？

大招四　大牌明星客串路人甲

有策划的，能训练出来的大招，人人都会，一些有加分的奇招不是想发就能发的，要配合天时、地利、人和，扎克伯格就有这样的狗屎运。

在中央电视台播出的一个纪录片《中国警察4：强警之路》中，扎克伯格和他的华裔妻子被当作路人甲乙收入纪录片中。两位正装危立的警察一脸严肃地对着镜头，在他们的右后方，扎克伯格牵头老婆的手站在出租车站牌下，一脸兴奋，就像一个孩子看到了皇帝新装的游行队伍。

那一帧截屏的字幕是："我国的警力却严重不足。"潜台词是：虽然不足，但 Facebook 这样的美国佬还是进不来的。

2014 年度佳作

奇点时代

奇点时代

奇点是宇宙的开始，是时空的一点，它具有一系列奇异的特征，无限大的物质密度，无限大的压力，无限弯曲的时空，它无限小，小到并不实际存在。

奇点是如此奇怪的存在，而当下正是这样一个奇点时代。

我们看到，200 位"风水大师"从一个南方的村庄出发，闯荡中国；我们看到，一群性学专家躲在高档写字楼的幕布背后，为因性苦恼的人们进行着物理和心理治疗；我们看到，有那样一块块小小的特区在快乐地畅游国际互联网……我们看到各色人生历程。

"你所站立的地方 / 正是你的中国 / 你怎么样 / 中国便怎么样 / 你是什么 / 中国便是什么 / 你有光明 / 中国便不黑暗。"（崔卫平语）

中国的性学专家

文 / 孙雅兰

性在中国已成显学，从李银河、潘绥铭、彭晓辉、马丽、裴谕新到甄宏丽，中国的性爱学者们发现，中国缺少性的主流价值观，70 后女性更可能运用性资本换取人生发展，80 后、90 后对性更纯粹而本质，回到了性的本身。

2013 年 11 月 4 日，"北外性别行动小组"在人人网上发布"我的阴道说"系列照片，宣传其话剧《阴道之道》，她们希望以女性讲述阴道故事的形式，探讨女性对于阴道的感受，关注女性的个体意识，呼唤对女性的尊重。(图 / 新周刊图片库)

宅男们专心研究美剧《性爱大师》时，一群北京外国语大学女生正举着小白板在网上宣告："我的阴道说"——"我要，我想要""我可以骚，你不能扰""初夜是个屁""我要自由""我想让谁进入，就让谁进入"……

她们是"北外性别行动小组"，是在向 18 年前美国女作家伊娃·恩斯创作的《阴道独白》致敬，并为北外版话剧《阴道之道》宣传造势。

2006 年，《阴道独白》在中国曾被禁演，李银河感叹中国性观念还停留在 1000 年前，她将这群年轻人"不带耻感的张扬"视为国人在伸张性愉悦权、性自主权、性话语权与性价值观之路上踏出的又一步伐。

马丽曾经在微博上铺开一系列被放大的女性阴部细节图，并将之形容为花朵般绚丽，鼓励女人接纳并欣赏自己的身体。与马丽态度形成截然反差的是一名男性粉丝的留言："看完图片我阳痿了"——他从没见过那么多真实的女阴，一时接受不了。

马丽是一名有 12 年性心理咨询经验的咨询师，她在上海创办了全国首家性教育主题心理工作室，如今每月平均接待 20 多位来访者。来访者向马丽咨询一切困扰自己的性问题：老公对我失去性趣怎么办？如何才能获得性高潮？如何应对对方的特殊性偏好？女人在性爱中表现出丰富的技巧到底好不好？来访者里，女性占到 90%，"女人更关注关系，更善于自省，也更倾向于向外寻求方法"。她们大多在对性事抗拒矜持的同时，也想更深入地了解，马丽想在她们身上播下积极迎纳的种子，至少，也得先退去对性的蒙蔽和耻感。

2013 年 4 月，中山大学社会学与社会工作系副教授裴谕新，在微博创建"自慰研究组"并征集自慰话语视频，这引来了一场不大不小的风波，并迅速引发网民关注。裴谕新感叹，和 10 年前刚刚启动自慰研究时相比，现在的社会变化太快，人们开始脱掉道德层面的反思，转而探讨起技巧问题。她不止一次对外强调自慰研究的社会学性质，"我不是单纯研究性爱，而是从性爱的角度研究女人"。

女人选择怎样的性，最终体现出她们对生活的选择。与不同对象颇具弹性的相处方式，富含两人关系的因素——对未来的考虑、对利害的衡量，以及她们各自对不同性行为赋予的含义。"比如大家约定俗成的看法是口交能讨好对方，但反映在个体身上的理解却不尽相同，有的女孩会认为口交不是讨好，反倒是一种刻意保持的疏离，或者是一种控制权的掌握。"裴谕新想要突破目前性学界停留在群体对象上的研究，进而探究一种行为对不同个体意味着什么，"这样我们就不再用统一标准去衡量所有人，从而让更多的行为合理化"。

当性话语空间逐步释放时，中国女人的性观念遭遇了比中国男人更大程度上的解冻，也是在此时，女性性治疗专业博士甄宏丽感受到了她们在反弹前的压力。甄宏丽所在的北京五洲医院女性性健康门诊，每年门诊量达200人左右，求助患者大多是已婚女性，"都是在问题严重到影响实质生活和感情稳定的时候才会来"。对中国人来说，如果性生活没有影响到生儿育女或者夫妻感情，便能忍则忍，真正在乎提高性生活质量的人是极少数。

令甄宏丽颇感诧异的一个现象，是来访患者普遍受教育程度偏高，她们具有良好的社会地位，甚至是较强的工作能力，然而却是一群性知识没有同步发展的人。"她们的共通点是好强并且敏感，希望任何事都做到完美，但在性生活中女性应该是放松享受的状态，当好强女人将力求完美的紧张状态转移到性生活中时，情况变得糟糕；另一方面，这群人矛盾的地方在于在社会生活中主动强势，但在性生活里却又退回到了传统女性被动沉默的状态，这种超前与滞后的对立状态在她们身上表现得非常明显。"女人们奔着求子的目标，前来求助性治疗专家而非不孕不育医师，一个双方都心知肚明的原因，是大家都认同这并非生理上的问题。

以"征集自慰视频的女教授"头衔走红后，裴谕新于2013年8月出版新书《欲望都市：上海70后女性研究》，书中收集了40位女性的"新性爱故事"，她从网恋、自慰、口交、多重性关系和跨种族性爱等话题出发，试图抵达新时代女性在性爱选择中的新特性。在这样的访谈中，裴谕新反复辨认"新性爱时代"的新特征：自慰并非仅限于女人反抗男权的隐秘活动，更是进行自我认识与自我愉悦的积极起点；对部分人来说，网恋已是认识异性的常态方式；口交一度被女性认为是替男性口交，而非接受口交，权利关系在这里被刻画得最为清晰；现代女人的多重性关系并不少见，且在遭遇越来越低的道德评议。

当女人将自己的性爱故事讲出来，她们想要的是这些故事不会因罕见少闻而逐渐边缘化，许多次，她们会忍不住向调查者打听其他女人的情况，只是想要认清自己在人群中处于什么样的位置，尤其当整个社会状况处于云山雾罩的状态时。

华中师范大学生命科学院教授彭晓辉，首创中国性教育课程，他致力于推广性教育 20 余年，在他的观察下，如果用七色光谱一般的"性观念全谱带"来界定，中国人目前的性观念则兼具七级状态：性禁锢、性保守、性传统、性开明、性开放、性自由以及性放纵，"改革开放以后，人们从性禁锢、性保守逐渐过渡到了七级皆有的性观念状态"。不容乐观的是这七级状态浑浊交织，并未形成具备主流导向的性选择，"自从以前的性保守主流被打破以后，至今都还没建立起新的主流观念，这就导致成年人不知道谁对谁错，青少年也跟着无所适从"。

性的表现形式复杂多样，在裴谕新的调查中，28 岁依旧单身的英子以自慰抵抗孤独；27 岁的关玲则将自慰视为女人的优势，可以自我解决才不会放弃宁缺毋滥的原则；而到了 26 岁依然保持处女身份的苏菲光靠阅读就能达到高潮，多年来她的性需要在翻动黄色小说的过程中得到满足；澳洲海归莫妮卡甚至呼吁将自慰改称自爱，前者在她看来未免太过消极。

从不能接受婚前性行为，到能接受婚前性行为，从服从性到享受性，从保守派到中间派再到激进派……裴谕新观察到的不仅仅是表现形式复杂多样的性观念，严峻的另一面是人们在看待他人的性关系时，常将自己的标准代入进去，每个人在用固定标准衡量自己的同时，也衡量他人，"我能不能认同别人的选择，要看是否跟我的选择保持一致。这并不具备包容性，包容性不仅体现在性的形式多种多样，也体现在个体互相尊重他人的选择"。

裴谕新想要搞清的终极问题是：究竟什么东西，跟性搅在了一起？一个明显的结论是，70 后女性更有可能运用性资本换取人生发展的可能，这样的换取大多含蓄而隐晦，"比如跟老外谈恋爱锻炼英语，或者跟城里人谈恋爱学习优雅的生活方式"。而成长于一定物质基础之上的 80 后、90 后对性的态度，则演变得更加纯粹而本质，"未来她们会把性看得很淡，性又仅仅回归到它本身了"。

前去咨询马丽的客户中普遍弥漫着消极气氛，少部分人却游走在另一个迷宫里，她们被马丽归为"精益求精类"。一位 40 多岁的来访者向马丽坦承，性是生命中重要性仅次于吃饭的事情，她找了个小自己 20 岁的小伙子结婚，这个阶段的男性性欲往往最旺盛。也有人就是喜欢自由的性，不喜欢套在婚姻里，哪怕到了 40 多岁还单身也无所谓。裴谕新发现这是人类生活即将越来越复杂的开端，人们对性生活本身的要求将越来越高，这并非简单的性爱分离，而是在要爱的同时，也要性。"以前人们对性关系的满足，可以停留在对性伴侣各方面条件的满足上，对性生活的要求也是量化的标准，但现在人们开始在乎感受和体验。"

案例越多，裴谕新越是深感人们在性话语空间的开明总是止步于伴侣之外，远未波及最应回归的二人世界，"现在我们可以在学术上谈性，跟性教练谈性，跟亲朋好友谈性，但很难跟伴侣谈性——这实际上还是人们的一种偏见，认为一旦跟对方谈性，便是对现有关系或生活的不满"。

中国人喜欢谈性，对性也不乏兴趣，但却懒于调整或是修补一段性爱关系，这是裴谕新遗憾的另一项缺失，一个直观表现是在国内不难找到有关发泄情欲的书，但关于性爱修复的书却寥寥无几，而国外则俯拾即是。"一旦出现问题，首先想到的是出轨、劈腿，通过转换阵地来继续满足自己对性爱的热望，这是跟国外差别很大的一个地方，原因就在于中国人不重视私事，本质上是一种不认真的态度。"裴谕新发现这跟中国人对待物质的态度非常相似，快速生产、快速消费、快速弃用，性的哲学与生活哲学高度接轨。

正在跟随美国性学专家学习性教练课程的马丽，在多年的咨询经验基础之上，感叹仍有两类人令自己觉察有知识的局限。一类是性成瘾者："他们来做咨询，源于心中的恐惧，害怕失控，大脑虽然不想，但身体不受控制，他会想我到后面会不会就成强奸犯了？"另一类是虐恋爱好者："这类人一般都是企业领导和管理者，在单位做主惯了，就想在另外一个场合获取平衡，但他们的苦恼是找不到圈子，因为没人想带菜鸟玩。"也正是这些特殊来访者激发马丽想要学习更实用的性教练知识，而不是去简单粗暴地企图将他们改变成所谓"正常"的人。

在同样不对任何小众偏好存有歧视的裴谕新眼里，性爱空间即为减压空间，"外面的世界有各种戒律，吃顿饭都有餐桌礼仪，人都希望被别人接纳，在性爱这个空间里，被人接纳的可能性最大，这就能给人更大的放松空间，如果还能在这里做些外面不能接纳的事情，那由此获得的心理满足将是巨大的"。

从哥本哈根到中国

一件貂皮大衣的奇幻旅程

文 / 何雄飞

廉建旗扛出四打水貂皮、狐狸皮，扔在白色大理石地板上，"都是进口货"。

黑色、紫色、杂色的水貂和狐狸，被细绳抽紧鼻头，它们褪去了肉身，但鼻、眼、耳、前脚、后脚、尾巴依然保存完好，像个活物。"这只进价1000多块，这只3000多块。母的比公的贵，母的小只、毛短，穿起来显瘦。"浙江凯撒世家裘皮总经理廉建旗一边撩拨着皮货一边说，"一件大衣一般要拼10到30只貂皮。"

这两天，他的店里有人一下买走几十件貂皮大衣，"开发票的，一般是公款。"这样的送礼大单如今越来越少，"习大大一声令下，党员都要听党的话"，廉建旗说，他一年能卖掉3000—5000件貂皮大衣，这在浙江省海宁市2000家裘皮工厂里，只能算中等规模。

3月去海宁寻访裘皮老板是件困难的事，因为这时，他们正成群结队去海外抢购毛皮。

"都去芬兰拍狐狸去了。"下午3点，廉建旗在手机上刷屏，"芬兰现在是晚上，天一亮就开拍，70%都是中国买家，其余是希腊、土耳其、俄罗斯买家。"

水貂皮、狐狸皮和波斯羔羊皮，是世界裘皮市场的三大支柱商品。裘皮中以水貂皮为贵，水貂皮因"风吹皮毛毛更暖，雪落皮毛雪自消，雨落皮毛毛不湿"，而享有"裘中之王""软黄金"的美誉。

主导世界毛皮价格的是几大国际拍卖行：哥本哈根皮草、北美裘皮协会、美国传奇、世家皮草、俄罗斯联合皮草拍卖行。它们的每一次拍卖会上都会出现许多极具购买力的中国买家。

哥本哈根皮草占据全球 60% 的毛皮交易市场份额，这里主拍水貂，是世界水貂皮的价格制定者。一年 5 个卖季要拍超过 2100 万张水貂皮，可以说，它的每次落槌都是世界毛皮行情的风向标。由它制定的"四色质量分级系统"（哥本哈根紫色、白金、葡萄酒红、象牙白）成为判断水貂皮档次的重要标准。每次拍卖，会吸引全球 500 多位买家到场，汉语、英语、希腊语、俄语、德语、韩语和日语此起彼伏。"这几年，哥本哈根皮草终于开始提供啤酒和中餐了。"海宁中国皮革城董事长任有法说。

北美裘皮协会是世界上规模第二大的毛皮拍卖行，它卖的是世界上数量最大、质量最优的北美短针毛水貂以及种类丰富的野生皮，其金字招牌是毛短、

2014 年 3 月，浙江省海宁市凯撒世家裘皮厂里的一件貂皮成衣。貂皮大衣只能手工制作，通常由 10 到 30 只水貂皮拼接而成，一位有祖传手艺的南京老师傅一个礼拜才能做好一件。（图—阿灿 / 新周刊）

丝滑、绒密的纯天然黑色水貂。世家皮草则主销狐狸毛皮。美国传奇的宝嘉美天然黑色短毛水貂是极品，是帕瓦·罗蒂、珍妮·杰克逊的所爱。

俄罗斯的金字招牌是野生紫貂。2004 年前，俄罗斯联合皮草拍卖会上并没有中国人，但这些年，170 名买家中来自中国的会有 20 人左右，他们一般委托来自其他国家的拍卖经纪人下单，主要购买紫貂、水貂和狐狸，他们出手大方，总是会买走拍卖会上的大部分皮张，这些毛皮多数被运往香港和北京。

3 月，哥本哈根皮草的总裁托本·尼尔森没有待在丹麦，而是跑到海宁向500 多名当地老板分析 2014 年的国际毛皮业形势。

"我从业 20 年，从未遭遇像今年这样原料皮价格大幅下降的情况。"2013年 12 月卖季，哥本哈根毛皮价格下跌了 35%，却只卖出当季 600 万张毛皮的15%。这让托本很头疼。在他看来，原因之一是暖冬；之二是令人无法捉摸的

时尚，"谁都不知道女人明天会喜欢什么，我连对我太太的喜好也不敢确定"；之三是全球经济不景气；之四是养殖狂热，导致全球貂皮产量过剩，"皮张供应达到顶峰，而需求却处于波谷，毛皮业有泡沫，大家都在吹气球，气球不会自己放气，只能等谁吹最后一口爆掉"。任有法补充了 3 个原因：老百姓都套进房子里去了，"连卖毛皮的也套在里面"，台下老板们哈哈大笑；"八项规定""六项禁令"后，公款消费和送礼风骤冷，公务员不敢买也不敢穿裘皮大衣了；其次是电商的冲击。

NE-TIGER（东北虎）皮草董事长张志峰在全国走了一圈，发现裘皮业"皮价高、卖价低、利润低、存货多"，"现在的裘皮业如危机之前的美国房地产业，2008 年即将暴跌的中国股市，像是没有刹车保护下高速行驶的汽车，泡沫太大了"。

毛皮业有句行话叫"涨五年跌五年"。国际毛皮协会提供给《新周刊》的一组最新数据显示，全球毛皮贸易价值达 436 亿美元（零售 358 亿，养殖 78 亿），几乎与无线互联网产业规模相当。国际毛皮协会 CEO 马克·欧顿说："它显示毛皮行业这些年在迅猛发展。当然我们目前也面临一些挑战，如中国经济出现了下滑，毛皮拍卖的价格出现了波动。但是我们也看到一些积极因素，如北美最近的寒冷天气，以及越来越多的皮草出现在了秀场上。"

在哥本哈根水貂养殖农场主的农场里，糜建旗闻到一股腥味。

在他看来，丹麦所以成为世界养貂大国和养貂强国，得益于它紧邻波罗的海，属于不冷不热的海洋性气候，"人家那儿空气好，人少，安静，吃的以海鲜为主，腥，但皮好。你再看看中国，貂能好吗，即便从海外引进种貂，第一第二代还好，第三第四代就会变异、生病"。

毛皮产业链覆盖养殖户、饲料供应商、狩猎者、拍卖行、商人、经纪人、硝染商、设计师、制造商、批发商、营销机构以及零售商。在糜建旗看来，养殖户最赚钱，"200 元进一只，养大转手卖 1000 元，多的一年卖上百万张皮，少的也卖几万张皮"。

国际毛皮协会称，中国不仅是世界最大的毛皮动物饲养国，还是全球毛皮行业从业人员最多的国家、最大的原料皮进口国、最大的毛皮服装生产国和出口国、最大的消费国之一……整个中国毛皮产业从业人员近 700 万人，惠泽了 2000 万人。例如河北省肃宁县，毛皮行业转移农村剩余劳动力 8 万人，占当地总人口比重的 37%。"为农民提供了他们急需的现金收入。"

"作为最大毛皮服装生产国和出口国，中国的毛皮服装生产和出口约占全球 70%；作为最大的消费国之一，2010—2011 年，全球毛皮制品零售总额为150 亿美元，其中中国占了总额的 1/4。"国际毛皮协会中国代表处媒体总监朱晓琳说，"中国和俄罗斯现在同为全球最主要的皮草消费国，其他发展中国家如乌克兰、土耳其和哈萨克斯坦的市场需求量也越来越大。预计到 2015 年，中国将成为世界最大的毛皮服装消费国，毛皮服装总需求量约为 174 万件。"

菲莎国际控股总经理、青年企业家毛皮委员会副主席吴应培说，中国的水貂养殖集中在天气寒冷的哈尔滨、大连、河北以及山东文登、威海等地，生产基地和销售中心则集中在浙江、广东、东北和北京。糜建旗认为，中国10 个做裘皮大衣的，4 个是浙江人、3 个是广东人、3 个是东北人。

看中中国这块大蛋糕的国际拍卖行纷纷抢滩掘金。以哥本哈根皮草为例，2005 年在北京设代表处，两年后，便与清华大学美术学院共同创立皮草设计工作室，并设奖学金，培养皮草设计人才。2007 年 1 月，哥本哈根皮草在"中国皮都"海宁中国皮革城北大门最好的位置立了块广告牌："享受生活的胜利，哥本哈根皮草，品质决定品位。"这块广告牌一年 30 万元，在当时属"天价"。随后，又成立海宁哥本哈根皮草学院，不定期开班教当地老板如何识别好毛皮以及如何制作和销售时尚大衣。除此之外，哥本哈根皮草吃住产业链，与余姚裘皮城、大营毛皮业协会、蠡县皮毛皮革协会成立发展联盟，并发起"皮草幸福代言人"全国时尚选秀活动。

在海宁的宾馆和餐厅，你每天都可以遇到来卖皮革原料的意大利人、土耳其人、西班牙人、印度人和巴基斯坦人，来卖鳄鱼皮的泰国人，来卖裘皮的丹麦人、芬兰人、挪威人、加拿大人、美国人和俄罗斯人。在海宁中国皮革城的裘皮广场，连接各大店铺的通道直接以亚洲路、美洲路、意大利路、美利坚路、比利时路、英格兰路命名，标准的国际范儿。

"杭州百货十几万一件，我们家是批发价"，店员用培训腔介绍，"你看，这是 LV、迪奥、杰尼亚、芬迪刚刚上架的最新同款。"

没有多少消费者真正了解貂皮，他们看中的只是款式。你在裘皮城忙着挑裘皮，裘皮厂的老板和设计师们则忙着在米兰、纽约、伦敦、巴黎的国际四大时装展上捕捉流行元素和"抄版"。

"男人一件黑色貂皮大衣就可以卖很多年。"弗奥皮革设计总监张磊感慨，"可是，100 件貂皮大衣，99 件都是卖给女人，只有 1 件卖给男人。"他说，在海宁做皮草设计师是个体力活，"国外设计师一年只需要设计二三十款，我们一年要设计一百多款"，款式一年比一年更新得快，你刚出一个好款，3 天后市面上到处都是同款，直到卖烂。

任有法的说法是："有时也不要太迷信设计师，设计师设计 100 件，只有三五件有市场，我知道有两口子，都是裁缝，他们就没请设计师，自己玩水貂、兔毛、獐子混搭，一天就能卖 500 件，皮卖了毛的钱。他们开时装展，一张门票卖 200 块钱。"他提醒裘皮厂老板要多注意从韩国"星星剧"里寻找时尚灵感。

在海宁中国皮革城的裘皮广场转悠，你如果想买到一件真正意义上用进口貂皮制作的好大衣，至少要掏 15000 元，2 万左右卖得最好，特别款卖五六万元，个性珍藏款十多万元，如果够土豪，也可以花 30 多万元买一件野生貂皮大衣。

"每个人的衣橱里不能少的两件衣服，一件是皮衣，一件是裘皮大衣"，任有法算了一下，2014 年有 384 天，闰九月，这意味着冬天特别长，对皮草商来说是个极大的利好。

有老话讲："在冬天的哈尔滨，女人要么穿皮草，要么什么都不穿。"托本·尼尔森说，以往，裘皮是少数富人、王室、总统夫人、演员、名流享用的奢侈品，20 世纪 50 年代，美国的一件貂皮大衣和一辆凯迪拉克一样贵，但现在完全不同了，它已经从奢侈品变成高端消费品。

在糜建旗的销售经验里，25 岁到 50 岁的女性，私企业主和金领是貂皮大衣的主消费群，以前，东北是主消费区，如今，浙江、江苏、山东、内蒙古、新疆也是主消费区，随着裘皮的时装化与轻量化，气候不再是影响购买的重要因素。张磊认为，以前的流行色是黑色、紫色和卡其色，如今的流行色是本色、彩色和亮色。

哥本哈根皮草发布的《2014 皮草消费调研报告》称，"80 后"的年轻一代是未来皮草消费的主力人群。年轻一代并不盲目崇拜大牌，反而坚持自我独到的个人品位。他们盼望看到更多时尚皮草款式，改变这一格局。例如暖冬时节，皮草不再单一强调保暖特性，整件厚实皮草大衣也不再成为主流，反而倾向皮草短打外套、多材质拼接披肩、皮草配饰等温暖小件；同时，夏季皮草势必颠覆传统，皮草饰边、皮草裙、混搭轻盈材质的时尚单品更加令人耳目一新。这些新颖皮草制品跨越季节、色彩、款式界限，比较受新一代消费人群欢迎。

"在西方，反皮草运动在 20 世纪 80 至 90 年代达到高峰，倡议反皮草的动物组织和公众人物激增，由名人影星代言、富有创意的文宣海报大量流传和散发。"行动亚洲动物保护团队中国区主管张媛媛在接受媒体采访时表示，"大部分民众并未意识到皮草制品背后对动物的残酷虐杀和血腥行为，对皮草工业带来的环境污染和破坏更是少有认识。"

全球最大的动物权益组织善待动物组织（PETA）的一位工作人员在接受媒体受访时也指出，动物不是供我们食用、穿戴、做实验或娱乐的，我们应当确立和保护所有动物的权益。虽然很多人都消费得起裘皮，但他们应该去看看这些动物是如何死去的，由于裘皮消费的逐年增长，每年都有数百万的动物死在皮毛农场。

国际毛皮协会中国代表处媒体总监朱晓琳回应："利用动物毛皮没有任何错误，条件是要有良好的动物福利，而且没有动物物种会受到威胁或濒临灭绝。我们谴责一切残忍对待动物的行为，并且支持和倡导最高标准的动物福利和文明屠宰。要说为吃肉或皮革可以饲养动物，而为毛皮则不可，就过于矛盾、武断专行了。"她说，皮草服装不是毛皮动物生命的结束，而是一段艺术再造、价值升级的全新旅程，也是人类原始生存智慧的传承。

针对穿皮草不环保的指责，朱晓琳解释，环境专家指出，和普通衣服相比，皮草才是真正环保的选择。因为从成分上看，皮草的化学成分是水、蛋白质、脂肪、无机盐和碳水化合物，是一种自然原料。一件皮大衣埋在地下只要一个月就能全部降解掉，比牛仔裤快 5 倍，比亚麻快 3 倍，有些化纤类服饰，埋在地下几十年都难以分解掉。"真正的环保人士是选择几十件穿几次就扔掉、加重环境负担的化纤衣物，还是选择一件高贵、典雅的皮草服饰呢？"

针对虐杀动物的指责，朱晓琳说，国际毛皮行业强烈谴责捕杀任何濒危物种。对于所有牲畜而言，良好的动物福利意味着更高的产品质量，并且意味着更高的价格，不善待自己饲养的动物不符合饲养者的经济利益。虐待动物或在动物生病时不照顾它们首先会降低其毛皮的质量，同时将会为行业留下不好的印象。"需要指出的是，适用于毛皮动物饲养者的动物关怀规则实际上比适用于奶牛或绵羊饲养者的规则更加严格。"

"毛皮未必是一种奢侈品，在寒冷地区是御寒必需品。穿皮草受到认可的程度低于穿皮鞋、戴丝巾或吃肉是没有任何道理的，因为这些行业都涉及以人类利用为目的的动物饲养。"朱晓琳认为，"只要尊重生态和道德原则，奢侈没有任何错误。"

"扶不扶"的河南注解
一个"扶都"的诞生

文 / 何雄飞

"救人专业户"马士友在县委斜对面的海尔专卖店门柱上钉完一块"扶务站"的金属牌匾后，往地上扔了串响炮。炮声惊动了马路对面服装店、杂货店的老板娘："扶务站，是搞扶贫的吗？"她们瞅着牌匾，嗑着瓜子，有些不明就里。

"牌子太小了"，"扶人志愿者协会"会长杨少纯站在远处打望，他一方面担心县委领导进进出出会觉得牌匾碍眼，一方面又觉得跟店面比起来，牌匾显得十分小气。

在挂匾这件事情上，46 岁的杨少纯比较相信老天爷。

3 月 19 日那天，"扶人志愿者协会"在河南省三门峡市卢氏县的一个农家小院里挂起第一块牌匾，原本烈日当空，忽然飘来一朵乌云，太阳没了，小院顿时一片阴凉，"我们是好人，在做好事，连太阳都不晒你"。

4 月 11 日，"扶会"在卢氏县文峪乡南窑村国道边挂起第二块牌匾，那天本是个晴天，可是突然下起了大雨，众人淋成落汤鸡。

4 月 20 日，第三块牌匾在三门峡市渑池县一个儿童摄影店门口挂起，那天也是个晴天，突然便大雨如注，60 余人冒雨大声唱完《爱的奉献》，雨停了，现场一位 70 多岁的老人说："你们看，连苍天都感动得哭了哇。"

"人在做，天在看，"杨少纯说，"我现在相信了，老天有眼，举头三尺有神灵。"

为了创办"扶会"，杨少纯说过一句狠话："要是扶者被讹，法院判败诉，我愿意押上自己的两套房，大不了回乡下住土房。"

卢氏县是河南的山沟沟，号称豫西后花园、河南氧吧。杨少纯是卢氏县财政局的一名宣传干事，他亮出家底：三门峡市有套房，100 平方米，价值 30万元；卢氏县有套房，150 平方米，价值 35 万元。"选择了扶人，就要时刻做好被讹的准备。"说着说着，他掏出一本存折，流水显示月薪是 2138 元，津贴为 0，"写文章我是个天才，谈笑间我就能把稿子写了，每个月稿费平均不低于 5000 元"。一位文友称他为"杨大侠"，疾恶如仇，痛恨贪腐，曾帮农民工讨薪，有一篇评论曾经惊动了国务院。杨少纯指指自己的手机："我这手机套才 15 块，我用的电脑是 2002 年那会儿买的，我装修房子才花了两万块钱，我到现在都是以步代车。"

"扶会"的创立缘由很简单：去年冬天，杨少纯带女儿去三亚度假。父女俩沿着金鸡岭路去海边，两个时髦少妇迎面走来，后面跟着一个蹒跚学步的两岁男孩。他女儿好奇地摸了下小孩的头，小孩咕咚一声倒在地上嗷嗷大哭，他赶紧把孩子扶起来，并主动道歉。少妇走远后议论："现在还有这么老实的人?!"他听了心里不是滋味。

马年春晚，杨少纯的父母看了小品《扶不扶》，感叹："以后谁还敢扶人?!"杨少纯心生一念：弄个扶人协会，专门扶人。随后，他用"日出东海"的网名在大河网论坛上发了一篇《我是扶者，我骄傲！》的倡议帖，同样的倡议还出现在百度贴吧等，网民"仙乐飘飘"（渑池县公安局宣传干事段华锋）第一个拍手叫好。两个价值观相近的文友，成为"扶会"的联合创办人。

百度卢氏吧上，"niepenghuimd"很激动："作为一个卢氏人，我很骄傲，卢氏就快成为扶都了，希望大家踊跃参加，顶起啊！"

卢氏县是河洛文化的发祥地，当地舞文弄墨之风颇盛，诗友、文友聚会极为活跃。

热爱河洛风水文化和古典园林建筑设计的陈晓睿从大城市跑到卢氏，租下一个农家小院，疗养身心。如今，她是"扶人志愿者协会"的副会长，"扶会"的第一块牌匾就钉在她家门口，这里也成了"扶会"的据点。

杨少纯把陈晓睿的丈夫王雅利称为学者，"他端着一个罗盘转一圈，就能看出哪里是河洛文化的遗址，神人呀"。而在邻居的印象中，陈晓睿和王雅利之前忙乎的似乎是"养生保健"。

王雅利经过调研，得出一组数据：每天，1 万个中国人里至少有 2 个人摔倒，这意味着全国 13 亿人每天就有 26 万人摔倒。而每 10 个摔倒的人里，有 2 个需要别人帮扶才能站起来，全国需要帮扶的 5.2 万人中，有 1/10 的人也就是 5000 人因为没有及时被扶、没人扶而导致伤残或死亡，是交通事故死伤率的 10 倍。

"如果每天有 5 万人需要被扶，每年需要被扶的人可达 1800 万人。近十年来，媒体报道过的扶人被讹案接近 20 例，算下来，扶人被讹的概率是九百万到一千万分之一，所以说，扶人是所有公益里风险最小的。换种说法，扶人被讹比中彩票还难，所以说不要怕。"杨少纯又随口报出一组王"学者"的调研数据："一个人从出生到死亡，一生平均摔倒 17 次，至少有 1.3 次需要别人扶。这一辈子，你总有一次爬不起来，如果不扶，不是伤残就是死亡，所以说，每个人都需要扶人和被扶。"

"扶会"成立一月有余，应者云集，会员上百，河南、广东、江西、江苏、湖南等地网友纷纷要求挂牌成立分会，盛邀杨会长等人莅临指导，而加入 QQ 群表示有志于扶人的志愿者超过 2000 人。

杨会长给"扶会"立了几条规矩：一不谈论敏感话题，二不介入任何团体纷争，三不沾钱。他还指出，"扶会"只收 3 种人：扶过人的、自己或亲属被扶过的、有社会知名度的爱心人士。"扶过人被讹的入会积极性最高。""扶会"要让 3 种人走开——所谓"文人"：自私、清高、爱贬低他人；官迷：为升迁人心扭曲；财迷：爱吃他人，创造条件坑亲友。"这 3 类人只会败坏社团名声。"在他的构想中，"扶会"应该平民化、草根化，他担心贪官和富豪打着做好事的旗号，喊一声后就销声匿迹。

杨少纯说，"扶会"80% 的成员是农民。他们不会花言巧语，不说套话，但都发自内心地愿意助人。黑宿村的李春生是典型代表，他扶起多人，却不炫耀："不会扶人的人，也种不出好庄稼。"

比起雷锋和焦裕禄，杨少纯更愿意会员舍远求近，直接学习身边的中国好人孙美丽、贾文伟和道德模范马士友、张崇贤、劳模张立才。"学雷锋学了几十年，'雷锋'却越来越少。荣登中国好人榜的河南省道德模范马士友，20年前就被授予见义勇为先进个人，56岁的他现在是一个小宾馆的门卫兼水电维修工，月工资1500元；女儿代课多年仍没指标。最近我统计：道德模范都是步行族，住不起房，子女无法就业。"

马士友，人称"救人专业户"，因为他在23年救了13条人命。

马士友家住城关镇西关村，门口就是洛北大渠，渠宽8米、深两三米，水流湍急，一年四季常有人溺水。有时他正在贴春联、包饺子、看电视，门外突然有人喊"快救人啊"，不管白天黑夜、酷暑寒冬，他都毫不犹豫，下水救人，"我可能是救人救上瘾了，看见有人落水我不救就坐立不安"。

马路上扶人这事，马士友自然也不会错过。如今，他是"扶会"卢氏分会会长，活跃在县城广场和路口的各大"扶务站"，把手机号码印在宣传板上，随时准备扶人，"人好扶，人心不好扶呀"。

41岁的推拿店老板高会丽是这样入会的：

3月的正午，下着大雨，王雅利正在她的店里做推拿和火疗。高会丽65岁的母亲突然扑通一声从高床上摔下，一时爬不起来，也说不出话，只是哭。她手指着枕头上的一个电话号码，王雅利扶起她，打了电话，高会丽赶回来，给老人家做了下按摩，好了。

高会丽这才第一次听说"扶会"："扶会，是不是富会——富人协会呀？我可没有钱。"之后，这名春萌诗社的成员诗兴大发，写了一首《这个春天》来礼赞扶人善举："扶起一个人 / 把最初的美还给 / 早已沉睡冷漠的大地……"她也因此成了"扶会"QQ群的管理员。

卢氏县宣传部的张副部长也是"扶会"的积极分子，去年春天，他因为扶人被讹了9000元。那天，他开车经过路口，一位老太太快倒了，一手扶在了他车门上。他开车把老太太送到医院，结果，老太太的孩子讹他："不是你撞的，你会送医院？"宇萃律师事务所主任王献方愿意为"扶会"提供法律援助。王献方跟朋友吃饭，在座一位姓奉的朋友说："打死我，我也不会再扶人了。"原因是，有一回他开着面包车去接孩子放学，车后面一个骑自行车的女学生摔倒了，手腕骨折。他好心送到医院，反而被讹了5万块钱。

扶人被讹的消息像病毒一样深入人心，"五一"节前，卢氏小学校园里，一个9岁的男孩摔倒大哭，同学们远远地围着看。班主任问为什么不去扶，

313

学生们说："电视里说不敢扶。"这名老师跟杨少纯诉苦："小学生都不敢啦，他们跟着电视学坏了。"

杨少纯分析，扶人易被讹有两个原因：一是中国医疗成本高，医院看病贵，"老人怕自己付不起医药费"。二是子女不孝。子女讹人，是想借机弄钱给老人养老。"说到底，就是一个字，穷。"

卢氏县中医院副院长、党支部书记牛爱军是"扶会"副会长，负责培训扶人医疗常识，并承诺为"扶会"扶起的伤病患者开通先抢救后付费的绿色通道，他说："扶会到哪都受欢迎，公务员可没这待遇。"但是，他也听到一些议论，说弄"扶会"是为了出风头、捞政治资本、谋经济利益。"目前扶会最大的困难就是经费，但郭美美事件提醒我们，不要把好事办成坏事。目前，扶会没接收过一分钱捐赠，如果接收，现在应该有上百万元了。一定要等到扶会正规化，有了财务部后再说。"牛爱军说，"从挂牌到现在，大家不图名不图利，小钱都是大家自己掏的腰包。"

"卢氏的扶人氛围好，他们那边，有人跌倒，3 分钟内就有人扶。"袁卫峰是"扶会"渑池县分会副会长，他曾专程到卢氏取了两天经。为了忙扶人的事，他甚至没空照顾高度瘫痪躺在医院里的媳妇。

段华峰，"扶会"渑池县分会会长，他的本职是渑池县公安局宣传干事，平时的工作就是写领导讲话稿，向媒体宣传公安业绩。为了学习卢氏经验，他宣告成立分会，并专门在自家开的儿童摄影店门口挂上一块牌匾。"我们的目标就是要在全省形成摔倒不用怕、马上有人扶的氛围。"

段华锋在渑池是个网络红人。今年春节后，他从网上招来 20 多名大学生，男男女女在大冬天里穿着短衣短裤，跑到高铁站、中洲宾馆、体育场等地标大跳《渑池 style》。为了这 3 分钟，他筹划了整整一个月，花了 3000 多块钱。令他心寒的是，县政府对此并不热心，他跑到体育场取景时，门卫告诉他："领导没批条子，别进来。"

段华锋的老婆经常为这些事跟他吵架："你给我好好上班，专心做点小生意，不要整天不务正业，惹麻烦，还糟蹋钱。"段华锋却以此为乐："干这些事我开心、快乐，我快乐不是可以多活几年，多陪你几年，多好。人不是光挣钱就快乐。"

为了印制宣传单、请客吃饭，段华锋自己又掏了 2000 块钱，袁卫峰则贴了 1000 块钱。"扶会现在最大的困难就是资金，我每个月工资 2000 多块，女儿现在上高三，马上要上大学了，生活压力大，担子重。"段华锋曾尝试找一位当老板的朋友搞赞助，老板不干，说："你这事是个无底洞，纯粹是自找麻烦，我捐钱没有意义。"他唯一收到的一次企业赞助是，挂完牌匾，二三十人一起到金玫瑰大酒店吃饭，饭钱要3000元，老板听说是做善事的，给打了个对折，只收了1500元。

迄今为止，"扶会"的标志性事件就是在广场和路口悬挂更多印着名字和电话的"扶人点"和"扶务站"牌匾。

杨少纯让朋友开着车带本刊记者去视察"扶务站"。他抽着烟，焦急地在南窑村6条公路交叉却没有红绿灯的路口寻找着"扶务站"牌匾，没有找到，他给"扶务站"站长打了几次电话，站长因为家里事忙，一直也没有出现。

他又去了一个水果摊，水果摊的铁皮棚架上喷着"扶务站"字样，52岁的道德模范、扶起过3名摔倒者的郝建灵，正在陪着妻子下军棋。郝建灵2013年举债76万元为妻子看病，把她照顾得无微不至，在当地蔚为佳话。

杨少纯又来到卢园广场旁立了块"扶务站"牌匾的果汁摊，果汁摊老板站起来，热情地问要不要喝杯果汁。当问起老板有没有扶起过人时，老板说："上次有家商场开业撒红包，一位大妈去抢，人太多，给挤倒了，我正要过去扶，她却自己站了起来，拍了拍屁股走了。"

影视剧里的样板房
没有好道具师的剧组拍不出好片子
文 / 郑静

《小时代》从一演到三，剧中的姐妹们每年换一个新家，今年她们升级到了上海滩的思南公馆，虽说是租来的，但高额租金足以让观众唏嘘不已。现实中的公馆建于1920年，Art Deco风格，有年头，有背景，房客非富即贵。

最新的《爸爸回来了》，以 Boss 老爸王中磊为首的 4 位明星爹地带着宝贝上月就在这里杀青。不过，作为国内对布景最有追求的导演，郭敬明是不满足拎包入住的精装模式的，于是，在公馆之外，他又从墙到地，从家具到杯子，在影棚里给姐妹们全新打造了一个简约的灰色调的家，所以，小时代的"公馆"和爸爸们的橡木色的公馆有极大差异。搭实景而不用样板房，郭导的"B格"从这里开始就胜人一筹。

影视剧里的场景道具，对于提升剧集的档次至关重要。首先，它得搭得对。人物身份和他的家得对得上号：吃、住、用都应该符合角色设定，让人觉得就是那么回事，进而相信这故事是真的。投入，除了是对演员的要求，也是导演对观众的期望。但这年头大家都有了点鉴赏能力，虽说不是人人住过豪宅，判断能力还是有的，用一瓶张裕葡萄酒和一个家乐福玻璃杯塑造高富帅的时代一去不复返。所以，想叫座，布景的钱真得狠狠地花。这一点，韩国人率先迈出了一大步。

年前走红的都教授，来自星星，家缠万贯，学识渊博，连骂人都得用上朝鲜时代的典故。都教授的家无疑处处是宝贝，二千随便敲碎的一个罐子就价值连城，是李朝名家的白瓷。除了台词里点出的好玩意之外，都教授的家居用品一应是大牌。厨房用具是德国名牌菲仕乐，和二千在阳台上喝水用的马克杯是爱马仕 2013 年新推出的运动系列，而且一白一蓝，还凑成了情侣杯，可见都教授心思之细腻，堪称"暖男"楷模。至于教授从第一集盖到最后一集的被子，疑似意大利的芙蕾特（Frette）。这可是全世界历史最悠久的豪华纺织品品牌，皇室御用，当年泰坦尼克、东方快车上用的都是他家的床品。据说剧集一播，台湾欧巴桑们疯抢这款床品，希望能和都教授同此一床春梦。

因此，"都教授的家"从普通的摄影棚布景上升成了如今韩国一大景点，客厅里放着教授真人海报，女粉丝蜂拥而至，拍张美图上传朋友圈，大有登堂入室、做女主人的快感。这种投入感塑造了都教授的丰满形象，它的背后是大把的银子：都教授的家制作费用 10 亿韩币（约 600 万元人民币），完全是在摄影棚里平地起的豪宅。

当然，不是每个导演都这么好命，大多数把钱花在明星身上后，就所剩无几。拍 83 版《红楼梦》时，剧组连水果都买不起，只好找来腊苹果摆在案几上，导演王扶林 20 年后还在为此惋惜。没钱搭景，那就借，房产商的样板房是如今都市剧的主要产地。可惜的是，国内样本房本身质量就不高，再加上没有烟火气，弄得男女主角总像去开房一样。

样板房只提供最基本的结构，具体的细节还需要添置。不过不是每个作者编剧都像曹雪芹那样热衷于描写主人公的家：桌子椅子什么样，哪有穿衣镜，墙上挂什么画——道具师对着单子找还得找半天。大部分的剧本就描述个大概，需要道具师自由发挥，当然把关人还得是导演。

在电视剧版《杜拉拉升职记》中，男主角的家几乎就是一个KTV包厢，墙面上有镜面，沙发上有铆钉，再配个水晶灯。没看过原著的观众一定以为后面的情节是杜拉拉遭遇腹诽上司。到了电影版，老徐直接让黄立行搬去了宽敞明亮的高档公寓，白色真皮沙发带着芬迪标准回型花纹，窗台边一个黑色moooi烛台，这个荷兰设计师小众品牌，低调地显示着主人公的品位，配着黄立行的港台口音，那是相当合适。想象一下，倘若这真是"小清新教主"老徐的婚房，这个调子还是能受小清新的认可的。

所以说，同样是样板房，差异还是很大的——差哪？差认真，差品位，最主要还是差钱。租借样板房那得花钱，一天一算，房价不同，样板房的布置自然也不同。

影视剧的搭景还有特定寓意，就像鸽子代表吴宇森、北京人家等于包饺子一样。符号化的场景所能表达的作品内涵，有时候比对白更直接。除了古装片，中式场景在电影电视剧里大多用来表达黑帮生活，这点港台片尤其明显：黑帮大佬高层的会议厅一般都是红木桌椅，上面雕龙雕凤，头顶上电风扇转呀转的；普通帮会成员则去粤菜馆的包厢喝茶，圆台面上的蒸笼里放着茶点。此外，白道律师去咖啡厅，警察去茶餐厅，如果哪个穿西装的条子坐在一个红木官帽椅上，那他不是卧底就是奸细，电影《无间道》里对此有着充分的演绎。

放到好莱坞的片子中，中式、泰式、日式都属于这路数，反正鬼佬对此也分不太清楚，神秘的东亚对他们来说都一个样。所以卖粉卖肉的地方，大多装扮成这样。电影《环太平洋》虽说是后现代打怪兽的故事，但也跳不出符号化：怪兽器官贩卖总部就有块大大的龙雕，楼下的集市上粉红灯笼一字排开，俨然是色情按摩馆聚集地。看来，除了《功夫熊猫》外，东方风一时还很难成为正义的化身。

在现代都市剧里，最先表达人物财富背景的是色调：高富帅家里贴金贴银，走欧陆风情的调子；中产人士喜欢北欧风情，非黑即白，米色成了房间里最鲜艳的颜色；至于小资，直接就是宜家以及仿宜家组合，电视机后面有个背景墙，沙发后面挂张印刷品什么的。

四爷党们盼星星盼月亮盼来的续集《步步惊情》里，穿越女张晓的家中最值钱的就是宜家的床头柜和台灯，沙发用白色木板加海绵垫组装而成，一派央视《交换空间》里"旧物改造"的桥段——设计师每集都被要求用旧报纸、可乐罐做个手工什么的。在上一部的剧终，张晓坐在电脑前百度"马尔泰若曦"，好歹那是一个有着飘窗和大书桌的书房，实在没想到 3 年后就被剧组安排进了蜗居。事实证明，窘迫苦情的小白领远没有紫禁城红人招人喜欢，嫌贫爱富的观众也不再迷恋他们了，收视率连当初的一个零头都没有。钱，花哪哪好，这就是硬道理。

这准则其实放之四海而皆准。日韩偶像剧里已经基本不见榻榻米了，现代的家居布置，慢慢取代民族特征。《来自星星的你》里，财阀辉京家就是欧式古典风，橡木色调和大西餐桌，全世界的有钱人都和欧美资本主义保持品位一致。都教授对外表现着都市新贵的形象，但暗藏着的大书房，就是哈利·波特范儿的：旋转楼梯，雕花贵妃椅，还有全韩国只有 3 台的透明落地钟——每台价值 3000 万韩币。

美剧大概是全世界最有钱造景的了。《破产姐妹》里麦克斯的那个冰箱门随时掉下来的家以及邻居苏菲大妈的家，全是花里胡哨的，堆满东西，"旧物改造"就是针对她们的。豪斯医生这种文化中产人士，橡木色家里有书架有钢琴，透着点文化气息。如果是谢尔顿这样的科技中产，则要上 eBay 淘两个DNA 模型摆着，每个近 2000 美元。《摩登家庭》里，跻身美国上层的老头住的别墅内部是深厚的木色，厨房用纯白大理石打造，游泳池边上的木地板随时需要人打理，如此才能坐拥美少妇。

如果说《摩登家族》里的上流还只算地方名流的话，那《纸牌屋》里，身居白宫的夫妇就再进一步，卧室里那新古典的美式格调，床头有点雕花却不能太繁复。至于那些壁画、露着大腿和生殖器的美男雕塑配合着红丝绒睡榻，大多出现在电影《魔鬼雷普利》这样重口味的片子里——对了，全世界的黑帮在影视作品里都有复古情怀，中国黑帮挖古墓玩青铜器，意大利黑手党则喜欢弄点宗教题材的艺术品。

如今的观众大多有高度经济敏锐度。一旦看到 Logo 就想到品牌植入，这个判断基本正确，比如《变形金刚》里的"来弄我"电脑和"It's shuhua milk"，这是收了钱，合同里写清楚的。但这明规则不是全部，更多的家居用品还是纯道具，全凭剧组的品位和生活经验来，如果被看出品牌来，那纯属偶然。电影《史密斯夫妇》里那个在枪林弹雨后还完好无损的大冰箱，是美国顶级品牌 Sub-Zero & Wolf，全手工打造，在实际生活中就是可以防火防弹还防暴。但一直到这品牌在上海开出展厅来，大家才发现这个低调的秘密，加上一台 8 万多元的价格，自然没造成抢购热潮。

添置点好道具，摆点好布景，对于剧情实在很重要。所以，有资源的刷脸，有钱的刷卡，什么都没有的，起码把眼光培养起来吧。眼光这事情，从来就是虚荣堆积起来的。小四在《小时代 3》里让宫洺用德国瓷器名牌梅森的马克杯喝水。在拍摄期里，正逢女主角郭采洁生日，他便送上梅森的铂金茶具做礼物。对于一直喜欢逛家居店买好玩意儿的郭导来说，顺手买了个杯子做道具，这是多么顺理成章的小事情。别不服气，大导演里就他给演员用名牌杯子。

包子总和政治有关

文 / 陈非

庆丰包子火了。电商首页纷纷打出"主席套餐"字样，老饕开始盘点京城十大包子铺，公知则用长微博探讨"为什么是庆丰包子"，好像名不见经传的包子终于有了翻身之时。事实上，自从包子诞生的第一天起，它就是政坛闪亮的明星。

中国的包子便是有肉的馒头，据说是诸葛亮的发明，他用米面裹牛羊肉，当作人头来祭南蛮的神，是为"蛮头"。改称"包子"则在宋代，宋宁宗的医生用馒头包大蒜给皇帝治好了病，而当时的"包子"正是指皇帝给大臣的银钱赏赐。袁枚在《随园食单》中里说最好的包子需用扬州的发酵面，这又是一桩脱不了政治干系的包子绯闻——当时名扬天下的扬州三丁包，便是当地厨师为迎合乾隆的口味创造的。

包子还是外交大使。"和果子"是日式点心的统称，但它起源于"奈良馒头"，据说由元朝时造访日本的浙江人林净因发明，他跟随来中国取经的龙山德到了奈良，制作出豆馅的馒头，当时的天皇不但狂点赞，还赐其日本妻子。奈良馒头在随后的 600 年间演变成了各种形式的点心，因而每年 4 月，日本餐饮界人士都要在奈良的林神社朝拜林净因。

如果以中国包子的标准，即"面皮包裹馅料并封口"而论，最具外交意义的"包子"是丹麦酥包。它靠一己之力传播本国形象，以至于英语"Danish"大多数时候不指丹麦人，而是指"丹麦酥包"。美剧《生活大爆炸》里，谢耳朵的神推论之一是："在一个人类被高智商海狸统治的世界里，人类建造数万水坝向统治者献媚，处于低海拔的哥本哈根被湮没，丹麦不会存在，而世人最爱的丹麦酥包自然也没有了。"

丹麦酥包以酥皮包裹甜馅，它的诞生也跟政治有关。1850 年，丹麦与普鲁士、奥地利的战争结束后，丹麦烘焙业大罢工，奥地利战俘开始用自己的方法进行烘焙，罢工平复后，丹麦人在这基础上加入北欧 style 的高热量配方，逐渐形成了现在的"Danish"。

也因而，最著名的丹麦酥包——肉桂包够格引发一场欧盟危机。根据欧盟最新的食品安全法规，每 1000 克烘焙品中的肉桂含量必须低于 15 毫克，不然肉桂中的香豆素会导致一定程度的肝损害，这一数字大大低于传统丹麦肉桂包的肉桂含量。眼看 2013 年圣诞将是"丹麦人最后一次吃肉桂包"，丹麦人开始了抗议活动，除了瑞典和芬兰等北欧国家的声援，国际媒体也纷纷谴责欧盟剥夺"丹麦味"的行为。情绪激动的英国独立党发言人保罗·纳托尔公开说："我们不需要保姆政权或欧盟来告诉我们该怎么做，这其中当然包括圣诞节期间我们该吃多少个丹麦肉桂包。"

传统的西方包子多是甜的，甜包子和月饼一样，总有庆祝的意义。"十字包"（Hot Cross Bun）是基督徒在每年耶稣受难日时的重要食物，年轻的吃货们甚至就称节日那天为"十字包节"（跟"月饼节"有异曲同工之处）。这种面团里加上葡萄干、正上方用奶油划个十字的"包子"，在中世纪一度只由大教堂限量生产。英国女王伊丽莎白一世在推行新教期间，更颁布法令，禁止十字包在特定节日之外售卖，这一法令的结果是每家每户自己学会了做十字包。

被伊丽莎白一世禁掉的还有如今的苏格兰节庆第一包"黑面包"，它是用面皮包裹众多甜果仁的水果包子。这个原本法国籍的大包子由玛丽女王引入苏格兰，在圣诞季的第十二夜食用，作为天主教的精神象征对抗彼时的新教。玛丽女王还会玩一个游戏：谁若吃到藏在黑面包里的豆子，便可成为当晚的国王或女王。她拿出自己的长袍装扮获胜者，成为英格兰使者回国后诉病苏格兰统治的生动素材。

英法战争还催生了英国巴思的"莎丽露包"（Sally Lunn Bun）。关于这个已经成为英式下午茶代表的包子，英方说法是由 1680 年进入英格兰的法国难民索朗·卢昂（Solange Luyon）发明，法方则说这原本就是法国包"Solimemne"，反正都是揶揄英国人发音差。在巴思的莎丽露历史博物馆茶室里，服务生会告诉你，吃莎丽露包必须从中间切开，上半部分配甜的果酱、黄油和奶油，下半部分配咸的菜式，如此便可同时吃到甜包子与咸包子。

西方少有咸包子，面皮裹咸馅通常都是大分量的"派"，供一家人围坐着吃。英女王伊丽莎白二世的节俭名声，源自她会嘱咐厨房把吃剩的肉包进派里第二天接着吃。与世界一同围观庆丰包子的法国《费加罗报》，勉强凑出来一个"猪肉点心"（bouché es au porc），被损大失美食大国的风范。

对于用刀叉的人来说，放在台面上的菜色，如果看不到内中玄虚，既显不出厨师功底，又显得没有诚意。见证奇迹的时刻，得是有分享性质的，因此得全桌人观看一副刀叉切开"包子"，而非自顾自切一个小包子。小个的包子若要有分享性质，就得像汉堡和三明治那样，内馅公开透明化。国家地理频道称美利坚当代的民主文化是建立在夹热狗的面包上的，因为热狗带来了快捷、物美价廉和自由的生活方式。

而最能代表美利坚对中国的见解的"包子"，莫过于"中国福饼"，元宝形状的脆皮包着一张写着东方哲学语录的纸条做"馅"，充满了寻宝般的神秘色彩。这种甜点在美国所有中餐厅里都能见到，却没有任何史料证明它来自中国。

同样无厘头的还有澳大利亚包子"波士顿包"，甜馅并裹着一层椰子粉，至今没有人能说出半点和波士顿有关之处。大概只因命名时祝愿澳洲能和波士顿一样成为大港口，秉承这个逻辑，邻居新西兰人把这包子叫成"莎丽露包"——命名人的"夏雨荷"一定是留在英国巴思了。

"知乎"牛人
他们知道得太多了！

文 / 钟瑜婷

"你知道吗？"这是"知乎"（Zhihu）一词的本意。

知乎，一个知识性社区。在这个平台上冒出了一些好玩的专业"大脑"，他们总是知道得太多：评香师谢佳眉供职于一家贩卖味道的公司，每天要闻上百种味道，她说国内像她这样的评香师不超过一千人；张佳玮，一个地道的杂家，懂美食、懂写作、懂篮球……什么都懂、什么都热爱的他在探索另一种非主流生活的可行性；前云南边境缉毒侦查员田浩，曾经在缉毒一线出生入死 5 年，他能更切身地理解毒品究竟给我们的生活带来了多少邪恶。人生有多少种可能性，"专家"就有多少种可能性。

谢佳眉　闻香识人

谢佳眉　1987 年生于广东汕头，职业评香师。2013 年开始，以评香师的身份在知乎开写香水专栏。

橙子的香味可以有多少种？

在评香师谢佳眉的感知里，橙子的味道可以有太多种：甜的橙子、酸的橙子、干瘪的橙子、多汁的橙子果肉、略涩的白色内膜、甜腻造作的瓶装橙汁饮料……

佳眉在知乎上的名字是"摸摸谢"，8 个月前，她以评香师的身份在知乎开写香水专栏。

"摸摸谢"在回答知乎问题"男人可以选择哪个牌子的香水？"时回答，"反对排名第一的答案"。后来回想起来，她仍然有些愤慨："一概认为美国品牌无层次无内涵，这很不客观。CK one/CK be 本身定位就是中性香水，目标客户群体为学生 / 年轻人，香气简单清新好接受。跟爱马仕雪白龙胆有什么可比性？如果消费者本身就是简单的年轻人，要什么雪白龙胆？不嫌造作吗？"

迄今为止，知友葛巾提倡"尽早扔掉美国香水"的答案仍然排名第一。在佳眉看来，这一定程度上也反映了知乎上多数网友的消费水平较高，接近或超过"中产"。这跟现实中国内的新兴香水消费者的好恶倒也相互契合，"多数人还是看重奢侈品"。

但佳眉不希望香水被抹上太多的阶层色彩，而是更加平常化的美好事物。她期待着知乎可以更加"尊重知识本身"，更客观、严谨、中立地讨论问题。毕竟这是她上知乎的主要目的。

根据知乎给本刊提供的统计数据，知乎用户多数生活在一、二线城市，年龄在 25 岁到 45 岁，拥有大学本科及以上学历，年收入在 1.5 万到 6 万美元。这群日益强调"生活格调"的精英会对佳眉评香的工作感兴趣。毕竟在人们长久的印象里，香水被归属于奢侈品的消费行列，是中上层人士的消费品，是暗示阶层的关键密码。

相反，佳眉反对香水跟阶层属性联系得过分紧密。曾有一位讲究性价比的大学男生向佳眉咨询："人生第一瓶香水，用屈臣氏开架的 Adidas 香氛是不是太 low 了？"她反过来说："也许一瓶 Adidas 香水也能打开你的全新世界呢！"在还不够了解一件事之前就开始对一件事发表毒舌的看法，这种越来越流行的态度让她很遗憾。

她也能感知到部分知友身上的中产优越感。比如说当谈到关于"年轻男士该带什么手表"的话题时，很多知友都推荐奢侈品牌，对此佳眉不认同，她觉得，"不能因为自己收入高就给推荐贵的吧"。在她看来，知乎上"任何一个答案都要负责任"，她不能忍受带有误导性的说法，"推荐没有闻过的香水那是耍流氓"。当然，知乎的氛围多数时候还比较友好。她所反对的那位倡导"尽早扔掉美国香水"的知友葛巾在评论中表示与她"求同存异"，她也回复了微笑。

而现实中人们一味追求大品牌也让她痛心。国产品牌若把重点放在塑造品牌上，消费者不买账，"国产货装什么高端奢华上档次，欧洲才有贵族"；若把重点投入在产品里，消费者又没有足够的鉴赏能力。多数人会根据香水猜测一个人的性格，但佳眉是"通过一个人对待香水的态度去判断一个人"。对她而言，香水只是一件给生活带来喜悦的事，没太多其他附属意味。

偶尔会失望，但佳眉还是对知乎"尊重知识"有所期待。就她感兴趣的葡萄酒话题来说，先前的讨论还停留在如何喝酒才不土鳖，现在已经出现不少技术性探讨。

总有人问佳眉的嗅觉是不是特敏锐，她的答案是"跟你们都没啥不同，嗅觉记忆只是一个累积训练的过程"。但为了保证嗅觉敏锐度，她上班不用香水，更不抽烟喝酒。在库存为几万的油样库，佳眉徘徊于一排排小而透明的香精瓶之间，每天最多得闻上百种气味。

佳眉清晰地记得面试那天，公司办公室的香味是如何疯狂地充斥着她的鼻腔的。这是一家专门贩卖"气味"的公司，总部位于德国。你很难想象这家公司客户涵盖的范围有多广：室内香氛公司、香水公司、时尚品牌专卖店、五星级酒店，甚至整形医院、4D 电影院，连华硕公司的某款笔记本电脑也被添加了香味。

蛋糕店的香味实在太诱人了？没错，但那味道也许不是来自蛋糕本身，而是通过一个香味释放机放出的香精。气味对人类购买行为的影响力远比人们想象中要大。佳眉做的正是如何让气味去决定消费者的购买行为。

这工作愉悦、有趣，2010 年从广东外语外贸大学商务英语系毕业的她在这行一待便是 4 年。她先是在市场部做营销，跟其他行业注重渠道不同，她在这里得学会"闻"，才能够将气味带给她的想象描述给客户。出于兴趣，去年她正式转做公司的评香师。在香精制造行业里，调香师调出的香精是否适合消费者的需要，是由评香师来完成的。

不同地区的人对香味的喜好都不一样，比如中东的石油土豪喜欢昂贵的沉香木，但这个味道却不会有太多的中国人喜欢。东南亚人对热带果香接受度很高，散发出菠萝、杧果、番石榴的味道才会让他们兴奋。

经佳眉估计，国内像她这样的评香师不超过一千人。

在佳眉眼里，如何将抽象事物变成具象的香味是最有趣、最具挑战性的部分。前几天，她把电影《教父》翻出来又看了一遍。有个客户要求她做一个"黑手党"的香水，平衡点太难找了，"要很粗犷、老辣、硬汉，用皮革调又太中东，不够意大利，木香太稳重大叔，像个职场成功男士不像黑手党"。

如何用气味去表达没有味道的意象？"比如青花瓷的味道，可以是暖香调，要古典，有檀香，让人联想起红楼梦读书；也可以是冷香调，用罗勒、天竺葵等芳香草本去体现青花瓷清亮剔透的质感。"刚入行时一位上司给她如此举例。客户的要求还可以是云朵和星辰的味道、能让人联想到姜但不含辣味的味道……更常见的是各种花类，包括牡丹、山茶花、樱花等本身气味非常轻微的东西。

佳眉所在的公司曾经帮一家银行设计室内香氛，顾客的要求是香味闻起来"很值得信任，让人很放心地把钱交给你保管"。佳眉要找到一种香气，"经典的男士香水味道，有点老派，不轻浮，让人联想起睿智稳重的长者"。

有没有香水给人感觉是"森林中的薄雾"？这个知乎上的问题让她高兴坏了，她喜欢这种发散思维的问题。她展开联想："森林"以木香为主，"薄雾"是水香，是凉意的芳香草本。在此基础上，根据香水的风格，或点缀些绿叶青草，或用辛香衬托木香，或加入根茎泥土气息，或用苔藓增添几分潮湿，甚至是花香的柔、水果的甜，等等。

在她看来，香水的联想是很私人化的，一款香水给不同的人带来的联想，甚至可以完全相反。"举个例子，Dior Fahrenheit 是争议颇大的一款香水，有人认为是硬汉气息，有人觉得很女人。"

佳眉最近在尝试与调香师合作开发一款"美少年"香水。"能让人联想到水仙花、自恋。"

张佳玮　一块被煎得香脆的鳕鱼

张佳玮　1983 年生于无锡，2002 年年底开始以信陵公子为网名写作。2003 年暑假中完成第一部长篇历史小说《倾城》，于 2004 年 3 月由长江文艺出版社出版。2004 年 4 月被《南方都市报》列为"80 后实力派五虎将"之一。

有网友曾调侃："知乎都快成张佳玮的个人专栏了。"

这个吐槽很容易让人想起近来网友对知乎上"马太效应"的质疑——知乎上名人赢得赞同数和受关注度的机会是否会远高于普通人？

的确，打开知乎，你似乎总是可以看到张佳玮的赞同数排行前列，"知乎日报"上他更是常客。迄今为止，张佳玮的关注者有 45 万多，赞同数 29 万有余。张佳玮在知乎回答的 1786 条问题，无一例外都是受邀而非主动。连"张佳玮是谁？"这个问题的回答都获得 2373 票赞同数。在玩过豆瓣、虎扑等论坛的佳玮看来，"大多数论坛，只要有社交功能，有关注人的功能，最后都可能一方独大，知乎也不例外"。他也承认，"一方面是我回答得多了点，另一方面是关注者多一些，我的赞同数高一点，人们就很容易在 Timeing（时间轴）上看到我的名字"。

另一个有趣的现象是，常玩知乎的人会察觉，虽然张佳玮向来擅长文学、艺术、篮球领域，他在知乎上获赞同数最多的答案却是一些人生、情感甚至职场问题。比如"你爱上某一个人时，最奇特的一次是因为什么？""什么样的男人才算是成熟的男人？"知乎运营总监成远告诉本刊，张佳玮回答问题美中不足在于过于分散，而知乎向来鼓励专家的领域要细分化、专业化。

张佳玮上网十几年了，是个地道的杂家，懂美食、懂写作、懂篮球，还被夸赞懂人生。他也并不是只在知乎有名气，他在豆瓣红、虎扑红、天涯红……简直要红遍天下了。

起初张佳玮在网上的外号是"涨工资"，后来更多人因其文风中透着股温良，人又谦和有礼，热乎乎地唤他"张公子"。他强调自己受家庭氛围影响大，尤其是父母关于如何做一个"好人"的教导。他从来没有主动在知乎答一个问题，因为"别人邀请的都没有答完，这是起码的礼貌问题"。从情感生活到篮球再到写作技巧，加上乱七八糟的其他问题数量太多，他不得不挑着回答。无疑，他友善的风格跟知乎的氛围很是契合。

有阴谋论者曾质疑他："张公子背后肯定是一个团队！"结果他本人的回复比问题还火："事实的真相是，张佳玮·信陵这个 ID 是由许多无家可归的呆滞少年组合在一起的。比如，我现在就是张佳玮 30 号，专门负责论坛打字。张佳玮 1 号负责给团队买盒饭，顺便写饮食专栏。张佳玮 2 号负责看篮球……张佳玮 25 号负责听相声。张佳玮 26 号负责听评书……张佳玮 29 号负责知乎的 ID。我张佳玮 30 号就主要负责虎扑……"

这个年产 70 万字的多面手刚出了一本书，名字竟然是《这个普通人的生活》，实在让很多人愤愤不平。如果你去跟他质疑，他很可能两手一摊："我不是个天才，也没有比其他人幸运多少。"他顶多承认自己遗传了父亲的记忆力，以及勤奋的力量。

这"几十号张佳玮"在各个领域都乐此不疲，"越研究越觉得有趣"。从去年8月迄今不过半年多，张佳玮陆续出版了5本书，包括体育类、艺术类以及小说、随笔。不少人会用羡慕嫉妒恨的口气谈论张公子的才气、运气。对这个问题，张公子曾云："我们绝大多数凡人，独自感叹天赋不足、创造不够什么的，其实都是幻觉。问题归结到最后，无非就是一懒、二拖、三不肯读书，如此而已。"他很清楚这个年代不会有多少人天才到"一步登天"。谁都得勤奋，年复一年、日复一日地"庖丁解牛"。

比如写字这事，"只有写得多，才会觉得比以前好"。"现在很多时候，太多人都是过分讲究方法、技术，但关键是要持续专注地投入心力。庖丁解牛连续19年，最后才能'目无全牛'。这也类似于运动领域的肌肉记忆。"

当了这么多年专栏作者的张佳玮从不拖稿，"不拖稿是基本节操，我们这行都是靠口碑的"。他理解村上春树长跑的毅力，"如果他不跑，他就要去上班，做那些他恶心的事"。同样他也不愿意浪费时间，即使是在发呆，他也会在脑子里编点故事玩。

更关键的是勤奋不只"局限于业精于勤"，对张佳玮而言，勤奋的意义还在于少花时间在无意义的事情上，尽可能地专注于生活本身。

活了31年，张佳玮从没人生规划，更多是顺势而为。最初那几年写的小说实验性质太强，无法适应市场，他便私底下写，不拿出去卖了。2007年差点加入一个文学组织，但他还是因为爱自由放弃了。2011年他去巴黎学艺术，是女朋友劝的："有钱的人没空去巴黎，有空的人没钱去巴黎。你又能挣钱，又没工作牵绊，对吧？"他至今都没想过读完书要干些什么。

也许是另一种天赋，张佳玮非常热爱生活，也"太容易高兴"。比如他和女朋友去逛超市，"以前没有的重庆火锅料有了，好高兴。哇，今天有新鲜火锅鱼，又很高兴"。在《这个普通人的生活》中，他正是展现了这种永远像少年般欢快、热情生活的技能。如今他在巴黎待着，除了上课、逛博物馆，其余时间都用来买菜，琢磨着怎么吃。

张佳玮的女朋友比他更有求知欲，更不着急。两人第一千次聊起人生，首先彼此吹捧一番，说有了彼此这样通情达理的伴侣，真是让人懒得再去追名逐利了。再聊起便是："离你皱纹还有10来年，离我脱发高血压性功能衰退还有10年。能放心吃喝、玩乐、看书、相爱的时间，真是短得不得了。我俩都是地道的享乐主义者。世上已经有那么多美好的东西——那么多好书，那么多好曲子，那么多好画，那么多好游戏，那么多好吃的，而且恰好有互联网这个不朽的发明，只要你乐意去琢磨，到处都有乐子。"

跟任何文学青年一样，他也曾经在一个夏季陷入黑暗的阴郁中，思考人生的意义。但他后来发现，"想太多，都是因为读得太少"。比如他曾经想宇宙会不会循环，结果他发现法国数学家庞加莱的回归定理一早掌握了宇宙的秘密。"咳，起初还觉得自己多么遗世而独立呢。"他笑自己的自大，"人想太多都是因为孤独而无法交流"。

他回答"你有什么经历证明了'念念不忘，必有回响'？"的答案让知友们流泪感叹"这才是人生！"答案中一段是："我爸妈和外婆做菜极好，宠着我的嘴，我外婆（2005 年过世了）的炒鳝丝和摊面饼尤其好。所以我小时候就一直跟妈说，有一天要让许多人知道，妈妈爸爸和外婆做菜做得好。然后是去年我出了本书，《无非求碗热汤喝》……"

在 2013 年知乎开放注册之前，张佳玮便受创新工场投资经理张亮邀请到知乎，张亮表示："他代表了我最希望更多人具备的品质：勤勉好学、求甚解、独立思考、谦虚。"张佳玮记得 2012 年上半年知乎的讨论氛围尤其好，但跟多数社区一样，"当用户数量增加以后，问题的方向会更加分散，去专业化，答案也多少有些'水化'"。

他更乐意回答一些关于写作或篮球内容的问题。比如一个问题是："如何写出画面感强烈的文字？从哪些方面入手锻炼？"从马致远的《天净沙》到《水浒传》再到海明威，他可以列举东西方小说中最有画面感的片段，梳理出里头的技巧和道理。文字的"画面感"对他来说太重要了，因为他对世界的记忆是从颜色与声音开始的。"幼儿园时被母亲带到纺织厂，放于山一般高的布匹中，读彼时三毛八分一本的连环画。每一页一框图，一幅可以意会的图，或喜或怒，下缀浅白的解说文字。在我还只能约略将一些关于省份、河流和花朵的名字与语言对位的年纪，图画拯救了我：它们是连贯的断片，连缀成一个个故事，可以与电视屏幕或现实生活辉映。"他想起 6 岁时评书人绘声绘色为他构筑的、昏君良将的华丽脸谱。同样的，这之后 20 多年的阅读不过为了"多环境体验，生活在各种奇异的世界里"。无法将之图像化、声音化的一切读物，总让他提不起兴趣阅读，他所追求的阅读都是一种世界的幻象。

后来想起来，他的这些理解不少是他在知乎上回答问题时得以厘清的。

写，意味着他这类杂家在寻找各种看似互不相关的领域间的共通联系，"寻找所谓的'道'"。他特别欣赏纳博科夫笔下的通感能力，"这世上的味道、触觉、画面其实都是相通的"。当然，他本人的通感能力也不差，比如他笔下的一碗"凉白开"也是关于夏天的画面："大夏天午后，蝉声织着丝，人盘腿坐在地上，半个脑袋塞搪瓷杯里，咕咚咕咚喝，从急吼吼到慢悠悠，最后温淡舒展而悠长。"而他眼前的一片美景也可以通往食味："那一片海水尽是幽蓝之色，越接近黄昏，其色越深。到日落时，海水蓝得像要吸收星辰，让你觉得喝一口，身体都会凉透。"

也许是"爸妈和外婆做菜极好"的童年造就了他总能绕回口腹之欲的写作。前几天他在豆瓣这样回复豆友对他的夸奖："就像拿我去当鳕鱼煎：腌一会儿，扑点粉，下锅两面煎。这样肉质普通松弛的鳕鱼，也会显得外表香脆、肉块饱绽。虽然作为鳕鱼块的我自己照照镜子：等等，这货被煎这么香，还是张佳玮吗？"

田浩　毒品很邪恶

田浩　1989年生于安徽滁州，曾是云南某边防部队士兵，退役后于2013年3月开始在问答网站知乎网发帖，回答了大量有关毒品、缉毒的问题，引起网友关注。

田浩有一天发现，知友的注意力终于从毒品话题转移到他的身上，开始问："田浩是谁"或者"为什么突然之间知乎这么多关于毒品的提问"，类似的疑问还有："怎么才能嫁给田浩""田浩有哪些缺点"……他感慨了一下："这是个不好的现象，不符合知乎一贯的精神。"

2013年2月23日，喝了点酒后，默默潜伏知乎一年多的"冷清"在问题"贩毒都是怎么被抓到的"下面码了一通字："人体藏毒法：男性主要是把毒品用避孕套包起来，大约小拇指那么大，然后吃到肚子里……吞腹藏毒有一定危险性，避孕套吃下去后，有可能被胃酸腐蚀，这种情况，作为运毒载体的人，必死。"之后，网友"冷清"改名为"前云南边境缉毒侦查员田浩"。

2013年4月，杜琪峰的电影《毒战》上映，有人想到@田浩，询问"这部电影哪些与现实相符，哪些有出入"，田浩不客气地指出了6项错误。其实他对《毒战》的好几个片段都颇有代入感，"不像其他缉毒港片，翻来覆去都是讲人际关系"。

田浩也没料到自己会火，毕竟缉毒这行很不主流。也许正因如此，"整个互联网上靠谱的毒品知识很少。一些论文大家又不爱看"。而田浩不写论文，他会讲故事，故事里充斥着缉毒这一行的神秘、黑暗、刺激和复杂人性。

田浩出生在安徽滁州一个小山村里，他的家庭记忆并不美好。父亲喝醉酒会打母亲，9 岁那年父亲去世，要强的母亲把所有的希望放在他身上，他一下子"崩了"，开始厌学。"青山绿水，饿了就找吃的，热了就下河，没事就躺草地看书。"

他想做一个英雄，总想起那没当过兵的父亲去世前老穿着一套老军装，太威武了。2005 年 12 月，初中毕业的田浩来到云南公安边防部队，进行为期一年的特训。与周围的人相比，他体格瘦弱，没有好胜心，神色冷清。但他还是凭着自己出色的射击能力，跟其他 3 位战友一起穿上了缉毒制服。

进入特勤大队之前，他们先在云南的边防检查站进行 3 个月的实习，那段时间让田浩见识到了五花八门的藏毒方式，"毒品实在是太多了"。在一辆卡车上，他见到了体内缝有十几千克海洛因的孕妇尸体；在一场葬礼上，他见到了成捆的海洛因沉在装有化尸水的瓷坛底部……很多时候立功都是偶然的：一次他和战友想吃羊肉，在羊倌家偶遇 4 支用过的针管，羊肉没吃上，他们捞到了 3 公斤多的海洛因。"曾经有一个人去瑞丽旅游，买了块毒品在内地没卖掉，他又准备带回到瑞丽卖，结果被抓了。"怎么有这么笨拙的贩毒者？他觉得好笑。

"电影里的吸毒者都被美化了，每个吸毒者都有一个悲惨的故事。"他清晰感知毒品世界的残忍，是他刚去云南的第一个月。在新兵训练营旁有一座拘留审查所，一次田浩路过门口，看到里头抬出一具尸体，脸上几乎没有皮肤，只有额骨、颧骨、牙齿，整个身体萎缩成一团，颜色死灰。离开云南 5 年了，吸毒者身上不同程度腐臭，五官变形到半张脸塌陷的画面从未离开过他的记忆。

在残酷的部队训练和实战中，田浩被构建出了正邪对立的价值观。他相信自己在为正义而战斗。第一次执行任务，他在山里一不小心脚踩空了，声音让对方拿枪，"一个扇面就扫射过来"。他吓蒙了，脑子里一片空白，回到驻地，只知道哭，没人同情，"都觉得我太弱"。他很快喜欢上了步枪，"让人有安全感"。第一次远距离射杀,他在一百米外看到对方缓缓倒下。他没去看尸体,他的思绪在"杀他为了让更多的人更好地活"和"他的家人怎么办"之间来回纠结。

但他没多久就习惯了,偶尔也玩玩"演技"。2007年深秋,田浩在路口等车,没几分钟,一个约莫30岁的中年男人径直走过来,拍了拍他肩,使了个意味深长的眼色,田浩跟那人去了宾馆。路上他悄悄发短信给战友。进了房间,他让对方去外面取货。外面守着的队友们就这么把毒贩一锅端了。

有知友不解,为何年纪轻轻、初中毕业的田浩,这么会讲故事?他淡淡回答:"可能是我可以大致感知别人的情绪。这个本领来源于我中学时,当时住校,我每次进家门的时候都要先感受一下我妈身上有没有杀气……"

缉毒带来的个人英雄主义式快感并未持续太久。田浩想要理解毒品是如何进入贩毒者和吸毒者的生活,又是如何改变如此多人命运的。很多时候,他坐在审讯室里,送有些犯人走完他们人生的最后一程。有时他也忍不住想解下一些人的镣铐,但坚信"理解是一回事,行动是另一回事"的他从没有这样做过。

他记得最无辜的是一群"因无知而贩毒"的孕妇。他在一趟客车上见过一群赤身裸体、浑身涂满臭胶水的孕妇。这些孕妇大多来自于四川凉山州的彝族穷人家庭,她们在私处、肛门、腹内藏有毒品,有些人甚至半路分娩死在车上。"带毒剂量小,怀孕,少数民族,抓捕这样的人是很困难的。"直到2007年公安部部署了一次专项行动,这种运毒模式才遭到毁灭式打击。

杀机四伏并非常态,田浩面对更多的是心理博弈,而不是肉体搏斗。一次,他在一辆奇瑞QQ的备胎里查获了6块350克的海洛因,车里是一对年轻情侣,男方包揽了全部责任,说自己第一次运毒,是为了赚10万元购买婚房。男子反复承诺,愿意配合做一切事情,只要能够放过他的女友。田浩与同事觉得,男子对女友应当是真情。最后赌注下对了,他们在男子的配合下抓获了接货人。

那些年愤怒逐渐被平静所替代,田浩有时也会跟贩毒者交谈。一次在羁押过程中,田浩跟一位来自四川的毒贩聊了一个多小时。那是一位年轻的男孩,曾经是农村的小混混,不知道怎么就染上了毒瘾,之后就以贩养吸。田浩至今为他"普普通通活一辈子不如吸毒活半辈子值"的人生观感到震惊,"他不怕死,一点恐惧都没有。他以前活得太糟糕,而毒品给了他另一个全新的世界"。另一位贩毒者跟田浩说起自己的梦想，"要去远方做一个浪子，想做什么就做什么"。

为防止自杀，审讯室的墙壁上都包裹着牛皮，下面还有大约 10 厘米厚的海绵。但田浩仍然在一个清晨发现一个 20 多岁的女子坐在审讯椅上，侧身将头伸入扶手和坐垫间的空隙里，脸朝上，卡断了自己的颈椎。

在云南的 5 年，田浩从没遇见过一个真正克服毒瘾的人。

在离开部队之前，田浩已经不再相信英雄可以改变世界。"有些东西是无法改变的，我小时候不信，现在信了。小时候我相信邪不胜正、善恶到头终有报，后来我不信了。缉毒的年纪轻轻就死了，大毒枭反而得了善终。"

在知乎上，田浩从不提起在无数场缉毒战役中死去的战友们。除了顾及有些事不能说，他说他想都不要再去想了。唯一能说起的是一个老兵，总是警告田浩不要跳江抓人，却在退役前，为了抓一个嫌疑犯，跳下一座 10 米高的桥。在部队，田浩每隔一段时间就会写封遗书，存在内勤一个专门的柜子里。但田浩很少穿防弹衣，"总得放松嘛"。27 岁的他这样理解死亡："自己死是一瞬间的事，别人的死对你来说是一辈子都忘不掉的事。"

在云南那些年，田浩没敢告诉家人自己的工作。偶然一次，独居多年的妈妈在电视上看到儿子执行任务，最终患上了抑郁症。田浩决定退役，离队前他取出多年以来积攒的遗书，在后山一会儿哭一会儿笑，把遗书烧掉。

2005 年入伍，田浩的工资从 90 元涨到 250 元。2010 年退伍，他拿着少得难以置信的退伍津贴和一张自己掏钱买的火车票，被护送回了原籍安徽。田浩发现，在山上自己还知道敌人在哪里，进了社会他整个人傻了。没有简历、没有证书、没有社会生存技能，陪着生病的妈妈，他断断续续地做了几份工。

起初他尤其不适应平庸的生活状态。他毫不讳言自己想念枪。他总往老家跑，有时会一个人在山里过一段时间，穿着曾经的训练服，复习军队里的技术。

知乎的粉丝让他如水的生活闪现了火星。电子书城字节社将他的知乎问答合集成《边境缉毒实录》上线了。还有其他出版社找他，具体事宜尚未谈妥。

很长的一段日子，知乎上关于毒品是否有价值的问题少了，田浩已经很久没冒泡。偶尔收到"和女友分手了怎么办"的问题，他无话可说。"自己的感情别人怎么给你解答？"

不过，近来的知乎让他很难冷静，他的回答前所未有地沾了"火气"。有一个热点问题是"室友吸毒怎么办"。他实在看不下去原本排名最高的、两千多票的答案，出来回答："你们是有多么胆怯，才能连匿名报个警都要考虑会不会被报复。……在学校宿舍公开吸毒，嚣张成这样，这种人还要去考虑他还小，不要毁了他的人生，这是一个正常人该有的逻辑吗？"

另外是李代沫吸毒的事爆出后，知乎上开始比较吸毒和吸烟的危害，看了原本排名第一的答案后，他心中的气怎么也无法平复。答案写出后隔一天，删掉了里头所有的脏话他才发出去。果然，赞同数在当天成了新的第一。有知友在下面评论："终于有专业人士携干货打脸了……"

他承认这两个问题都刺激到他无法忘怀的信念：毒品很邪恶，战友们用生命在缉毒是正义且有价值的。

"蜂鸟"邓紫棋：不可叫人小看你年轻

文 / 钟瑜婷

2014 年 1 月 3 日晚，邓紫棋坐在电视前，看自己在《我是歌手》中的首次亮相。她瞪着大眼睛，轻声问经纪人 Tan："我的粉丝能涨到 500 万吗？"

3 个月后，《我是歌手》结束，她的微博粉丝突破了 1000 万——俨然是新女神节奏。名气来得比邓紫棋预料的更快也更猛烈。

邓紫棋被封为"女版张亮"。"渔民"们（邓粉丝称号）乐此不疲地转发女神的搞怪片段。比如第一期节目刚开播，听到摄像头 360 度无死角记录，她秒速反应："所以我不能在这里挖鼻屎咯。"又比如半决赛上台前，她突然蹲在地上，像一条濒死的鱼一样发出噗噗噗的声音。讲求逼格的明星们不可能做出这些动作，太俗气太掉粉了。邓紫棋不怕。网上传播最广的是她在 17

岁时扮演"金鱼嘴"的视频。最新一段视频中，一头红色卷发披肩的她来了一句："我是下蛋公鸡，公鸡中的战斗鸡，噢耶！哈哈哈哈！"

如果她只是"不装"，"渔民"的年龄层也很难从 6 岁跨越到 60 岁。"台下呆萌，台上御姐。"《我是歌手》的编剧导演潘瑞芳概括邓紫棋受欢迎的原因。

"御姐"范儿是指她在舞台上的霸气以及冷静。事实上，邓紫棋不像金鱼，更像她所在的独立音乐公司的名字——蜂鸟——一种世界上最小的鸟。跟心脏强健，每分钟心跳能达 500 下的蜂鸟一样，身形娇小的邓紫棋心肺强大，高音强悍，现场爆发力十足。靠着强健、控制力极强的翅膀，蜂鸟是世上唯一能往后飞的鸟，而邓紫棋在舞台上心态的平衡力也让人惊讶，"比一些前辈还淡定"。

这些天邓紫棋总在不同城市之间

邓紫棋（G.E.M.），中国香港创作女歌手。2009 年 1 月，夺得 2008 年度叱咤乐坛流行榜"叱咤乐坛生力军女歌手金奖"，是该奖的首位未成年获得者。2014 年，参加湖南卫视节目《我是歌手》第二季夺得总决赛亚军。（图由被访者提供）

飞，目的地总有商演、封面拍摄和节目等着她。

第二季《我是歌手》播出前，内地还没多少人知道邓紫棋是谁。"从没听说过。"在节目策划会上，当谈及这位来自香港的参战歌手，恒大音乐董事长宋柯摇了摇头。《我是歌手》的导演洪涛用上一季的黑马黄绮珊做例子说服领导层，后者曾担心邓紫棋话题性不够。

粤语地区的"渔民"们不会承认邓紫棋是黑马。1991 年出生的她，16 岁出道即横扫各大颁奖礼最佳新人奖，19 岁即在红磡体育馆举行五场演唱会。她是"香港小巨肺"。

这是她的第二次成名，更大范围也更迅速。与其说"渔民"们喜欢邓紫棋唱歌，不如说他们喜欢她本人。"她很自然，开心的样子就像是你身边的一个小姑娘，不像内地很多年轻艺人像得了忧郁症一样，完全看不清楚。"25岁的男粉丝磊磊说。

咧嘴露两大门牙，接一句"哈哈哈哈"是邓紫棋的招牌动作。问她为何总喜欢在半夜跑步，她想也没想："其实不喜欢，哈哈哈哈。但唱歌是体力活啊！"采访不得已要中断，甜甜一句"你等我一下，你等我一下"叫人恍惚以为她是在学校篮球场上一路小跑去买水的高中女生。

邓紫棋没太把自己外表当回事。遇上拉肚子了，她也在马桶上直播——网友一看，哇，果然没有偶像包袱，更喜欢了。"她对吃穿不太讲究，一双黑色鞋子穿着舒服，会一直穿。"潘瑞芳说。一次演唱会结束，她席地而坐跟等她的歌迷吃起了他们带来的pizza。第二期《我是歌手》里面经纪人问她自己的logo是什么，她鼓起嘴装金鱼，恶搞完自己，她也笑趴了。

问她："你觉得自己好看吗？"她说："我觉得自己比以前好看。"

社交网络是邓紫棋营销的主战场。在"邓紫棋体验生活"系列短片中，她化身天气预报员、奶茶妹、女仆等不同角色。为宣传新专辑，邓紫棋团队先后录制了"后海卖唱""生日送歌"等短片，这些视频在社交网站上均获得了不低的点击率。小朋友尤其喜欢这位金鱼嘴姐姐。3月31日晚，邓紫棋在美国第27届儿童选择大奖颁奖礼上，获得"最受欢迎亚洲艺人大奖"。

她有小女生的羞涩。第一次录制节目，她跟潘瑞芳讲："我其实有好多心里话想跟张宇哥哥讲。"结果还是没胆去找偶像。她甚至有些"疯癫"："在女校读书，大家故意不穿底裙，坐姿很粗鲁，拍别的女生的胸部。"说这段的时候，她简直要笑得喘不过气来。节目第七期的结尾，所有人都紧张地等待名次公布，邓紫棋竟跟另一位90后歌手茜拉用英文讲小话，直到被洪涛打断——相比旁边一脸严肃的前辈们，她俩真是青春气息爆棚。那次韦唯离开时，邓紫棋在房间里哭了很久，潘瑞芳才发现，90后也很重感情。

节目中有个细节：第三期唱完歌之后回到候场室，邓紫棋被韦唯拉着手，眼睛却看着罗琦说："老师你唱得我在后台都听哭了。"韦唯也很直接："你拉着我的手和她说话这是不可以的。"邓紫棋却若无其事："我是为了沾沾老师的手气呀。"网友大呼：女神太牛，换我们早尴尬了！

"很直接不代表不顾及别人感受呀。"邓紫棋想起一次自己去餐厅吃铁板烧，"里头有块鱼好难吃啊。可厨师只是弄给我一个人吃的，如果直接吐出来他肯定会很不开心，我只好装作很尿急，赶去厕所吐。"

邓紫棋的母亲毕业于上海音乐学院声乐系，舅舅是小提琴手，外公是萨克斯手，已过世的外婆曾是歌唱老师。节目组想拍一个她家人出镜的花絮，绝对是加分的事。邓紫棋拒绝了，她要"保护自己的家人不受干扰"。"这个世界不是围着你一个人转的。"邓紫棋的口吻像是一个经受历练的上班族，"我曾经也会伤害别人，不只是把握分寸的问题，你开始会思考别人的难处。很正常，换了别人工作几年也会有这样的认识。"

根据《我是歌手》的后台数据，喜欢邓紫棋的观众不少是中老年人。网友们更喜欢用"情商高"这个含义模糊的词概括邓紫棋讨人喜欢的原因。著名娱评人"狠狠红"认为：邓紫棋自称学扮金鱼嘴是为了能在一群陌生人里迅速打开社交局面——这大概才是我们所熟知的香港精神，坦荡荡的实用主义，在香港不会被认为"功利""心机"，只会被表扬成"勤力"，还有"识做"。

邓紫棋从未被所在环境一贯溺爱。她首先不是被父母宠坏的孩子，她父亲当年常用的一招是，每当发现女儿很晚还在打电话，会跑过来对着电话那头的同学大骂。信仰也让她认识到"拥有的一切都不是只靠自己"。旁人更不能忽略的一个事实是：15 岁离开温室到利益复杂纠葛的香港娱乐圈扑腾，她走了最不同的路线——加入独立音乐公司"蜂鸟"旗下。十几位员工都靠她一个人养着——这意味着更重的责任感，"总不能辜负别人为我付出的努力"。

一段视频中，邓紫棋严肃地批评 Tan："因为你出现在镜头中，这一段全部不能用了。"Tan 无辜："为什么？""因为你的脸实在太大了，占了屏幕的三分之二，留点空间给你的歌手好吗？"

"她老是欺负我。"Tan 对本刊记者说。

2004 年，Tan 用卖掉赌场股份的钱，在充斥着娱乐巨鳄的香港开了蜂鸟公司。

"矮矮的，胖胖的。"Tan 想起第一次见到 15 岁那个有婴儿肥、戴框架眼镜的邓紫棋。这个女孩的个性在他看来是很少见的一种配搭"内向又精灵"。签约前，Tan 暗中观察，"看她是不是只想着出名"。他帮她录第一首歌，邓紫棋没有询问回报、推广等事宜。相反，"她一直好奇，眨着眼睛学习"。

周围的人都意外 Tan 看中矮小不起眼的邓紫棋。但学音乐出身的 Tan 清楚：音乐的力量来自人丰富、诚实的自我——正如他相信蜂鸟再小也有巨大的生命力。当然他并非超离世俗，在他眼里，"做自我跟名利并不冲突"。在对音乐的态度上，他跟邓紫棋"臭味相投"。

Tan 讨厌没有自我的音乐，邓紫棋 4 张专辑中的绝大部分歌曲由她自己创作。而创作的前提是邓紫棋有权"自我管理"人生。两年前的 7 月，她感情受伤，一冲动买了去纽约的机票。起飞前一天她才打电话告知公司，Tan 也没有生气。2011 年，邓紫棋曾经的私人博客网址被黑客公开，里头对港艺人胡杏儿与邓丽欣的讥讽引发网友抨击。Tan 认为"不要回应"，邓紫棋却坚持出来承认并且道歉。"我当时很惊讶，她这么小年纪就学会承担了。"Tan 说。

在 Tan 这里，邓紫棋被允许保有自我的情感，她有脾气、会愤怒，经历可能会痛苦的恋爱。而当她长时间陷入负面情绪难以自拔，往往能出来作品。那次在纽约，邓紫棋写出后来最受欢迎的作品之一《泡沫》。2011 年她最爱的外婆去世，她写下《不存在的存在》。

心理学、哲学更能抓住她的兴趣。她一度沉迷于《苏菲的世界》："我在想这个世界是不是真的存在。"她也读康德，"后来又买了一本反对康德的书，特别好玩"。她更喜欢用文字表达自己，更在某种程度上保持着社交封闭。她的音乐工作室在香港著名的酒吧街兰桂坊附近，但她更愿意录制完毕后，继续泡在琴房，或者回家写歌。"她很年轻，但怎么会这样？我佩服她就在这里，她几乎不出去玩。"她的香港司机说。见到邓紫棋之前，潘瑞芳听到对她的评价清一色是"很刻苦"。一个传播甚广的例子是一次凌晨 3 点，她打电话给视频剪辑师讨论短片细节。

自我平衡对一个当红的年轻艺人来说不容易。但她用一种不高也不低的眼光自我审视：一方面，她自认"是唯一的邓紫棋，要把上帝的礼物发挥到极致"；另一方面，她也清楚"出道至今，天赋已经没有任何优势了，要非常努力才能做出吸引人的专辑"。

网友崔静远喜欢邓紫棋："有想法，肯付出，真性情。这些气质在香港年轻人身上是普遍的，但在内地却稀缺。"

一个悖论是，保有香港精神的邓紫棋在内地走红后，却成了时下中港矛盾炮火下的靶子。部分香港人批判她不唱粤语歌，更反感她在得国际大奖时说代表中国。梁文道出来为她抱不平："今天的本土意识走到极端处，常常会跑出一些奇怪的逻辑，例如一个香港人在内地走红，那就叫作对不起香港了。"

在前些年，邓紫棋受到的挫折还无关乎政治。正如香港著名媒体人查小欣介绍："Tan 虽然有钱，公司规模却属蚁型，难以与拥有歌星阵容、庞大团队的娱乐集团如英皇、寰亚等争电台电视台播放率及争奖。"在 Tan 看来，邓紫棋在包括排行榜、颁奖礼方面都受到了不公平待遇。"连最平常的宣传平台也受到压制，我们才转战社交网络。"Tan 无奈，"我们尽量做一些好的音乐，但香港的媒体圈却不认同。邓紫棋的努力跟她在香港所获得的认可不成正比。"

2012 年邓紫棋公开表示香港的颁奖礼评价标准不客观，不利于香港乐坛健康发展。查小欣认为，正因独立自主，Tan 他们不用墨守娱乐圈一些潜规则，经常发出引争议的声音，"亦因此增加 G.E.M.（邓紫棋）的曝光率，更建立'真'的好形象"。

她被贴上"港奸"的标签发生在去年 4 月，邓紫棋在一个采访中为香港特首梁振英加油。她说："这个角色实在很难做。我不想再对他施加压力，想给他一份鼓励。"在香港现实矛盾重重的当下，这话自然引发一轮香港网民的集体批判。那天，邓紫棋看到了网络上铺天盖地的骂声，非常生气，恨不得对每一句骂声都去做解释。但 Tan 拦住了她。

"那一刻我真的非常伤心，因为我明明只是想传递爱，却被这样误解。"邓紫棋告诉本刊记者。

她突然意识到自己不只生活在娱乐圈。她 4 岁那年踏入的香港，其实也是一只被困的蜂鸟——这块弹丸之地多年来卧虎藏龙，却在身躯庞大的内地面前，逐渐丧失自信和能量。这事对她的影响超过了所有来自娱乐圈的伤害。她倔强地赋予了音乐具有宗教意味的意义："骂我的人其实内心冰冷，我要唱给他们听，让他们感到爱和陪伴。"

Tan 曾尝试让邓紫棋进入内地市场，但苦于无路。这些年香港流行乐坛日渐式微，原创能力不足加上粤语障碍，香港歌手在内地颇受冷遇。"内地媒体一听到香港歌手，就没太大的兴趣，觉得香港歌手都差不多的模式。"

直到 2013 年 12 月 1 日，洪涛到香港看了邓紫棋的一场表演，一切都改变了。而这时，邓紫棋做好的准备，不只是技术上的，更是心态上的：对她来说，唱歌已经接近于传递上帝的福音，她能在掌声和批判声中更专注于唱歌本身——她非常清晰人生意义之所在。像那只唯一能往后飞的蜂鸟，邓紫棋令人惊讶地一次性撬开了内地市场。

在潘瑞芳看来，邓紫棋的团队在比赛中投入了极大专注。怕影响声线，Tan 拒绝所有媒体对邓紫棋的赛前采访要求。比赛期间商演也不接，他全力负责邓紫棋在舞台上的视觉形象。

那个呆萌、好说话的邓紫棋一到台上就变得苛刻。在《你把我灌醉》演唱前，距离登台只有12分钟时，她发现裙子无法完全盖住脚踝，坚持临时去找袜子穿上。"你唱歌的样子简直太狰狞了，"潘瑞芳笑她，"就会一只左手抬上抬下的。"

也许是她太用力了，比赛中对她唱歌"机械、缺乏理解与情绪"的批判不绝于耳。

但邓紫琪相信自己对歌曲有她个人化的理解。她自认唱得最忘怀的是决赛歌曲《一无所有》："最重要的是那句'我要给你我的追求，还有我的自由'。我觉得我的生命还蛮自由，不会被很多的欲望束缚，当很自由的时候，每个人都是 Champion。"她也喜欢汪峰的那首《存在》，对于存在这事，她有着"满腔热血"。

年轻好不好？邓紫棋说："《圣经》里有句话——'不可叫人小看你年轻'。"

这句话出自提摩太前书四章12节，她没有说出的后半句是：总要在言语、行为、爱心、信心、清洁上，都做信徒的榜样。

黄渤50亿影帝的一天

文 / 宋诗婷

天有点阴，窗外下着若有若无的小雨。汽车转过又一个路口，黄渤指着车窗外说："看，那就是现在的我。"

顺着黄渤手指的方向，电影《亲爱的》的海报躺在公交车站的广告牌里。黄渤和赵薇并列第一排，画面中，他闭着眼睛，眉头紧锁。

采访约了一个月，终于在临近国庆前敲定时间。《亲爱的》《心花路放》《痞子英雄》3部电影同时挤进十一黄金周，微博上＃十一黄渤档＃早已成为热门话题。

头一天在怀柔拍戏到两点，第二天早起化妆参加上午的发布会，中午再赶回片场拍戏，拍到后半夜，第二天又 6 点起来化妆参加发布会，一连串儿的发布会。

黄渤已经在这样的工作节奏里挨过了大半个月。

上车前，他刚刚结束一场与陈可辛共同出席的《亲爱的》的宣传活动。活动被安排在北京对外经贸大学的图书馆里。

黄渤的出场成为当天第一个高潮。在台上，陈可辛话不多，黄渤一贯地插科打诨，把场子搞得很暖。这是他十几年前就掌握的技能，就像他无数次对记者和主持人提起的那样，在当年那些啤酒瓶横飞的夜店里，作为表演嘉宾的黄渤练就了一身活跃气氛的本领，任何三教九流他都能对上话，不冒头儿也不露怯，"大家都舒服"。

到了必不可少的互动环节，提问者把 80% 的问题扔给了黄渤。学生问 "3 部电影您最爱哪部"，他避重就轻说 "淡妆浓抹总相宜"；学生想知道 "电影催泪哭到崩溃怎么办"，黄渤教他们独门研发的掩饰流泪的观影贴士；学生关心电影背后的故事，黄渤顺水推舟，把问题抛给呆坐了好一会儿的陈可辛……

2014 年，黄渤一个人承包了中国国庆档影院，虽是 "票房灵药"，但他已显疲态，一直想停下来歇一歇。（图由被访者提供）

"黄渤很会做人，很会聊天，满嘴抖段子，极聪明。他不是谁的偶像，但大家都喜欢他。"一位采访过黄渤的娱乐记者说。

活动快结束时，台上台下不可避免地进入与电影主题相匹配的煽情环境。陈可辛讲述与随行老爸的父子情深，台下学生忏悔着与祖父的一别即永别。这时，黄渤变得很沉默，偶尔捧眼两句，总能把泡在泪水里的女同学逗乐。

"还真是，我很难深情地探讨问题。"在车里，黄渤回味说。

见面会的最后一个环节是——拥抱。黄渤和陈可辛拥抱，和漂亮的女主持人拥抱，和台下扑向他的男同学女同学拥抱，并且，鼓励大家互相拥抱。

而在一个月前，黄渤是拒绝拥抱的。《心花路放》的上海发布会上，黄渤、宁浩和徐峥的铁三角组合在台上互相挖苦讽刺，把自己包装得亦正亦邪。他们拒绝了主持人的拥抱提议，因为"都是老爷们儿，有点恶心"——互相嫌弃，是当天舞台上的一个梗。

"别说你了，我有时候都觉得挺穿越的，刚在台上和人家嘻嘻哈哈扯淡，一转身就要深情款款。但你没办法，时间撞上了，见哪个导演你都觉得对不住人家，就得尽力帮忙吆喝。"

活动结束，黄渤和陈可辛沿着志愿者组成的人墙走回休息室。工作人员为黄渤拿来点好的外卖。他没多看，捡起一个小三明治，三口两口吞了下去。5分钟，3个小三明治，几大口咖啡，黄渤干掉了自己的午餐。

陈可辛要先走，黄渤迎上去送导演出门，嘴里叨咕着："导演你放心，这个电影……"他的话没说完，只是竖起大拇指，陈可辛点点头，两人似乎建立了某种不可被外人知晓的默契。

汽车开上长安街，黄渤找不到喝剩的那杯咖啡，显得有点失望。他管司机要了打火机，点上烟，把车窗打开，吐出一大口烟雾。

聊起同时上映的3部电影，他在话语间维持着平衡和公道，不愿偏袒或忽略任何一部。

说到与宁浩、徐峥的三叉戟，他在讲完《心花路放》的规定动作之后，不由自主地提起了4年前拍摄《无人区》时的经历。"那时候多好啊，纯粹，锋利。"尽管黄渤拒绝假设，但或许，如果《无人区》在4年前上映，今天这三叉戟的人生走向会和现在大不相同。

在《无人区》持续难产的情况下，宁浩拍摄了《黄金大劫案》，如今又在《心花路放》里谈情说爱。他变得商业了，不再拒绝吆喝和自卖自夸。黄渤把包括宁浩和管虎在内的这群又臭又硬的文艺青年的变化视为"长大了"。

从电影《上车走吧》出道，一路拍了《斗牛》《疯狂的石头》《杀生》……黄渤的演技是在管虎和宁浩的文艺片里成长起来的，但他自己并没有经历从文艺到商业的成长阵痛。"我始终觉得，文艺片也要有市场的肯定。你为什么不让它的故事性更强一些呢？为什么不让更多人看到它呢？为什么不让它有个好票房呢？毕竟，电影是属于市场经济的。"

他不拒绝市场，甚至不标榜自己不在乎市场的反馈，这或许是他从"30亿影帝"一路晋升为"50亿影帝"的原因所在。

《无人区》难产的这 4 年，"市场"成了价值观。"不是我个人的价值观，是电影人的普世价值。"很多时候，黄渤甚至不愿聊这个话题，"义愤填膺地说两句，解决不了问题"。

不拒绝市场的黄渤一度走在市场的前面，而当大家一窝蜂扑向市场时，他犹豫了："没错，它是衡量标准，可怎么就成了唯一标准呢？什么 30 亿影帝啊，今天捧你，明天你栽了，就是票房毒药。哪能靠这个过日子。"

也许在当下的电影环境中，推迟 4 年上映的《无人区》为电影赢得了更高的票房，但黄渤还是更喜欢那个"纯粹的《无人区》"。

而今天，提起"纯粹"这两个字，黄渤自己都不那么确定："对于表演，我有点混沌。"早在几年前，黄渤就在各种采访中总结了自己在表演上经历的3 个阶段：首先是全身心投入，然后是控制，最后是一边控制一边投入。

把这个理论阐释了千百遍，40 岁的黄渤开始推翻自己："人永远是事后才能总结出个所以然，再演两年，发现问题不是那么简单了。你说你靠本能，本能也是积累的，你要控制，但你发现你越来越清醒，你一边控制一边本能，那个度在哪啊？不知道到底要怎样，越来越混沌。"

更让黄渤混沌的，恐怕是来自"自我阉割"的恐慌。"演员啊，"他吸一口烟，长舒一口气，"是食物链最底端的创作者。深刻？挺难的。你一深刻，就不知道触到哪根神经了。电影出来后，咔嚓，砍掉了，你觉得可惜，大家只好变得越来越保守。不算是自我阉割，就是找安全感吧。"

以前，黄渤演戏抡圆了膀子，导演要 3 种表演方式，他给 10 种。而如今，他的表演变得更准确，更得体。"我还经常会跟导演提，哎哟这能过吗，算了吧，咱换个说法。"黄渤把车里的人逗笑了，他也呵呵笑笑，熄灭了烟头。

汽车停在北京交通广播电台的大楼前。助理把吸油纸递给黄渤，告诉他一下车就有人跟拍。黄渤接过吸油纸，随意地在脸上沾了几下，开门下车了。

接下来的工作不属于任何一部电影，工作室宣传总监多次提醒他接下来的关键词——"黄渤套票"。

"黄渤套票"是黄渤工作室、格瓦拉以及新浪微博共同推出的十一黄金档电影票购买方式。

"3 部电影，市场就那么大，自己和自己打仗，就想看看，可不可以把整个蛋糕做得大一点，让更多人走进电影院。"录音室里，黄渤和主持人聊起了"黄渤套票"的话题。

黄渤在录音，他的宣传总监也没闲着，为大家送去工作室设计的环保筷子，送完小礼物后总算有机会坐下来聊几句，"我们手头有很多项目，在选剧本，也在想故事，但他是创意总监，他闲不下来，很多项目都在搁置，已经放了两三年"。

眼看着徐峥、赵薇、邓超等一批演员当起了导演，在每部电影里都创作欲旺盛的黄渤自然越发按捺不住。采访中，他几次谈到工作室项目的搁置，似乎早已迫不及待。

第一个节目很快录制完成，电台为黄渤准备了休息室。但这个休息室更像是一个阴谋，黄渤刚刚坐下，就有一个接一个的节目主持人跑进来，找黄渤"简单说两句"。从"观众朋友大家好"到"祝大家新春愉快"，黄渤"简简单单"地说了小半年的好。

在整天的跟访中，黄渤没有拒绝过任何一个来自工作室人员和其他人的要求，他兴致不高，但都默默接受。"典型的服务型人格嘛，没办法。"黄渤缩在北京交通广播电台录音室外的沙发里，语气里有逆来顺受。

工作室的人确实从没见过黄渤生气："不知道是不是和他早年闯荡江湖磨平了棱角有关，但他确实没有脾气，他喜欢沟通，那是他的方式。"

听说交通广播要录制两个小时，黄渤吓坏了。工作人员赶忙安抚说，今天是不限行的周末，路上奇堵，路况信息多，需要他说的话并不多。进直播间前，宣传总监递给黄渤几张纸和一支笔，让他无聊时画着玩。录音结束后，黄渤果然带着一张小画出来了。画里是圆珠笔涂抹的曲线和排列整齐的线条，很抽象，但很好看。

时间到了晚上 8 点，把《新周刊》的采访做完是黄渤今天最后一项工作。工作人员想让他先吃点东西，他不愿意，说"早做完早回家"，要回去吃大闸蟹。

电梯从 16 楼向 1 楼降落，黄渤望向窗外的友谊商城，感慨道："真想像陈道明那样的老艺术家一样啊，那才叫生活。"

坐下来，接受一段不被打断的采访，这是今天的第一次。"宣传期，有时候也挺逗的。记者一张嘴你就知道他要问什么，答案早就准备好了。但出于尊重，你要听他说完，还要假装想一下，再每次给出一个不完全一样的答案。"说出这段话时，黄渤没有半点嘲讽，完完全全地坦诚。

在黄渤的工作室里，有人专门负责挑选剧本，他们几乎每天都会收到邀请黄渤参演的剧本。"如果我想工作，可以一分钟都不用休息。"黄渤说。

"可是有什么意义呢？"很多朋友调侃黄渤是处女座，他愿意给自己的表演挑毛病，但现在他常常挑不出毛病，"所以你知道，这不是表演的问题了，是审美的问题，我需要提升审美，必须去充电，去学习。"

"就是想歇一歇了，必须歇一歇了。"一整天，黄渤像坐了病，一直在重复这句话。似乎，除了工作和宣传，其他一切都能令他兴奋，比如，眼前的那把用来装饰的大提琴，他随意拨弄着琴弦，兴致满满。

始终处在忙碌的工作中，尽管黄渤的曝光率极高，但他很少提及生活和爱好，比如他喜欢做饭，喜欢画画，喜欢品红酒，还喜欢青岛的碧海蓝天……

黄渤十几年没换过手机号，和少年时期的老朋友一直有联系。"他们动不动就旅游了，出海了，喝酒了，都是这剧情，我在干吗？父母的话题就不能提，提了就满肚子的内疚。论生活质量，我比那些老家的朋友们差远了。"黄渤说。

"但有人说，要做想做的事就要附带着做上 99% 不那么想做的事啊！"

黄渤想了想，换了个姿势："可是已经没有那 1% 了。"